JN438070

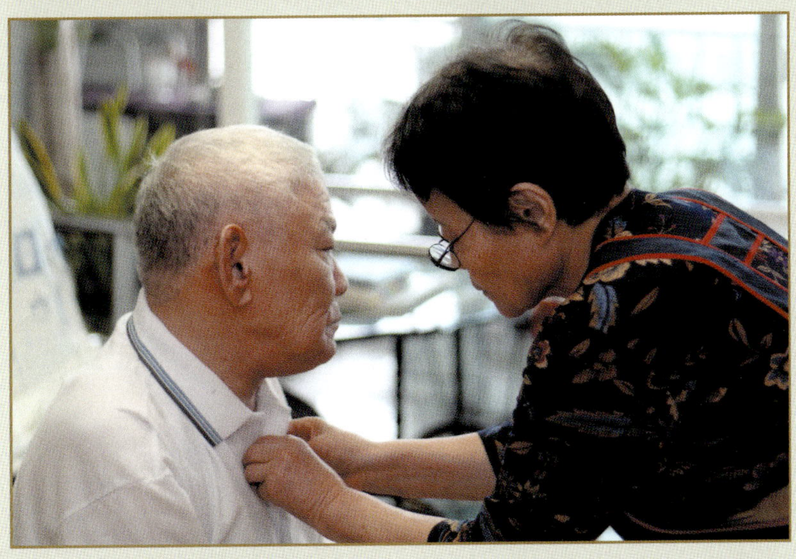

부인 기병효 여사의 지극한 간병을 받는 필자

破閑雜想錄

파 한 잡 상 록

—병원용 철 침상 위에서 사계절을 보내며—

晩晴 梁徽承 日誌

5

(2008. 3. 1～2009. 1. 31)

을지출판공사

■ 서문

사무사(思無邪)의 세계를 추구

- 양휘승 씨의 문학 작품 세계 -

윤 해 규
〈을지출판공사 대표〉

이 책의 저자 양휘승 씨의 경력은 뒤표지 안쪽에 있어 생략한다. 옛날부터 선비들은 글을 배우면 운문이나 산문을 썼다. 이 책의 저자 양휘승 씨도 틈날 때마다 운문과 산문 등을 써서 이미 20여 권의 저서를 상재(上梓)한 선비다.

나와의 인연은 양휘승 씨의 외종제요, 나의 위 항렬이며 학교 동기 동창인 죽마고우 윤재협 씨로부터 맺어졌다. 나는 발행인으로서 인연을 따라 이 책 첫머리에 글을 올리게 되어 기쁜 마음으로 한편 한편 글들을 대해 보니 그의 생각과 생활의 단편들이 영상으로 내 마음을 움직인다.

양휘승 씨가 쓴 글들은 자연과 인정의 아름다움을 예찬하거나 나와 다른 사람들의 삶을 성찰하고 사회 현실을 직시하고 비판하면서 쓰고 즐김으로써 투병 중인 자신의 고통을 극복하고 영혼을 맑게 다스리고 있는 현 사회에서 보기 드문 대기만성의 선비다. 그러므로 글은 양휘승 씨에게 인격의 표현이자 지식수준의 요체가 되었다.

우리 사회가 서구화 디지털 시대로 치달으면서 운문이나 산문 등은 어느덧 전문적인 문인들이나 쓰고 즐기는 '글 오라기' 정도가 되고 말았다. 이것들이 언제나 아름다운 것이라 생각하면서도 보통사람들의 생활에서 저만큼 멀리 있는 것으로 되어 버렸다.

이 책의 저자 양휘승 씨를 비롯하여 여러 가지 직업이나 생각을 가진 사람들이 창작에 몰두하는 것은 그 문학작품들이 보통 사람들의 생활 속에 자리하고 그 속에서 "사무사(思無邪)의 세계를 추구한다"는 점에서 우리 사회를 더 한층 밝고 명랑하게 할 것임에 틀림없을 것이다.

양휘승 씨는 그가 평소 느끼고 생각했던 것들을 글로 써 두었다고 한다. 그러므로 그는 전문 글쓰는 사람이 아니라 요즘 흔한 말로 하면 전업 문인이 아니라 아마추어 문인이라고 할 수 있다. 또한 그의 선조고와 선고가 남긴 한문으로 집필된 글들을 번역하고 있다.

양휘승 씨의 글들에서 일관되게 흐르는 정신은 사람과 사물에 대한 애정과 걱정의 확인이라고 할 수 있다. 이것들은 한결같이 맑고 깨끗하고 희망적이다. 이 책의 글들에서 어떤 기교나 말에 대한 희롱없이 진솔 담백하게 감정을 자연스럽게 써 감으로써 오히려 부담없이 독자의 마음을 움직이는 힘이 있다.

또한 그의 글들에서 그가 체험한 구체성은 물밑에 잠복해 있을 뿐 겉으로 확실하게 드러나지 않는다. 드러나는 것은 다만 인간에 대한 본질적인 사랑과 희망의 메시지다. 그가 팔순을 넘긴 연세로 추구하는 것은 연륜과 작가정신의 가치가 같다는 것을 보여주고 있다.

양휘승 씨의 이 많은 저술의 출간을 계기로 축하와 격려와 함께 하루빨리 건강을 회복하여 더 큰 정진과 더 좋은 글을 기대하는 바이다.

2011년 가을

晩晴 梁徽承 日誌 5 · 3

■ 자서

긴요한 역사의 한 장이 될 수도 있다

-우리 가정사로 남겨지기를 바란다-

신체가 마비된 지 일 년여 지루한 병상에만 누워 있자니 너무나 무료하고 심심해서 머리에서 떠오른 잡상(雜想)을 종이에 끼적거려 보려고 간병인의 도움을 받아 의자에 앉았다. 참으로 오랜만에 볼펜을 잡으려고 시도했지만 손이 말을 듣지 않았다.

그로부터 3개월 남짓 매일 볼펜 쥐는 연습부터 시작하여 글씨 쓰는 훈련을 거듭했으니 지성이면 감천이라고 겨우 글씨를 쓸 수 있었으나 아직까지는 글씨에 힘이 없고 획에서 획으로 옮겨 가는데 자꾸만 질질 끌려 가는 듯한 자국이 남는다.

그래도 여기서 그만두면 다시는 글씨를 쓸 수 없을지도 모른다는 두려움에 그저 매일같이 글씨 연습을 한다는 생각으로 그날그날 떠오르는 생각들을 종이에 적어본 것이 일지 형식이 되어 5년 가까이 이어져 온 것이다. 내용에 체계가 있고 계획된 글은 아니며 그저 토막글에 지나지 않지만 손가락 마비를 지연시키는 데는 큰 도움이 되었다고 본다.

병상에 누워 두문불출로 지낸 내가 무슨 소잿거리가 있겠는가마는 유일하게 벗 삼은 라디오에서 내 나름대로 세상 돌아감을 캐치할 수 있었다. 신체는 마비되어 부자연스럽지만 두뇌만은 아직 건재하여 상상할 수 있으니 자질구레한 일들을 말이 되든 되지 않든 구애 없이 적어 보았으니 이것도 시간이 지나고 보니 어느새 노트 일곱 권이 신기하게도 메워졌다. 티끌 모아 태산이라는 말이 실감나는 순간이었다.

일지를 적다 보면 자신의 행동을 선도할 수 있고, 또한 반성의 계기도 만들어져 먼 훗날 다시 봤을 때는 그때 그런 일도 있었구나 하고 까맣게 잊었던 사연들이 떠오르는 경우도 있을 것이다. 그리고 지금은 무심코 적어 놓은 사연들이 오랜 세월이 흐른 후에는 긴요한 역사의 한 장이 될 수도 있다는 것을 선인들로부터 나는 배워 왔다. 일기나 일지는 아무런 부담 없이 쓸 수 있는 산문이라서 좋다.

지난 5년간에 쓴 노트를 되돌아보니 너무나 정돈이 안 되어 중학교에 다니는 손녀에게 일기 쓰는 요령과 습관을 가르쳐 줄 겸 컴퓨터로 타이핑을 의뢰하였다. 정리해 두었다가 혹시 기회가 되어 활자화하면 다음 자손들에게는 가정의 역사가 될지도 모른다는 생각에 오늘도 글을 이어 나갈 것이다.

2011년 가을

수락산 아래 우거에서

양 휘 승

차 례 (2008. 3. 1 ~ 2009. 1. 31)

2008. 3. 1 (土)

의욕대로 되지 않는 국정운영

이명박 정부가 출범 시작부터 경험과 준비 부족으로 인해 국무위원 인선 문제부터 지연을 가져오더니 총리도 가까스로 국회인준을 얻어 취임은 했지만 내각은 여전히 구 정권의 장관이 참석하였다.

정권인수위원회 위원들의 무경험으로 장관 인선 발탁에 있어 그 능력만을 보고 자질이나 도덕성은 등한시 한 나머지 청문회를 거치기도 전에 여론의 도마에 올라 3명이 자진 사퇴하였으니 나머지 12명도 앞으로의 거취가 주목된다.

또한 영남 대통령인지라 인사의 편파 문제까지 겹쳐 핵심 요직인 빅5, 즉 검찰총장, 법무부장관, 경찰청장, 국정원장, 청와대 정무수석까지 모두 영남출신으로 기용하고 내각의 과반수 이상을 영남 일색으로 채우고 있어 타지방의 빈축을 사고 있다.

앞으로 국정운영에 있어 위화감이 조성되지 않을까 염려된다. 인사에 있어 지역안배는 지도자가 필수적으로 고려해야 할 덕목이다.

2008. 3. 2 (日)

오랜만의 만남

지인들의 전화번호를 다시 옮겨 적다가 옛 친구의 전화번호가 나와서 혹시나 하고 전화를 걸었더니 여전히 쟁쟁한 목소리로 반갑게 맞이하였다. 그렇지 않아도 내 소식을 백방으로 수소문했지만 행방이 묘연했다며 전화번호를 기입하고도 다시 확인전화를 걸어주었다.

참으로 고맙고 인간성도 풍부하고 치밀한 친구임을 알 수 있었다. 그래서 곧 만나보자고 하여 어제 집으로 찾아왔는데 아직도 교회에 다니며 봉사 활동으로 소일하고 있다 한다. 나보다 한 살이 더 많은데도 불구하고 여전히 건강하게 생활하고 있다니 부럽기만 하였다.

7년간 소식을 모르고 지낸 사이 대수술을 세 번이나 받았는데 지금은 그만하니 바깥활동을 하고 있으니 불행 중 다행이라 하겠다. 옛날 TV 장사를 할 때 안 친구지만 악의가 없는 친구여서 내가 마음으로 존경해 왔던 홍언석이라는 서울 본토박이 친구이다.

모든 친구 관계에 있어서도 내가 먼저 손을 내밀고 반갑게 맞이할 준비를 해야 외롭지 않다는 것을 터득할 수 있었으며 언제나 내가 먼저 베푸는 것이 친구를 사귀는 비결이자 원칙이다.

2008. 3. 3 (月)

여자의 일생

우리나라에서 여권이 신장된 지도 상당한 시일이 지났지만 아직도 완전치를 못함이 사실이다. 그것은 누가 시켜주고 가져다주는 것이 아니고 스스로 쟁취하고 정착하는 적응 과정이 필요한 것이다. 그런데 결혼한 기성여인의 대부분은 아직도 남편에게 예속되는 근성을 탈피하지 못하고 있다.

내가 이렇듯 발전하지 못한 까닭을 순전 남편 탓으로만 돌리는 여인들이 아직도 많은 것 같다. 사람은 누구나 그 능력에 따라 운명을 개척하고 생활을 향상시키는 의무와 책임을 받았음에도 자신의 무능력을 탓하기보단 남의 탓으로 돌리는 데 익숙한 것은 노예근성에 지나지 않는다.

남자의 실력이 부족하면 여자라도 실력 발휘를 해서 얼마든지 가정을 행복하게 꾸려나갈 수 있음에도 이를 하지도 못하면서 불평만 늘어놓으니 가만히 있는 게 남 보기에도 미관상 좋을 것이다.

자기의 운명은 자신이 개척하고 발전시키는 것이니 오로지 자기 탓으로 돌려야 할 것이다. 여자의 일생은 스스로가 환경과 운명에 도전하여 쟁취해 나가야 한다.

2008. 3. 4 (火)

기울어 가는 국운과 가운에 대하여

19세기 말부터 중국과 우리나라는 국민들이 개화를 못하고 머리가 깨지 못해 열강들의 침략과 압박을 받았다. 그 당시에도 몇몇 뜻 있는 우국지사들이 나라를 구하고자 노력했지만 수구 기득권 세력의 사리사욕에 눈먼 비애국적인 행동 앞에서는 역부족이었다.

고로 중국은 영국에게 유린당하고 우리나라는 일본에게 침략을 당하여 식민지로 전락하고 말았다. 이와 마찬가지로 개개인의 가운도 비슷한 것이다. 물심양면으로 한번 가세가 기울기 시작하면 걷잡을 수 없이 몰락해감을 우리는 보아왔다.

물론 경험과 지혜가 부족하고 식견이 없어 재산을 탕진하고 고초를 받는 중에도 다행히 우리 집안은 도덕과 윤리 면에서는 몰락을 면했다. 그래서 집안 간에는 큰 다툼 없이 상하 기강이 무너지지 않았음은 우리 부친의 유교사상 덕분이었다. 그러나 다른 집안들을 보면 재산도 없어지고 윤리도덕도 부재한데다 근시안적인 가정교육으로 말미암아 조그마한 재산과 유산의 이권을 가지고 골육상쟁의 송사를 일삼는 것도 허다함을 볼 수 있다.

2008. 3. 5 (水)

늙은이들의 소원

어제는 영호와 상준이가 모처럼 놀러왔다. 모두 그런대로 건재한 편이었다. 그러나 늙으면 지병 한두 가지는 데리고 살아야 하니 큰 병만 아니면 인내하며 살아가는 것이 노인들의 현주소라 하겠다.

서로 오랜만에 만나 이야기를 나눌 때도 귀가 어두워 조용히 담소할 수 없어 고성이 오고 가야 상대의 말을 청취할 수 있으니 마치 싸우는 것 같은 오해를 받기 쉽다. 한쪽 귀가 어두워지면 상대의 말도 잘 듣지 못할뿐더러 자신의 목소리마저 높아지는 경향이 있어 서로의 말소리가 커질 수밖에 없다.

엊그제 죽마고우였던 친구들이 어느새 이렇듯 늙은 황혼의 뒤안길에서 죽음을 바라보고만 있으니 회한의 긴 한숨만 나올 뿐이다. 모든 노인들의 한 가지 소원은 고통 받지 않고 안락사하는 것이었다. 본인도 본인이지만 가족들에게 심한 고초를 주는 일이 없이 어느 날 갑자기 절명하는 것을 원하지만 신체의 구조가 똑같지 않은지라 마음대로 되는 것이 아니다.

종교인은 종교인대로 선종을 기원하고 있는 것이다. 죽는 것이 늙어서는 크나큰 숙제이다.

2008. 3. 6 (木)

남을 위해서 편지를 쓰다

잠이 오지 않아서 새벽 2시에 일어나 파리 이 선생에게 가정사에 대한 편지를 썼다. 남의 가정사이지만 편지라도 해 주는 게 친구의 도리요, 사전 불행을 예방할지도 모른다는 차원에서 실례를 무릅쓰고 펜을 이어 나갔다.

우선 한국의 현 실정을 알려주면서 영은이의 활동을 보장해 주어 우울증을 치료해 주라고 권했다. 아직도 이 선생은 보수적인 사고로 빵만 해결하고 식당에서 일만 잘 하면 살아갈 수 있다고 믿는 것 같다.

날로 변해가는 여성 활동 시대임을 감지 못하고 세상이 여자 상위 시대로 가고 있음을 불만스럽게 보고 있는 것 같다. 개성 시대이고 자신의 적성에 맞지 않으면 취업도 불사하는 시대에 살고 있음을 무시하고 있지는 않은지!

어쨌든 내가 소개한 이상 나의 책임과 도리를 다해 주는 것이 나의 의무라고 생각한다. 서로 좋으라고 중매한 것이 잘 살면 자기네들 복이고 못 살면 중매인의 탓으로 돌아가는 인간의 속성을 벗어날 수 없는 게 우리네들의 현실이다.

2008. 3. 7 (金)

불편한 부부 관계

사람이 늙으면 부부간에도 서로 개성이 강해져서 자신의 소신을 굽히지 않으려고 의견이 상충할 때가 간혹 생긴다. 어제도 내가 책을 9만 원어치 구입했는데 아내가 너무 낭비한다면서 쓴소리로 불평을 늘어놓는 바람에 나도 큰 소리로 대항했지만 반성해 볼 필요성은 있는 것이다.

일거일동을 아내의 힘만 빌리고 아내만 시키고 있으니 아내인들 짜증이 나겠지만 한 차원 높여서 이해를 구하려는 내 생각이 크게 모순된 일일까? 나는 원래 정분에 약하고 인정에 강한 사람이다. 내가 관심이 있고 나를 잘 대해준 사람이 있으면 정신적으로 보답이라고 하고 가르쳐 주고 싶은 생각이 간절해서 경제적으로 무리를 하는지도 모른다.

그러나 내가 알고 있는 상식으로 이것이 인간다운 삶의 길이라고 생각하면 최소한 내 주변 사람들에게 올바로 가르쳐 주고 싶다. 그 가장 좋은 방법이 적은 비용을 들여 좋은 책을 보내주는 것이라고 생각한다. 만날 기회도 적고 말도 활발치 못한 내가 선행을 할 수 있는 유일한 행동이 양서 보내 주기이다.

알고도 가르쳐주지 않는 것은 죄악이고 극도의 이기주의자들이나 하는 행동이다.

2008. 3. 8 (土)

인생의 재도전

사람의 일생에 직업을 바꾸지 않고 살아갈 수 있다면 순탄한 삶이라 할 수 있는데 보통은 두세 번씩 바꾸고 사는지라 우여곡절을 겪게 된다. 유 서방도 영수 학원을 본격적으로 해 보려고 사이판으로 영어연수를 갔다가 비자 관계로 일시 귀국을 했는데 오늘 아침에 다시 출국한다고 전화가 왔다.

마지못한 선택이 아니길 바라며 이왕 직업에 재도전을 시도했으면 열성을 다해 본격적으로 의욕을 가지고 하면 비전 있는 사업이 될 것이다. 그리고 꾸준한 아이디어 개발을 해가며 10년만 열심히 하면 기반을 잡을 수 있을 테지만 앞날은 예측할 수가 없다.

하기야 자기 인생 자기가 개척하는 것이지 남이 대신해 줄 수는 없는 것이다. 이를 위해서는 불굴의 정신과 지혜가 필요한데 유 서방은 패기가 조금 부족한 것 같다. 그리고 벤처정신도 부족하여 과감히 모험을 즐기는 스타일은 아니다.

이 세상을 해쳐 나가려면 비전(vision)과 바이탈리티(vitality)와 벤처(venture)와 빅토리(victory)의 4V 정신이 필요한 것 같다.

2008. 3. 9 (日)

국회의원 공천 문제

제 18대 총선이 한 달 앞으로 다가와서 각 당에서는 공천 문제로 상당한 신경을 쓰고 있다. 민주 제도가 발달할수록 공천 심사부터 신중해야 되는지라 집권 여당인 한나라당과 야당인 통합민주당은 사활을 걸고 당선 가능한 인물을 물색하고 있다.

물갈이 차원에서 현 의원들 중 30% 이상이 탈락하여 탈락 의원들은 기득권을 빼앗긴데 대해 반발하고 있다 한다. 지금까지는 자질과 능력보단 당선 가능성에 우선을 두어 당선만 되면 몇 번이고 말뚝 공천을 받아서 유리한 위치에서 선거에 임하곤 했었다.

하지만 이제는 자격 심사에서부터 부정이 드러나거나 금고 이상의 형을 받은 사람은 공히 심사에서부터 가려낸다고 하니 때늦은 감이 있지만 그나마 다행한 일이다.

이제 장관급 이상의 자질과 도덕적 심사 기준이 국회의원까지 파급적용 되었으니 철저히 가려서 누가 민의를 대변할 수 있는 선량인지 선택하는 것은 국민들의 몫이다. 민주주의의 완성은 민의의 척도에 달려 있다 해도 과언이 아니다.

2008. 3. 10 (月)

반갑지 않는 물가 앙등

이제 지구촌이란 말이 실감이 난다. 국제 유가가 106달러를 넘어서고 곡물가가 밀을 위시해서 옥수수 값이 천정부지로 치솟았다. 이에 각국의 모든 물가가 요동을 치듯 올라가고 있는 실정이다.

물론 부존자원이 풍부한 나라들을 제외하고는 모든 나라들이 생산에 차질을 가져와 물가를 압박하고 있으며 여기에 상도의(商道義)마저 없는 나라에서는 부유층들이 매점매석을 일삼는 바람에 더욱 물가고를 부채질 하고 있으니 고통 받는 것은 서민층들이다.

일정한 고정수입으로 살아가는 서민들은 물가가 오른 만큼 양을 줄일 수밖에 없으니 자연 생활수준은 낮아질 수밖에 없다. 이럴 때일수록 정부 당국의 경제 역량이 시험대에 올라가는 때인 듯싶다.

정부 당국은 각별히 모든 지혜를 동원해서 서민생활이 안정되도록 최선의 노력을 기울이지 않으면 원성이 자자해서 민심 또한 흉흉해질 것이다. 정부 당국의 각별한 비상 경제정책이 요망된다.

2008. 3. 11 (火)

거짓말 하는 인생이 되지 말자

나는 평소 정직하게 사는 것을 신조로 삼고 거짓말을 일생동안 하지 않으려고 노력해 왔다. 그리고 가족들에게도 빈말일지라도 실행할 수 없는 허언(虛言)은 삼갈 것을 강조하며 살아왔다. 뿐만 아니라 나의 행동에는 비밀이라는 게 없다. 남에게 비밀을 가져야 할 만큼 떳떳하지 못한 일을 하고 산다는 것은 정정당당한 삶이 아니기 때문이다.

거짓과 거짓말에는 두 종류가 있다. 아예 처음부터 작정을 하고 거짓말을 하는 경우와 말을 하다 보면 순간적으로 자존심과 체면을 유지하기 위해 실행할 수 없는 약속이나 허언을 남발하고도 책임을 지지 않는 경우이다.

이 둘의 경우는 모두 인품과 인격에 관한 문제로 전자는 인간의 쓰레기요 후자는 인간의 휴지조각에 불과해서 절대로 상대의 존경은커녕 경멸의 대상이 될 뿐이다. 사람은 말을 신중히 생각한 뒤에 발언하는 습관을 평소에 훈련해야 한다. 일시적인 기분이나 감정에 치우쳐 나오는 대로 지껄여대면 실수만 연발하고 무시당할 일만 저지르기 때문이다.

2008. 3. 12 (水)

살인마로 전락한 왕년 4번 타자

사람의 욕심이 과하면 결국 패가망신하고 나락의 길로 떨어진다는 게 선인들의 교훈이다. 이번에 왕년 해태 타이거스의 4번 타자로 활약했던 이호성 선수가 구단이 해체되자 경험도 없이 사업에 뛰어 들었다가 실패만 거듭한 끝에 빚만 수십 억 원을 짊어졌다고 한다. 덤으로 사기혐의까지 써 결국 교도소를 다녀오는 전과까지 남겼다고 한다.

그러다가 내연녀와 딸 2명을 살해하게 되었는데 전남 화순 동면에 있는 공동묘지에 시신을 운반해 가매장까지 한 사실이 밝혀져 충격을 주고 있다. 이번 사실은 미궁으로 묻힐 뻔 했는데 서울 갈현동에서 일가족 4명의 실종신고를 접한 경찰수사 결과 CCTV에 이호성 선수가 대형 가방을 들고 출입하는 광경이 녹화되어 용의선상에 올랐다고 한다.

즉시 전국에 지명수배를 한 지 하루 만에 스스로 한강에 투신자살하여 시체로 발견되었으니 그 진상은 미궁에 빠져 들었으나 범행은 죽음으로 밝혀졌다. 수사망이 좁혀지자 발각을 두려워해 자살을 선택한 것 같다. 아무리 돈에 팔려 다니는 프로 운동선수라지만 너무나 스포츠 정신과는 거리가 먼 행동이다.

2008. 3. 13 (木)

해외로 이민 간 사람들

고국에서 살기 힘들거나 더 나은 생활을 위해 6~70년대 미국이나 유렵 등지로 이민을 떠난 사람들 중에는 성공한 사람도 있는 반면 겨우 식생활이나 하는 사람들도 많다. 떠날 때의 각오나 기대와는 달리 낯설고 물설고 언어마저 불통하는 이국땅에서 특별한 기술 없이 기반을 잡는다는 것은 고국에서보다 몇 배의 노력이 필요했으리라.

열심히 정직하게 일만 하면 생활하기는 편하겠지만 한국에서의 타성에 젖어 요행수나 우연을 바라보는 사람들은 고난의 연속이었을 것이다. 성실하게 그 나라에 적응한 사람들은 10년 정도 지나면 집칸이나 장만하고 생활이 안정되어 살겠지만 애당초 계획을 잘못 세우고 남편만 믿고 살다가 남편이 직장을 얻지 못하거나 유고하면 그때부터 허둥지둥 일거리를 찾다 보니 사는 게 지옥일 것이다.

이종형님의 딸인 운자도 말년에 몹시 고생을 하는 듯하다. 생활이 여유가 있으면 원조라도 해 주고 싶은데 그렇질 못하니 읽을 책과 김이나 조금 부치는 것으로 위로해 줄 수밖에 도리가 없다.

2008. 3. 14 (金)

달러 가격의 불균형

국제 달러 가격이 하락세를 면치 못하는 바람에 국제 유가가 1배럴당 110달러를 넘어섰다. 이에 덩달아 금값마저 1온스 당 1,000달러를 넘어섰다. 불과 몇년 사이에 배가 오른 셈이다. 국제 원자재 가격은 일제히 올라가 물가 앙등을 부채질하고 있다. 그런데 우리나라 달러 값은 반대로 올라가는 기현상을 보여 불과 며칠 사이에 50원 이상이 뛰어 1달러당 980원을 넘어섰다. 그 원인을 분석한 결과 외국인 증권투자자들이 주식을 처분하여 일제히 본국으로 송금한 탓이고, 또 우리나라 국민들이 해외나들이를 너무 많이 한 까닭에 달러 소비가 많아서 달러가 오른 것이라고 분석하고 있다.

달러가 오르면 수출 업자들이야 좋지만 수입 업자는 반대로 손해 막심한 것을 볼 때 물가가 올라가는 것은 결코 바람직한 현상이 아니다. 물가가 상승하는 데는 크게 두 가지 요인이 있다. 하나는 국제원자재 값이 올랐을 때이고 다른 하나는 수급 수요의 불균형으로 공급이 수요를 따르지 못할 때이다. 이렇게 경제가 어려울 때 정권을 인수한 이명박 정부의 실력 발휘가 국민의 관심거리이다.

2008. 3. 15 (土)

알레르기 비염의 고통

몸이 쇠약해지면 각종 병마가 침범하여 자리를 차지하고 신체를 괴롭힌다. 그중에서도 알레르기 비염은 특효약이 개발이 안 되어 특별한 치료방법이 없다. 눈물과 콧물이 나올 때는 한두 시간을 계속 코를 풀고 닦아야만 2~3일은 덜 나오니 고질병이 아닐 수 없다.

의학적으로 보면 이 알레르기성 질환은 체질이 개선되기 전에는 완치가 어렵다니 별다른 대책이 없는 것이다. 작년 가을부터 심해진 비염은 겨울 내내 나를 괴롭히고 있다. 그렇지 않아도 가뜩이나 질병에 시달리고 있는데 비염까지 기승을 부리니 2중, 3중고가 아닐 수 없다.

또한 몸의 가려움을 유발하는 알레르기는 항히스타민제 하루 한 알로 예방이 가능한데 비염은 그렇지도 못하다. 어쩌다 임시로 지어온 약을 복용하다 부작용이라도 생기면 소변이 나오질 않아 가뜩이나 전립성 비대증으로 애를 먹고 있는데 더욱 고통을 부추긴다.

늙으면 모든 기능이 쇠약해져 이곳저곳에 이상이 생기니 누구를 탓하고 누구를 원망하랴. 오직 이것이 인생의 고비를 넘어가고 있음을 감지할 뿐이다.

2008. 3. 16 (日)

공천도박이 한참이다

18대 국회의원 공천이 한나라당과 민주당들이 영남과 호남 지역의 공천이 막바지에 이르러 공천에서 탈락한 현역 의원들의 거센 반발이 그 도를 넘고 있다.

탈당과 무소속 출마도 불사하겠다는 태도를 보이는 가운데 한나라당에서는 물갈이를 기회로 박근혜 전대표의 측근 의원들을 대거 탈락시키는 바람에 따로 무소속 클럽을 조직하여 대항하겠다고 한다.

호남에서도 현 의원의 30% 정도를 물갈이 하여 참신한 인물로 교체한다는 원칙을 세우고 공천에 임하고 있지만 잡음이 많은 것 같다. 어차피 정치판은 도박장을 방불케 하고 있는데 누가 물주가 되어 누구에게 표를 나눠 주느냐는 격으로 현역 의원들의 기득권 주장은 선진 정치의 전도를 가로막고 있는 것은 아닌지 생각해 볼 문제이다.

좀 더 모범 국회의원이 되어 국정을 불철주야로 헌신할 수 있는 인재가 있다면 다선에 관계없이 공천이 용이할 텐데 단지 권위의식만으로 제 몫을 챙기려는 선량들이 안타깝기 그지없다. 금명간 공천심사가 끝나고 발표가 나면 국민들에게는 선택의 기회만 남아 있는 것이다.

2008. 3. 17 (月)

사람이 바르게 사는 길은 무엇인가

사람이 어떻게 사는 것이 올바른지는 어렴풋이나마 알고 살아왔지만 요즈음 나는 안병욱 에세이집을 읽으면서 더욱 인생의 올바른 길을 찾는데 확실한 신념을 가지게 되었다.

주위 사람들이야 나의 참뜻을 알아줄 리도 없고 또 안들 나를 따라줄 리 만무하여 생각다 못해 바로 이것이 올바른 길이라는 것을 가르쳐 주기 위해 책이라도 한 권씩 보내주고 있는 것이다.

사람들을 접촉할 기회도 없거니와 있다 하여도 언변이 활발치 못하니 인정을 못 받을 바에야 최소한의 돈으로 책 한 권을 읽혀서 도움이 될 수 있다면 얼마나 다행한 정신적 보시의 길인가? 그러나 자각을 하고 올바른 인생의 길을 찾기란 쉬운 일이 아니다.

특히 현 위치에서 자신이 가야 할 바른 길을 찾는다는 것은 상당한 노력과 인간 수업이 뒤따라야 할 것이다. 늙은 사람이나 젊은 사람이나 자신이 가야 할 길을 똑바로 찾아 걸어갈 때 인생은 즐겁고 희열을 느낄 수 있을 것이다.

2008. 3. 18 (火)

두 노안(老顔)

아침이면 안마의자에 올라가 드러누워 몸을 푸는 과정에서 아내의 도움을 받아야 힘이 덜 든다. 의자에 앉아 드러눕는 과정에서 아내의 얼굴을 문득 쳐다보니 아내 역시 몹시 늙었음이 새삼 눈에 띈다.

눈은 아래로 처져 있고 유난히 내민 광대뼈에 주름살은 이마를 덮고 있어 세월의 무상함과 함께 절로 긴 한숨이 새어 나온다. 무엇을 하고자 결혼한 지 50년의 세월을 세고에 시달렸으니 이젠 늙을 때도 되었지만 쭈그러진 얼굴에 백발은 덧없는 세월을 증명해 주고 있다.

이것이 인생이고 7~80년간 수련의 훈장이려니 생각하지만 체념하고 위안하기에는 너무나 허무한 감정이 복받쳐 오른다. 젊어서부터 피부 관리와 영양관리를 잘한 사람들은 늙어서도 홍안백발로 보기에도 좋지만 대부분의 노인들은 세월의 나이를 속이지 못하고 얼굴에 흔적을 막을 수가 없나 보다.

아내의 얼굴을 보고 나서야 내 자신의 늙음을 실감했다. 이러한 두 노안에도 희색이 가득한 삶이 되었으면 한다.

2008. 3. 19 (水)

혼탁한 사회

작년 크리스마스경 안양의 한 초등학교에 다니는 열 살과 여덟 살 난 여자 아이가 실종되어 그동안 수사를 해왔는데 오리무중이었다. 그러다 엊그제 30대 용의자 정 모라는 남자를 검거하여 자백을 받은 결과 두 아이 모두를 살해하여 끔찍하게 토막을 내어 하천에 버렸다고 한다.

수색 결과 일부 시신은 용의자의 말대로 하천에서 찾았으나 나머지는 여전히 수색 중이라고 한다. 아무 죄 없는 어린 아이를 원한 관계도 없이 이렇듯 참혹하게 살해한 후 유기했다는 것은 사회문제가 아닐 수 없다.

더군다나 범인은 다른 살인 사건에도 가담한 흔적이 있어 경찰은 여죄를 캐묻고 있다 하니 인간의 탈을 쓴 악마가 아닌가 싶다. 얼마 떨어지지 않는 이웃에 살면서 교회도 같은 교회를 다녔다고 하니 도저히 이성을 가지고서는 납득할 수 없는 현실이다.

전번에는 프로야구 선수로 활약했던 자가 네 명이나 살인을 하여 암매장을 하더니 하루가 멀다 하고 끔찍한 사건들이 이어지니 세상이 무섭기 짝이 없다.

2008. 3. 20 (木)

인본주의(人本主義)

올바른 인간의 삶을 근본으로 하는 것이 바로 인본(人本)이다. 우리나라는 옛날부터 인본을 근본으로 도덕과 인륜 교육에 치중하여 공맹자의 인의예지(仁義禮智)의 덕을 생활의 신조로 삼아왔으나 이것만으로는 인간의 원만한 삶을 영위할 수 없는지라 국가가 쇠약해지고 개인의 생활이 윤택할 수 없어 국민 대다수는 빵을 해결하는 데 주력하게 되었다.

거기서 오는 부작용으로 사회의 도덕관은 저하되어 인륜이 허물어져 감을 걱정하지 않을 수 없는 시대가 되었다. 이러한 시기에 안병욱 교수의 외침은 이 시대의 신선한 메시지로 부각되고 있다. 그는 인간은 성실히 자기 할 일을 다 하면서 인간답게 값어치 있고 보람차게 살아가는 지혜들을 제시하고 있다.

그는 동서 고전을 다방면으로 많이 탐독하고 이 시대에 부합하는 온고지신(溫故知新)을 강조하면서 끊임없이 인본과 관련한 저서를 내고 있다. 한결같이 사람답게 사는 길을 제시하며 우리를 깨우쳐 주고 있지만 지금의 젊은 층들이 얼마나 이에 호응하는지는 의문이다. 우리 같은 나이 든 사람이 볼 때는 지당한 인생철학의 필독본이라고 간주되지만 이를 모르는 사람들이 많다.

2008. 3. 21 (金)

인간의 뿌리에 대해서

오늘은 우리 집안의 합제(合祭) 날이다. 옛날 같으면 4대 봉사를 행해야 되고 설과 추석 차례까지 지내야 하니 1년에 열 번의 제사를 지내야 하는 폐단을 간소화시켜 1년에 3번으로 줄여 버렸다. 제사는 설과 추석 때처럼 단 한 번으로 기일을 정해서 지내는 날이 바로 오늘이다.

오늘로 정한 이유는 증조부와 부친이 연대의 차이는 있지만 양력으로 3월 22일날 공교롭게도 한날 돌아가셨기에 오늘로 합제일을 정해 자손들이 모이기로 하였던 것이다. 옛날 관습을 그대로 답습하면 너무 형식에 치우쳐서 소홀해지고 바쁜 세상에 제사에만 신경을 쓸 겨를도 없기 때문에 궁여지책으로 이 방도를 취했다.

전통의 맥도 보존하고 또 형제 사촌들끼리도 접촉할 기회를 만들어 보자는 취지이다. 옛날 같으면 장손에게만 그 책임이 돌아갔지만 지금은 불합리한 점이 있어 자손들이 공히 합제 비용을 부담케 했다.

원래 4대 봉사를 지내면 벌족한 집안 같으면 자손이 수십 명 되고 촌수도 6촌 재종(再從)까지 모이면 큰 잔치가 될 것이다. 이렇듯 모여서 1년에 단 한번이라도 경건하게 조상의 음덕(蔭德)을 기리는 것이 뿌리 있는 자손의 의무이고 도리라고 생각한다.

2008. 3. 22 (土)

두 원로의 실언

요즈음 총선 공천을 둘러싸고 두 원로인 YS와 DJ가 아전인수(我田引水) 격인 불만을 늘어 놓아 국민들의 눈살이 곱지 않다. 자기들의 측근과 자식들을 공천에서 탈락시킨데 대한 불평의 소리인 것 같다. 정치 일선에서 활약할 때와는 판이한 시각차이임을 망각하는 시대착오적인 망상이 아닐 수 없다.

권력에 편승하여 대통령을 지냈을망정 등잔 밑이 어두워서 볼 수 없는 세상민심에 어두운 소치일 것이다. 여론과 명분을 가릴지 모르면 현명한 사람이라 칭할 수 없는 것인데 무엇인가 착각 속에 말년을 보내고 있는 것은 아닌지 안타까운 생각이 든다.

원래 정치라는 것은 그런 것이지만 민심의 소재만은 파악할 줄 알고 양심의 거울만은 들여다 볼 수 있어야 한다. 돈의 유혹 앞에 선악도 가릴 줄 모르고 날뛰는 자를 옹호한들 그 누가 정당한 항변이라고 호응하겠는가?

사람의 나이 80이 넘으면 이성마저 마비되어 사리판단마저 흐려지는지는 모르겠으나 두 원로들의 발언은 실언임에 틀림이 없다. 가만히 지켜보는 게 원로의 위치를 안전하게 유지하는 길임을 권해 주고 싶다.

2008. 3. 23 (日)

홍역을 앓는 중국

나라가 광대하면 다스리기도 힘이 드는 것 같다. 특히 미국 같은 다민족이 모여 만든 합중국은 자유민주주의 제도 아래서는 고도의 정치 역량이 필요할 것이다. 그러나 중국 역시 56개의 민족이 모여 통일을 이루고는 있지만 유사 이래 단 한 번도 완전한 통일을 이룬 적은 없었던 것 같다.

지금도 대만과 몽고가 분리 독립되어 있으니 말이다. 옛날에는 힘으로 흡수 통일을 꾀할 때도 있었다. 하물며 21세기를 살면서 정치 역량이 부족하면 인간의 속성상 자연히 힘의 억압에서 벗어나려는 움직임이 태동하게 되는데 이번에 티베트 민족들이 분리 독립을 주장하고 나섰다.

티베트는 철저한 종교 국가로서 달라이라마를 구심점으로 뭉쳐 있는 불교국가이다. 이번 시위로 수백 명이 체포되고 수십 명의 사상자가 발생하였다. 그러나 쉽사리 진정될 기미는 보이지 않고 금년 여름 올림픽을 앞두고 중국 당국도 이 문제로 골머리를 썩이고 있는 것 같다.

강경 진압으로 나가자니 세계의 여론이 두렵고 소극적으로 대처하다간 다른 소수민족들도 연쇄적으로 독립을 요구할 터이니 뜨거운 감자가 아닐 수 없다. 후진타오의 실력이 어느 정도인지는 이번 사태 해결에 달려 있다. 미국처럼 되느냐 아니면 구소련처럼 되느냐 아니면 옛날 역사를 되풀이 하느냐?

2008. 3. 24 (月)

느린 몸의 동작

몸이 늙으면 동작도 느려지기 마련인데 여기에 사지가 자유롭지 못하고 허리마저 힘을 못 쓰니 동작이 한없이 느리기만 하다. 한 동작을 하는데도 도를 닦는 마음으로 신경을 기울이지 않으면 낙상하기 일쑤니 초보자가 곡예를 하는 것처럼 아슬아슬하기만 하다. 그렇다고 움직이는 것을 멈출 수도 없는 노릇이다.

이러한 리듬이라도 깨지면 신체마비라는 앞날이 기다리고 있기 때문이다. 산다는 것은 이렇듯 고달픈 나그네의 여정과도 같지만 단념할 수 없는 나의 정신력이 현실을 메꾸어 가고 있다. 그러나 뉘라서 이 절박한 실정을 알겠는가! 서산으로 넘어가는 일몰의 낙조는 그저 희미한 여생의 몸부림에 지나지 않는다.

또한 어둠을 예고할 뿐이다. 사람은 이러한 속에서도 의연하게 대처할 필요가 있다. 일몰은 내일 아침의 일출로 이어지는 자연의 섭리를 터득하며 조용히 돌아가는 지혜를 가지고 천명에 순응함이 인간의 도리가 아닐까 생각해 본다.

2008. 3. 25 (火)

비망록(備忘錄)

사람이 일생을 살아가는 동안 비망록 한두 권은 적어 둘만한 것이다. 비망록이란 사람이 살아가면서 잊기 쉬운 사연이나 좋은 말들을 기록해 두었다가 후일 다시 보고 새로움을 갖자는 의미에서 책이나 신문 등속에서 귀감이 될 만한 글들을 써 모은 것이다.

사람은 망각의 동물인지라 그 당시에는 감동이나 감명을 느끼고 이것만은 인생을 살아가면서 반드시 행해야 되고 알아둘 필요가 있다 싶어도 시간이 흐르면 까맣게 잊어버리는 일이 얼마나 비일비재한가?

이를 방지하기 위해서라도 비망록에다 메모해 두었다가 가끔 읽어보고 각심을 환기시키는 것이 필요하다 싶어 작년부터 본격적으로 쓰기 시작하였는데 어느새 한 권의 노트를 메울 수 있었다. 그동안에도 체계적으로 쓰지는 않았지만 여기 저기 적어둔 것은 있었다.

그러나 이번처럼 인생에 도움이 될 만한 선각자들이나 현인들의 지혜를 체계적으로 모아 적어 본 것은 처음이다. 이제 한 권의 비망록이 되었으니 다시 한 권을 더 써야겠다. 그래서 여생의 정신건강을 도모해 볼 생각이다.

2008. 3. 26 (水)

정치가 코미디인가?

고 이주일 씨가 코미디언 시절의 인기로 국회의원을 해보더니 정치도 알고 보니 코미디 연극을 하는 것과 다를 바 없었다고 피력했었다.

이번에 총선 등록을 하루 이틀 앞두고 한나라당의 권력 내홍(內訌)으로 이재호 최고의원과 국회부의장이 본의 아니게 불출마 선언을 했는데 마음에도 없는 헛소리를 한 지 불과 하루도 못가 다시 출마하겠다고 번복을 하니 어처구니가 없다.

국민의 앞에서 짜증과 때를 쓰다가 여의치 않으니 다시 제자리를 찾아가는 어린애들 같은 행동을 하고 있으니 실소를 참다 못해 조소가 나올 지경이다. 국민을 쉽게 알고 신중치 못한 언동으로 국민을 농락하는 처사는 대의정치를 하고자 하는 자세와 태도가 결코 아니라고 생각된다.

또한 강재섭 당 대표의 불출마 선언과 당 대표직의 사표 의사는 과연 진의에서 나온 것인지 회의감마저 든다. 믿을 수 없는 것이 정치인들의 말과 행동이다. 이번에도 국민들의 민도를 측정할 수 있는 좋은 시험대가 될 것 같다.

2008. 3. 27 (木)

또 대구에서 살인이

구미 박 대통령 생가를 관리해 온 김 옹(82세)이 26세의 강모라는 괴청년에게 어제 살해당했다고 한다. 아직 정확한 범행 동기는 밝혀지지 않고 있지만 정치적인 테러와는 무관한 것 같다.

바로 엊그제 박근혜 전 대표가 선거를 치르기 위해 고향의 자기 아버지 생가를 방문하고 머무르고 있던 참에 끔찍한 일이 발생하여 세인들의 이목이 집중되고 있다. 그러나 지금까지의 수사내용으로 봐서는 우발적인 단독범행인 듯싶다.

국민들의 걱정은 배후가 있는 정치적 살인이 아닐까 염려하고 있는 것이다. 피살된 김 옹은 왜정시대 때 박 대통령과 위아래 집에서 자라고 지낸 처지로 초등학교 교장을 정년 퇴직하고 자청해서 관리인을 하고 있는데 한때 박근혜 의원의 선거사무장까지 지낸 사람이라서 박 의원의 충격이 클 것이다.

물론 운명의 비정한 장난이겠지만 여자로서 너무나 못 당할 일을 겪으면서까지 정치판에 발을 담그고 있을 명분이 있을까 의구심을 갖게 한다. 정치가 무엇이기에 사람의 목숨까지 앗아가야 하는지 비정하기만 하다.

2008. 3. 28 (金)

사람의 생명

사람의 생명이 끈질긴 사람도 있고 허망하게 간 사람도 있어 죽음은 마음대로 할 수 없는가 보다. 어제 상용이 부인이 타계했다고 상용이가 직접 알려왔다. 그동안 10여 년간을 와병 중에 있어 본인은 물론 상용이의 고생도 이만저만이 아니었는데 이제야 끝이 난 것 같다.

친구라도 부인의 병수발을 지극정성으로 하는 것을 보고 역시 부부애밖에 없구나 하고 귀감이 가곤 했다. 이제는 상용이도 할 수 없이 늙은 외기러기 신세를 면치 못하게 되었으니 서글픈 인생의 단면이라 할 수 있다.

모두가 회자정리(會者定離)의 법칙을 벗어나지 못하고 자연의 이치에 순응하는 것이 인생이다. 와병에 인사절이라고 하였던가! 조문도 갈 수 없는 신세가 안타깝기만 하다.

그래도 살아 있는 사람의 의무로 부의라도 해서 위로를 대신해야겠기에 영호에게 연락하여 부의를 부탁했다. 영호는 아직 복을 누려 건재한지라 오늘 조문을 간다고 한다. 모두가 살아있는 덕택이다.

2008. 3. 29 (土)

북한의 속셈

이명박 정부가 들어서면서 대북 정책도 달라질 수밖에 없다. 예전처럼 무조건식의 경제원조는 줄이고 하나하나 상호주의 원칙을 내세워 공동이익을 챙기자는 주의로 변화하였다.

얼마 전 통일원 장관의 북한 인권문제 발언으로 북한이 불쾌감을 드러내면서 개성공단의 인원을 일방적으로 감축시키고 서해안에 단거리 미사일까지 발사하여 긴장을 조성하고 있으니 이를 어찌 보아야 할 것인가?

그동안 인도적으로 북한에 식량을 원조했던 입장에서 이도 국군포로와 연계시킨다는 조건을 내세우니 북한도 기분 좋을 리는 없겠지만 모두가 차원 높은 정치적 해결을 요망하는 문제이다. 이런 식으로 남북문제를 다루게 되면 서로가 이익이 될 것이 없을 것이다.

같은 동포 같은 민족임을 먼저 생각하고 여유가 있는 쪽에서 좀 더 아량을 베풀고 없는 쪽에서는 좀 더 현실을 감안한 공동번영을 꿈꾸는 것이 현명한데 지금처럼 서로가 오기로 자존심만 내세우는 것은 모두에게 이익 될 것이 없다. 모두가 바라는 것은 평온한 가운데 국민들이 잘 먹고 잘 사는 것이 아니겠는가!

2008. 3. 30 (日)

두바이의 앞날

중동의 작은 나라 두바이는 아랍에미리트 연방 7개국 중의 하나로 국제무역항으로 발전하면서 각광을 받고 있다. 1969년부터 석유를 수출하기 시작하여 새로운 산유국으로 떠오르고 있는 가운데 우리나라도 여기서 원유를 수입하고 있는 실정이다.

인구가 불과 20만 명밖에 지나지 않는 작은 나라에서 하루 석유 생산량이 40만 배럴에 이르며 GNP가 이미 3만 달러를 넘었다고 한다. 이 나라의 지도자 두바이는 자기의 이름을 따서 국가명으로 삼았는데 탁월한 아이디어와 추진력으로 일취월장 성장하고 있다.

특히 외국자본과 외국인들을 많이 끌어들여 자기들 인구의 7배가 넘는 외국인이 함께 어우러져 중동의 뉴욕 같은 도시 분위기를 풍긴다고 한다. 두바이의 계획은 100년 후에 자기들 후손이 지상낙원에서 살 수 있도록 원대한 프로젝트를 세워 놓고 있는데 바다에 인공섬을 만들었는가 하면 해저호텔까지 추진 중에 있다.

기존 유목민들에게는 양 한 마리를 사육하는 대가로 월 7만 원씩 지급하고, 낙타 한 마리당 16만 원을 다달이 지불한다고 하니 양은 30~50마리, 낙타는 10~20마리 정도만 사육해도 풍족한 생활을 누릴 수 있으며 중동에서도 모범국가로서 다른 나라의 모델국이 된다고 한다. 한 나라에 리더십이 이렇게 중요한 몫을 하는 것을 보고 많은 것을 느끼게 한다.

2008. 3. 31 (月)

나의 생활신조

나이가 들어가면 되도록 마음이 상하는 일이 없도록 미리 예방하고 살아가는 것이 지혜가 아닌가 싶다. 마음이 상한다는 것은 욕심을 버리지 못함과 수양의 부족에서 기인함을 알 수 있다. 나에 대한 집착과 독선이 가끔 아내의 의견과 충돌이 되어 서로 불편할 때가 있지만 타고난 성격을 어찌하랴.

남을 도와주어야 직성이 풀리고 한 번 옳은 일이라고 판단이 내려지면 그것을 행하지 않고서는 잠을 자지 못하는 것이 나의 신조여서 때로는 경제적 불이익과 아내가 힘이 겨울 때도 있을 것이다. 그러나 생활에 큰 타격을 주지 않는 범위 내에서는 주위 사람들과 밝은 진리 속에서 올바른 삶을 누리고 싶은 욕망에서 최소한의 희생은 감수하며 살아가고픈 것이 나의 생활신조이다.

성직자도 못 되고 자선사업가도 못 되지만 평범한 사람으로 남에게 인색하지 않는 처세로 마음만은 편안히 살고 싶은 게 나의 최대 소망이요 아내도 바라는 생활관일 것이다. 이러한 우리의 생활신조는 누구도 간섭할 수 없고 침범할 수 없는 우리만의 권리이다. 물심양면으로 능력이 허락하는 한 베풀고 사는 것이 마음이 편해지는 길이다.

2008. 4. 1 (火)

우리나라 경찰의 현주소

우리나라 경찰의 조직력은 숫자상으로는 상당한 수준에 있다고 한다. 그리고 지금은 민주경찰로서의 위상을 굳혀 가고 있지만 아직도 대민봉사 차원에서는 걸음마 단계를 면치 못하고 있다.

독재정권 하에서는 권력의 앞잡이로 전락한 적도 있었고 최근에는 검찰과 수사권 영역을 가지고 갈등과 알력을 표출하기도 하여 국민의 이목을 끌기도 했다.

과거보단 질적인 면이나 권익적인 면에서 많이 향상되었지만 대민봉사와 치안의 차원에서는 아직도 복지부동과 안일무사의 태만한 근무태도로 일관하려는 경향이 농후하다.

5일 전에 일산 APT 앞에서 어린 여학생을 성추행하려는 괴한이 CCTV에 촬영되고 주민들이 목격하여 신고를 했는데도 수사를 미루다가 대통령의 불호령이 떨어지자 그제서야 사건발생 5일 만에 범인을 검거했다니 경찰 스스로의 품위와 권위에 먹칠을 한 셈이다.

이처럼 경찰 본연의 업무를 망각하는 처사가 곳곳에서 비일비재하다고 하니 국민은 누구를 믿고 밤길을 걸어갈 수 있을지 심히 불안하기만 하다.

2008. 4. 2 (水)

소포(小包)를 받으면

집에서 소포를 받아보면 언제나 마음이 흐뭇하다. 그것은 상대방의 마음이 잘 포장되어 담겨 있기 때문이다. 국내에서 부친 소포는 물론 해외에서 부쳐왔을 때는 더욱 고마운 생각이 든다. 하물며 해외에서 외롭게 거주하고 있는데 고국의 친지로부터 소포를 받는 기분은 참으로 흐뭇할 것이다.

자신에게 관심을 가져준 사람이 있다는 사실이 중요한 것이다. 그런데 사람들은 자기네 인척간에도 무관심한 것을 보면서 우리 사회의 인간성이 얼마나 황폐화되어 있음을 짐작할 수 있다. 많은 돈을 들여 정을 나누라는 게 아니다.

적은 물건 하나라도 긴요하게 살아가는 데 쓸 수 있는 물건이면 된다. 물론 있으나마나 하는 필요 없는 무용지물이나 값비싼 분수에 맞지 않는 선물은 안 하니만 못하지만 1년에 두 번 정도는 생필품이나 먹거리, 좋은 책 한두 권 정도는 인정을 나누는 데 필수적인 인생사가 아닐까 생각된다.

사람이 살아가면서 생활의 선(善)이 무엇인가를 생각하면서 물심양면으로 베풀고 살아가는 것이 정신건강에 유익하다는 것을 깨닫고 살아가야 하겠다.

2008. 4. 3 (木)

실행할 수 없는 만남

한 달 전쯤에 홍성룡이라는 고향 친구가 50여 년 만에 처음으로 전화를 걸어왔다. 생질인 영규로부터 소식을 듣고 전화번호를 알아 연락했다며 집주소와 약도를 자세히 물으며 꼭 한번 찾아와서 그 동안의 소식과 사연을 듣고 싶다기에 흔쾌히 승낙을 하였다.

그 후 소식이 두절되어 그때 전화번호나 연락처를 알아둘 것을 하고 후회를 하다가 하도 궁금해서 영규에게 전화를 걸어 소식을 물어보았다. 그런데 이십여 일 전에 친구가 밖에 나왔다가 화장실에서 갑자기 쓰러져 죽었다고 하였다. 아마도 뇌출혈이 아니면 심장마비인 듯싶었다.

며칠 전까지도 자기는 건강해서 마음대로 돌아다닐 수 있으니 꼭 일간에 찾아보겠다는 친구가 허망하게 불귀의 객이 되었으니, 이제야 올까 저제야 올까 하며 기다렸던 마음이 일시에 물거품이 되고 말았다. 친구의 죽음은 세상사가 허망함을 다시 한번 느끼게 하였다.

그 친구를 마지막으로 만났던 게 6.25 직후 겨울 사범학교 다닐 때로 기억하니 56~7년이란 세월이 흘렀나 보다. 너무나 오래전 일이라 친구의 앳된 동안밖에는 생각이 나지 않는다.

2008. 4. 4 (金)

건강식품

며칠 전, 아내가 산책을 나갔다가 길거리에서 건강식품이라고 홍삼이 들어갔다는 농축액 두 병을 사 들고 왔다. 혹시나 속은 게 아닌가 싶어 고민을 하다가 이왕 사 왔으니 몸에 해만 없으면 먹어보자고 해서 3~4일을 조석으로 한 숟갈씩 주스에 타서 둘이 복용을 했다.

그런데 자고 나면 손에 이상이 오기 시작했다. 둘 다 손이 부은 것 같았고 쥐는 것이 예민하지 못함을 의식한 것이다. 그래서 오늘부터 약 3일간은 복용을 금하고 시험하기로 했다. 그동안 병에 써 있는 분량을 무시하고 3~4배는 더 많이 복용을 해서 그런지 몰라도 며칠이 지난 다음에 정상으로 돌아오면 다시 정량을 먹어보기로 했다.

아무리 몸에 좋은 약도 과다 복용하면 부작용이 따르는 법이니 테스트를 해 보면서 먹어볼 수밖에 없다. 나는 손을 쥐기는 불편해도 손이 저린 것은 감소됨을 느꼈고, 다리를 옮길 때 오른쪽 다리가 조금 올라가는 느낌이 났으니 무슨 까닭인지 아직은 알 수 없다. 설명서를 다시 읽어 보니 당귀, 갈근, 오미자, 감초, 홍미삼 등 10여 가지를 넣어 연고를 낸 것으로 추측이 되지만 알 수 없다.

2008. 4. 5 (土)

삼성 비자금 특검을 보며

현대자동차의 비자금 문제에 이어 삼성그룹의 비자금 문제가 사회의 이슈가 되어 특검의 강도 높은 수사가 진행되고 있다. 조사가 막바지에 이르자 이건희 회장 부부까지 소환하여 장시간의 조사를 받은 후 법의 심판을 기다리고 있다. 그런데 우리나라 중견기업 30개 내지 50개 재벌치고 비자금을 조성하지 않은 기업이 과연 몇이나 될까 하는 의구심이 든다.

지금까지의 관행으로 봐서 정치권과 연계하지 않으면 살아남을 수 없는 현실 속에서 비밀리에 자금을 마련한다는 것은 관례나 다름없었다. 이제 어느 정도는 정경유착의 고리가 근절되어가고는 있다지만 아직까지도 관료들에게 로비 명목으로 뇌물이 오고 가는 것은 그치지 않고 있는 실정에서 돈을 가진 자들은 돈으로 이권을 독점하고 싶은 것은 당연한 욕구인지도 모른다.

원래 돈이란 마력이 붙어 있는 괴물인지라 돈을 가질수록 더 가지고 싶은 중독증에 걸려서 돈의 노예가 되고 포로가 된 것이다. 사람은 기껏 호의호식을 하는데 불과 월 1천만 원이면 마음껏 살아갈 수 있는데 수천억 아니 수조 원을 벌면서도 욕구 충족을 할 수 없어 투명하지 못한 경영을 하여 법의 심판을 받고 있으니 인생철학을 모르는 불행한 사람들이다.

2008. 4. 6 (日)

자연의 회전

우리 집에는 개량된 철쭉나무가 한 그루 있다. 정은이가 4년 전 내 생일에 사 온 꽃나무다. 꽃 색깔이 어찌나 아름답던지 그 나무만 보면 마음이 차분해진다. 아주 연한 연분홍을 띤 벚꽃색깔이다. 그런데 작년부터 꽃 색깔이 주홍색으로 탈바꿈해서 핀 이유를 모르겠다.

야생 진달래 나무에다 집안에서 인공적으로 가꾼 철쭉나무와 유전자를 혼합시킨 꽃나무인데 해년마다 어김없이 4월 초에는 꽃이 만개되어 내 생일을 반기고 있으니 고마운 생각마저 든다. 사람은 늙어가도 꽃나무는 여전히 싱싱하게 자라고 있으며 때가 되면 새순이 돋고 꽃을 피워 사람의 마음을 즐겁게 해 주니 자연의 고마움을 새삼 느끼게 한다.

어찌 자연의 고마움을 화초에만 비하랴. 인간은 자연의 혜택이 아니면 단 하루도 살아갈 수가 없지 않는가! 자연은 수백억 년을 하루 한 시도 어김없이 생물을 위해 해가 뜨고 밤이 됨을 반복하면서 계절을 만들어 생물의 생성을 돕고 있지만 그 고마움을 간직하는 인간은 별로 드물다.

인간은 한 번 가면 영원히 소식이 없는데 초목은 시들었다가도 봄과 더불어 다시 소생하여 사람을 반기니 자연의 회전은 고맙기도 하구나.

2008. 4. 7 (月)

알레르기 체질의 고민

옛날에도 노인층에서는 천식(일명 해소병)이 있어 고질병으로 알려져 왔는데 당시에는 알레르기 증세인지도 모르고 살아왔다. 그러나 이제는 이러한 알레르기 체질을 가진 사람이 많이 늘어나 남녀노소 할 것 없이 천식 증세 뿐 아니라 비염이나 전신소양증으로 고통을 받고 있지만 아직까지는 완치 약은 개발하지 못하고 완화제만 있을 뿐이다.

나는 40대에 팔과 손등이 가려워 고생을 하다가 어느 약사의 권유로 항히스타민제를 매일같이 복용하여 고통을 참아낼 수 있었다. 처음 몇 년간은 가격을 몰라 엄청나게 비싼 가격으로 사 먹다가 큰 약국에서 알아보았더니 1/10 가격으로 구매할 수 있어 지금도 하루 한 알씩 꾸준히 복용하고 있다.

그러나 10년 전부터 다시 비염이 괴롭히고 있으니 특효약도 없어 독성이 강한 약을 복용하면 다른 부위에 부작용이 생겨 가능한 먹지 않고 견뎌 보는데 눈물과 콧물이 심한 날이면 먹지 않을 수가 없으니 악순환은 계속되고 있다. 하루속히 좋은 특효약이 개발되었으면 하는 소망뿐이다.

2008. 4. 8 (火)

배움의 형평을 살리자

나의 소년 시절은 집이 가난해서 고등교육은 고사하고 중등교육도 못 받고 겨우 초등학교를 다니는 둥 마는 둥 한 것이 실정이었으니 더 이상 배운다는 생각은 엄두도 못 냈다. 겨우 집에서 독학을 한다는 게 한글 깨치기와 한문 몇 자 연습하는 정도였다.

못 배우면 사회의 낙오자가 된다는 강박의식을 항시 간직한 채 생계의 고리를 이어오면서도 쉽게 그 환경과 범위를 탈출할 수 없었던 신체의 장애를 원망할 수밖에 없었다. 그렇게 청년 시절을 보내다가 환경의 변화를 시도한 게 도시행이었다.

그러나 먹고 사는데 급급하느라 배운다는 것은 엄두도 못 내고 나이 60에 이르러서야 비로소 독서라도 해 가며 교양이라도 쌓을 수 있게 된 것을 다행으로 여기며 하느님께 감사를 드린다. 사람은 청소년 시절에 운이 나빠서 배울 기회를 놓친 사람은 마음먹기에 따라 평생교육을 통해서 늙어서라도 얼마든지 지적 실력을 쌓을 수가 있다.

조급한 마음으로 한꺼번에 많이 배워야 한다는 생각은 욕속부달(欲速不達)이 되니 마음을 늦추고 천천히 배우는 게 좋다. 하루 한두 시간씩이라도 죽을 때까지 규칙적으로 독서생활을 해 나간다면 얼마든지 제도권 교육을 받은 사람 못지않게 실력과 교양을 쌓을 수 있음은 하느님이 내려주신 배움의 형평이라 하겠다.

2008. 4. 9 (水)

구로일(劬勞日)(음력 3월 4일)

오늘은 나의 76회 생일날이다. 금년에는 76년 전에 음력과 양력이 동일한 날이어서 계절도 정확하리라 생각된다. 바야흐로 춥지도 덥지도 않는 춘삼월의 좋은 계절이고 산과 들에 꽃이 만발할 때 태어나 축복을 받아야 할 몸이 태어날 때부터 하느님은 시련을 안겨주어 극복하라는 명제를 내려 주셨다. 이것을 두고 사람들은 운명이라고도 한다.

그러나 나는 오늘까지 나름대로 인생을 열심히 살았지만 이렇다 할 성과는 보지 못한 게 능력의 한계라고 생각한다. 나를 낳아주신 우리 어머니는 당시 노산(老産)에다 난산(難産)까지 겹쳐 역산(逆産)으로 나를 출산하면서 얼마나 고통과 사투를 했겠는가?

남자 손이 귀한 집안에서 아쉬움과 실망 속에서도 영아를 살려보겠다는 일념으로 끝까지 포기하지 않고 태반에서 탯줄을 끊지 않고 30분 이상을 영아에게 양분을 밀어 넣는 정성으로 나를 살렸다고 한다. 그러한 덕택으로 부실한 몸이지만 지금까지 생존하면서 드라마틱한 인생을 살아온 것이다. 병약한 몸으로 고르롱 80까지 살게 되었으니 천명을 주신 하느님께 감사한 마음으로 생일을 맞이할 수 있다.

2008. 4. 10 (木)

18대 총선 결과를 보고

어제 제 18대 총선이 역대 선거 사상 최저의 투표율인 46%로 치러졌다. 예상했던 대로 한나라당이 압승을 거둬 여대야소가 되었다. 한나라당 153석과 통합민주당은 81석으로 17대보다 무려 55석이나 줄어든 참패를 당했다. 대선 후 불과 4개월 만에 치러진 총선이라 노무현 정권 때의 민심이 그대로 이어진 경향이 농후한 것 같다.

영호남의 표는 선거 때마다 고정된 지역적인 숙명표를 감안하더라도 한국의 선거 판도를 바꾸는 것은 언제나 경기도와 서울이다. 보조 역할로 충청도와 강원도가 편승을 하곤 한다. 이번에도 충청도 세력을 규합한 이회창이 이끈 신보수인 자유선진당이 18석을 얻어 선전했지만 교섭단체 등록에는 2석이 모자라 아쉬움을 가져왔고 한나라당 공천에서 탈락한 박근혜의 친박연대는 14석을 차지하여 소기의 목적을 달성하였다.

그 밖에 한나라당에서 탈당하여 무소속으로 당선된 의원이 20여 명이나 되어 이들의 거취가 주목되고 있다. 그리고 와해 직전에 있었던 민주노동당이 이번에는 지역에서 2명이 당선되어 비례대표까지 5명이 당선되었고, 창조한국당도 문국현의 활약으로 3명이나 당선되어 국회로의 교두보를 마련하였다. 앞으로의 정치판도가 볼 만하다.

2008. 4. 11 (金)

우리나라 정치는 보수 세력이 강하다

어느 나라고 선거 결과를 보면 그 나라의 정치 판도를 헤아릴 수 있고 어느 세력이 강하다는 것을 알 수 있을 것이다. 우리나라는 원래 북한의 과거 적화 목적인 남침으로 인해 대다수 국민이 좌파 세력을 경원해 왔는데 반사적으로 우파 보수 세력들이 득세하여 그동안 갖은 오만으로 국민을 쉬이 여겨 독재와 부정부패를 일삼아 왔다.

고로 국민들은 자연 야당인 진보 세력에게 힘을 실어 주었는데 경험 부족으로 무능한 정치를 하는 바람에 이번 대선과 총선에서는 다시 보수 우파에게 압도적인 힘을 실어주었다고 본다. 여기서 정치인들이 특히 각성할 것은 정치인들에게 힘을 실어준 것은 국민에게 보다 나은 삶의 질을 보장해 달라는 요구이지 자기네들 권력지향을 위해서가 아님을 알아야 할 것이다.

국민들은 언제나 성실하게 국민의 편에서 일해 주는 정치와 정치인을 선호한 것을 잊지 말았으면 한다. 이번 총선에서 200석이 넘는 보수 세력을 선출해 주었다고 해서 자만에 빠지지 말고, 국민의 반수 이상이 무관심으로 일관했는지를 깊이 생각해 보았으면 한다.

2008. 4. 12 (土)

조류독감이 또 창궐하고 있다

몇 년마다 주기적으로 찾아드는 독감은 사람뿐 아니라 조류에게까지 유행되어 닭과 오리가 한꺼번에 수십만 마리씩 매몰되는 손실을 가져오고 있지만 이렇다 할 방지 대책이 없어 속수무책이다.

인간에게 전염된 독감 바이러스에 옛날에는 많은 사람들이 희생되었으나 이제는 예방 백신이 개발되어 희생을 예방하고 있지만 아직까지 조류에 대해서는 이렇다 할 대책을 세우지 못하고 있는 실정이다.

생각 같아서는 닭과 오리에게는 독감 바이러스를 이겨낼 수 있는 사료 물질을 개발하는 문제가 시급하다 하겠다. 닭과 오리도 인간에게 없어서는 안 될 영양식량의 일부인데 주기적으로 2~3년 만에 찾아오는 불청객인 AI바이러스를 퇴치할 수 있는 백신 연구가 시급할 것이다. 그래야 안심하고 양계사업도 권장하고 국가적인 손실도 줄일 수 있을 것이다.

2008. 4. 13 (日)

신앙인의 자세

신앙인이 되려면 우선적으로 자신의 몸과 마음가짐을 낮추는 자세가 필요하다. 왜냐하면 자세를 낮추지 않고서는 왜 내가 남보다 못하는 분복(分福)과 건강을 타고 나서 이 고통을 받고 있나 하는 불만이 습관화 되어 매사에 짜증을 내게 된다.

그럴수록 일상의 모든 일들은 풀리지 않는 것이 하늘과 자연의 이치일 것이다. 자신은 애당초부터 미천한 존재이고 박복한 몸인데 하느님의 보살핌과 음덕으로 이렇게라도 산다는 생각과 나는 애당초부터 귀족같이 살 몸인데 환경과 누군가에 의해서 자신이 이렇듯 불행을 겪고 있다는 생각은 천지 차이이다.

원인이 없는 결과가 없는 법인데 누구를 원망하면서 살아갈 것인가? 모두가 자신이 받아야 할 원인에 대한 보답을 짜증이나 불만으로 해소하려는 어리석음 보다는 결과에 대한 것을 달게 받아들이는 자세가 신앙인의 자세요 취할 태도이다.

이왕 닥친 결과를 짜증이나 불만으로 대하는 생활태도는 복을 받지 못할뿐더러 옳은 처사가 아니므로 마음부터 고쳐먹는 것이 나을 것이다.

2008. 4. 14 (月)

한국 최초의 우주인

한국 최초의 우주인 남녀 두 명이 최종 선발되어 그동안 러시아에서 강도 높은 체계적인 훈련을 받았다. 그중 남자인 고산은 최종 심사에서 탈락하였고, 이소연이란 여자가 우주선을 타고 지난주부터 우주를 선회하고 있다.

그리고 엊그제는 우주 정거장에 도착하여 이 대통령과 통화하는 장면이 TV로 생중계되었는데 이제 한국도 국력이 신장되어 우주탐험에 동참하고 있음을 실감할 수 있었다. 이번에는 비록 러시아의 우주선에 다른 국적의 우주인들과 동승하여 18가지의 주어진 실험을 마치고 귀환한다고는 하지만 머지않은 장래에는 우리 기술로 만든 우주선이 발사된다고 한다.

과학은 날로 발전하여 다음 세대들은 우주여행도 가능하게 될 것이다. 광활한 우주를 보는 것도 지구상에선 볼 수 없는 참으로 신기한 풍경일 것이다. 크고 작은 횡성들 수억만 개가 떠 있는 우주 공간의 신비는 과연 하느님의 창조물일 수밖에 없다.

2008. 4. 15 (火)

총선 후유증이 나타나고 있다

총선 공약으로 한나라당은 서울 시내에 뉴타운을 건설하겠다고 하여 서울에서 많은 지지를 얻었다. 여기까지는 좋았는데 기대심리로 인해 서울 변두리의 낡은 아파트 값이 치솟기 시작하자 서울시장은 앞으로 추가적인 뉴타운 건설은 없다고 못을 박는 바람에 지역주민들과 야당 의원들의 반발을 사고 있다.

선거 때만 되면 항시 국민과 시민들을 기만하기 일쑤인데 이번에는 직접 이권이 개입된 아파트 값을 부채질 하는 공약을 남발했으니 한국 정치가 참으로 한심할 수밖에 없다. 국리민복을 위한 폭넓은 정책이 아니라 지역 간의 이기주의만 불러일으켜 당선만 되고 보자는 정치형태가 근절되지 않는 한 우리나라의 정치는 여망이 없다.

더군다나 지금도 비례대표들의 뒷거래식 금전 수수설이 불거지고 있으니 돈으로 사고파는 금배지가 무슨 의미가 있겠는가? 이래저래 속고 있는 것은 선량한 국민이어서 입맛이 씁쓸하다. 민주주의는 철저하게 국민이 주권을 쥐고 개혁할 의무와 권리가 부여되었음에도 불구하고 우리 주권은 잠에서 깨어나질 못하고 있으니 민도가 아쉽기만 하다.

2008. 4. 16 (水)

이 대통령의 첫 나들이

이명박 대통령이 당선된 후 첫 인사차 미국으로 떠났다. 미국 부시 대통령을 방문하여 친미 실리 외교를 하기 위해서이다. 전번 노무현 정부 때와는 다른 차원에서 실리를 추구한다는 명분 아래 주한 미군의 증원을 요청할 것 같다. 그러나 거기에 상응하는 대가가 지불될 것이고 보면 결국 실리가 생길지는 두고 봐야 알 일이다.

나라가 작고 국력이 강하지 못하면 진보나 보수를 막론하고 강대국 앞에 고개를 숙이는 것은 당연한 이치고 그중에서도 국익을 도모할 수 있는 외교가 무엇인지를 따져볼 필요가 있다. 현대사회는 주고받는 것을 잘하는 쪽이 국익에도 도움이 됨을 알아야 한다.

무조건의 자유무역 반대나 쇠고기 수입의 제약은 국익에도 결코 도움이 되지 않음을 상기해야 한다. 사소한 부분적인 이기주의를 희생시켜서라도 보다 큰 우리의 경쟁력 있는 상품을 많이 팔 수 있어야 실익이 있을 것이다. 아무튼 국민들은 일단 이명박 정부의 정책에 기대를 걸어보며 협조할 수밖에 도리가 없다.

2008. 4. 17 (木)

종교의 위대성

베네딕트 16세 교황이 미국 부시 대통령의 초청으로 미국 방문을 하였는데 우리 대통령과 같은 시기에 이루어져 비교를 보이고 있다. 교황의 방문 때는 워싱턴 공항에서 부시 내외가 친히 영접을 한데 반해 우리나라 대통령은 아세아 담당 차관보가 겨우 영접할 정도이니 이만저만 차별이 아닐 수 없다.

하기야 아시아의 조그마한 반도, 그것도 반쪽밖에 되지 않는 지도자의 영접과 세계 11억 명의 가톨릭 신도들을 관장하는 교황의 영접에 비중이 같을 리가 없다. 81세의 고령의 교황을 소홀히 하여 미국에 이익이 될 것이 없겠지만 하필이면 오비이락(烏飛梨落) 격으로 우리나라 대통령이 같은 시기에 방문을 하여 비교가 되니 어쩐지 입맛이 개운치 않고 자멸감마저 든다.

이런 일을 생각하면 우리 국민도 분투노력해서 일등 국민이 되면 국제사회에서 이러한 홀대를 받지 않을 것이다. 교황은 때마침 81회 생일 파티까지 백악관에서 하게 되니 성대한 대접을 받은 셈이다. 교황은 미국의 인권문제와 이라크에서의 전쟁을 종결짓기를 희망한다는 메시지를 전했다고 한다.

2008. 4. 18 (金)

인간 욕망의 한계

사람이 아무리 좋은 취미를 가지고 명승고적을 찾아다니며 여행을 한다고 해도 세계 방방곡곡을 다 누빌 수는 없다. 경제력과 시간과 건강 등 여타의 제약을 받게 되어 그 욕망과 취미도 희석되기 때문이다. 그래서 사람들은 이러한 여행 욕구를 대체하기 위해 책으로서 명승지를 간접 체험하며 취미를 달래게 된다.

이는 인간이 누릴 수 있는 최소한의 문명 혜택이라고 할 수 있다. 비단 여행뿐만 아니라 사람과 사람의 만남에서도 이러한 간접 욕구 충족은 동일하다. 훌륭한 사람과 만나서 직접 대화를 하기에는 현실적으로 불가능하지만 책을 통한 간접 만남은 수백 년 전의 선각자들이나 현인들과도 가능하다. 나는 뒤늦게야 경제적인 여유가 조금 생겨서 세계의 명소 몇 군데를 여행했지만 욕망의 극히 일부에 지나지 않았다.

이집트나 터키, 그리스, 이스라엘의 성지 등을 둘러보고 싶었지만 모든 여건이 허락하지 않았다. 그래서 우리 부부의 사진을 좋은 명승고적 사진 위에 붙임으로써 대리 만족을 느끼고자 떳떳하게 액자를 만들어 걸어놓고 있다. 남이 비웃을지라도 이는 유일한 나의 취미이자 욕망의 한계를 극복하는 길이라고 생각한다.

2008. 4. 19 (土)

습관을 벗어나기 어렵다

인간은 습관의 동물이다. 그런데 습관에는 좋은 습관이 있고 나쁜 습관이 있는지라 사람들은 되도록 좋은 습관을 선호하지만, 생활하다 보면 나쁜 습관도 물들기 마련이다. 그렇다면 습관이란 무엇인가?

같은 행동을 오랫동안 반복하다 보면 힘 안들이고도 저절로 행해지는 행동을 말한다. 그래서 한번 습관이 배이면 이를 시정해서 행동하기란 여간 힘이 드는 것이 아니다. 그래서 사람은 어려서부터 부모가 좋은 습관을 길러주는 것이 자식들의 성격 형성은 물론 성장과정에도 영향을 끼친다.

아침에 일어나 이부자리를 개고 운동하는 습관, 그리고 규칙적으로 식사하는 습관, 시간을 엄수하는 습관, 공부하는 습관, 거짓말을 안 하는 습관, 시간을 엄수하는 습관, 부지런히 일하는 습관, 친구들과 다투지 않는 습관, 휴일 날 늦잠 자지 않는 습관 등 일상생활에서 반복되는 것은 모두 습관에 든다.

그러므로 인간의 안일하고 나태한 속성을 반복하면 나쁜 습관으로 변해 가므로 어느 가정이고 가장이 솔선수범하여 좋은 습관만을 택하도록 행해야 한다. 유년 시절의 좋은 환경 조성이란 바로 좋은 습관을 들도록 어른들이 함께 참여하고 모범을 보이는 것을 말한다.

2008. 4. 20 (日)

나의 일과

요즈음 나의 일상생활은 규칙의 틀에서 조금이라도 벗어나면 생활에 리듬이 깨지는 것 같아 마음이 편치 않다. 매일 같은 일을 되풀이하는 질곡의 일과지만 그 속에서 살아가는 보람과 낙을 찾으려고 나름 노력하며 소일하고 있다.

아침 5시면 눈이 떠져 이 생각 저 생각하다가 5시 30분이 될 무렵이면 아내를 깨워 라디오를 켜 달라고 부탁하는데서 하루가 시작된다. 한 시간쯤 라디오를 듣다가 아침은 주스 한 잔과 빵 한 조각으로 대신한다. 아침 7시 안에 아내의 도움을 받아 화장실에서 배설 작업을 끝마치고 약 40여 분간 안마기와 마루 열 바퀴를 도는 운동으로 시작해서 의자에서 80번 정도 앉았다 일어났다 하는 운동으로 끝마친다.

한 시간 정도를 누워 쉬다가 다시 일어나 간식을 조금 들고 30분 정도 마저 운동을 한다. 그리고 나서 그날의 에세이 한 장을 쓰고 다시 20분 정도의 운동을 반복한 다음 30분 정도의 휴식을 취한다. 정오가 되기 전에 점심 식사를 끝내고 한 시간쯤 독서를 하다가 안마의자에 누워 2시까지 안마를 한다.

다시 3시까지 마루 열 바퀴와 의자 운동을 하고 '세라젬' 기구에 누워 휴식 겸 안마를 받는다. 독서를 계속하다가 5시가 되면 이른 저녁을 먹고 다시 독서와 안마를 한다. 늦어도 9시에는 잠자리에 들어 하루를 정리하는 게 나의 짜여 진 일과 시간표이다. 시계추와 같이 반복된 일과 속에서도 몸의 통증과 고통을 잊으려고 갖은 노력을 하는 것이 나의 생활이다.

2008. 4. 21 (月)

수양은 극기이다

가정을 원만하게 이끌어가려면 남녀 간에 수양이 필요함을 절실히 느낀다. 수양이란 자신의 감정과 본능을 억제하고 참아내는 것을 말한다. 감정 그대로 본능 그대로 행동하고 말을 쏟아 버리면 나 아닌 다른 사람에게는 막대한 불쾌감을 주는 경우가 종종 있다.

사람은 늙어가면서 더욱 깨달아야 하고 수양과 수신을 더욱 돈독히 해야 말년이 불행하지 않다. 그래서 사람은 극기가 필요한 것이다. 사람의 마음을 두 개가 작용하고 있어 언제나 갈등 관계에서 싸우길 반복한다. 선한 나와 악한 나, 긍정적인 나와 부정적인 나, 부지런한 나와 게으른 나 등 모든 면에서 서로 상반된 마음으로 갈등을 하고 있으며 승부의 싸움을 하면서 이기는 쪽을 택하여 행동으로 옮겨지는 것이다.

그리스의 철학자 플라톤은 인간 최고의 승리자는 자기가 자기를 이기는 것이라고 했다. 바로 극기를 말하는 것이다. 극기는 수양이고 수신이고 덕으로까지 이어진다. 가정이 편안하려면 극기(克己)인이 되고 수양(修養)인이 되는 것이 지름길인 것을 잊어서는 안 된다.

2008. 4. 22 (火)

대통령의 말은 중천금이다

이 대통령이 미국과 일본 순방을 마치고 귀국하였다. 이번 미국 방문으로 그동안 한미 간의 동반자 협력관계서 진일보한 협력관계를 수립하고 돌아왔다고 한다. 또 일본과의 관계도 껄끄러운 종전의 관계를 청산하고 미래지향적인 양국 관계를 협력하자고 합의했다고 전하고 있다.

그러나 힘을 가진 나라들의 태도가 중요한 것이다. 사이좋게 지내자는 데 어느 나라가 반대하겠는가. 대일 외교에서 중요한 것은 교과서 왜곡 문제와 독도 문제의 해결에 있다. 군국주의의 잔재 정신으로 우리를 자극시키지 않는 태도와 반성으로 선린우호를 하기 전에는 정상들의 합의는 말장난에 불과한 것이다.

이번에 이 대통령은 일본의 일왕을 천황으로 호칭을 하였는데 이에 대한 시비가 일고 있다. 일본 국민이야 자기네 왕을 천황으로 신격화하건 상관이 없지만 우리가 이에 동조할 필요까지 있는가? 왕을 천황으로 격상시켜 부른 것은 아무래도 아부에 가까운 발상이 아닌가 싶다.

아무리 남의 나라에서 예우를 받드는 것이라지만 신중히 생각하고 말하는 것이 국민을 대표하는 대통령의 발언임을 잊지 않았으면 한다. 신중치 못한 발언으로 이 대통령은 일본 태생으로 오해받기 쉽다.

2008. 4. 23 (水)

삼성재벌의 2기 경영이 끝나다

조선 시대에 관가에서 세도가 없는 부자들을 길들이기 위해서 일단 잡아다가 형틀에 매달고 "네 이놈, 네 죄를 네가 알렸다"하고 호통을 치면 할 수 없이 울며 겨자먹기 식으로 재물을 갖다 바치곤 했는데 지금도 수법만 달라졌지 정부와 재벌들의 관계는 과거와 별반 달라질 게 없다.

이번에 이건희 삼성 회장이 특검에서 조사를 받더니 어제 삼성그룹의 경영 일선에서 물러나겠다고 은퇴 선언을 하였다. 이학수 부회장도 함께 물러나고 삼성의 새로운 경영전략을 발표함으로써 이번 사태는 일단락되었다.

삼성은 이병철 회장이 창업한 이래 40년 만에 한국 제 1의 기업을 만든 이후 제 2대를 이건희 회장(이병철 회장의 3남)이 21년간 경영을 맡은 이래 IMF를 잘 극복하고 세계적인 재벌로 부상하였다. 그러나 재벌의 속성인 비자금 문제와 상속의 틀을 극복하지 못하고 국가의 제재를 받아 경영의 귀재란 명예마저 박탈당하고 말았다.

앞으로 삼성은 또 그의 아들 이재형 전무가 제 3대 오너로서 경영을 책임질 것이다. 그의 역량이 주목되지만 서양 재벌기업의 경영방법을 택하지 않으면 길게 존속하기는 어려울 것이다. 재벌도 경영철학 뿐 아니라 인생철학도 겸비하여야 한다.

2008. 4. 24 (木)

심상치 않는 유가족들

유가가 매일 올라가 120달러까지 육박하고 있다. 작년 이맘때에 비하면 90%가 폭등한 셈이다. 달러 약세로 인해서 원유가가 올라가고 있지만 아무래도 미국이 정책적으로 올리고 있는 것은 아닌지 의심스럽기만 하다. 미국은 중동이나 아프리카, 남미 등지에서 많은 석유회사를 확보하고 있으며 자국에서도 텍사스 등지에서 많은 석유를 생산하고 있는 나라이다.

유가가 아무리 올라가도 자국의 경제에는 별 지장이 없어 오히려 비산유국으로부터 이익을 가져올 수밖에 없다. 그리고 돈 있는 나라들이 원유를 비축하는 바람에 석유 생산보다 소비가 많으니 올라가는 것은 기정사실화 되어 있으며, 또 세계의 곡물창고 격인 미국에서 밀과 옥수수 가격을 대폭 인상하여 세계 곡물 수입국들은 일제히 가격 인상 러시를 맞고 있다.

우리나라도 밀가루 값이 70%나 올라가 서민 생활에 막대한 위협을 주고 있으며 가축 사료 값이 올라 축산 농가까지 위협하고 있는 것이다. 유가와 곡물 값이 상승하면 당장 서민들의 생활에도 타격이 온다. 물가가 줄줄이 인상되어 고정 수입만 가지고 살아가는 사람들은 가만히 앉아서 감봉을 당하는 꼴이니 생활은 위축될 수밖에 없다. 서민생활은 물가안정만이 생활의 안정을 가져온다는 것을 알 수 있다.

2008. 4. 25 (金)

독서를 하는 목적

사람이 늙으면 물질욕은 감소하지만 배우고자 하는 독서욕은 감퇴시킬 수가 없는 것 같다. 다 늙어 독서를 한다고 해서 무슨 이득이 있느냐고 반문하지만 우선 독서를 하면 마음이 안정되고 정신적으로 풍요로워져 희열마저 느껴진다. 그리고 지식과 지혜가 새롭게 살아난다.

젊어서 아무리 많이 배웠어도 몇 년간만 책을 멀리하면 그 머리는 경작을 하지 않고 묵혀버린 전답과 같이 잡초만 우거지게 된다. 그래서 사람은 쉬지 않고 독서를 계속하는 사람만이 교양과 지혜를 얻을 수 있는 것이다. 그러나 독서를 하여도 가능하면 좋은 양서(良書)만을 골라 읽는 것이 시간 낭비를 막는 길이다.

옛날 같으면 좋은 스승을 찾아다니며 수학을 했지만 지금은 문화가 발달해서 얼마든지 앉아서 동서고금의 명저와 양서를 구할 수 있으니 얼마나 좋은 세상인가! 이러한 세상에서 독서를 하지 않고 배움과 인격도야에 소홀함은 양심에 대한 범죄를 저지르고 있음을 우리는 자각해야 한다.

2008. 4. 26 (土)

가까운 이웃과 삶의 희망을 공유하자

인간은 물질 이기주의에 빠져 도덕적으로 타락하고 있지만 정신마저 에고이즘에 빠져 타락해서는 안 된다. 그러기에 나는 인생을 살아가는 데 도움이 될 만한 책을 발견하면 우선 나의 가까운 이웃에 있는 친지부터 찾아서 희망을 공유하고자 책 한 권씩을 사서 보내주고 있다.

사람은 빵만으로 욕구충족을 메울 수는 없는지라 막상 가치 있게 살기를 희망하면서도 무엇을 어떻게 살아가는 것이 올바른 것인지 미로를 헤매는 것이다. 이러한 이웃들과 길을 찾고 인생학을 같이 배우고자 양서가 있으면 이를 보시하고 싶은 마음이 절로 들곤 한다.

길을 알고도 모른 척 하고 혼자서만 가는 것은 몰인정에 앞서 양심에 죄를 짓는 것이다. 그리고 좋은 일인지 알면서도 다음에 행여나 좋은 말을 듣지 못할까 봐 망설이고 행하지 못함은 사람의 도리가 아니라고 생각한다. 비록 물질은 넉넉하지 못해 이웃에게 원껏 베풀지는 못해도 소액을 들여 정신적인 보시를 할 수만 있다면 얼마든지 가능한 것이 책 나눠 읽기가 아니겠는가!

2008. 4. 27 (日)

가정교육

옛날 우리가 자라날 때만 해도 우리나라는 농경사회의 전통에 유교의 맥이 남아 있어 부모님들은 자녀의 가정교육을 우선시하였다. 인륜교육과 도덕교육을 근본 삼아 삼강오륜(三綱五倫)의 인성에 관한 것을 수시로 가르치는 정신적인 여유가 있었는데 요즘 현대인들은 그 사고방식부터 다른 것 같다.

그런데 우리 대에는 산업사회의 격동기를 살면서 정신적으로나 정서적으로 각박한 생활에 얽매여 자식들의 가정교육에는 등한시한 반면 제도적인 교육에만 치중했던 것이 사실이다. 우선 빵을 해결하는 학문과 지식 및 기술교육에만 치중한 나머지 인생을 보람 있게 살고 값지게 살 수 있는 인륜과 도덕을 포함한 인생학은 도외시되어 앞만 보고 매진하여 왔던 것이다. 그 결과 오늘날과 같이 도덕과 인륜이 타락하여 부모 형제도 모르는 세상이 되어 버린 것이다.

이러한 부작용은 모두 자업자득(自業自得)이고 인과응보(因果應報)의 법칙이라서 달게 받아야 한다. 그래서 나는 생각해 낸 것이 손자 손녀에게 한 달에 두서너 번씩은 서신을 통한 인성교육과 인생학을 가르쳐 주려고 마음먹고 있다. 이런 방식은 우이독경(牛耳讀經)이 될지는 몰라도 할아버지로서 안 하는 것보다야 낫겠지 하는 심산으로 노욕을 부리고 있다.

2008. 4. 28 (月)

정치인은 덕이 앞서야 한다

요즈음 정치인들의 행태를 바라보고 있으면 시장의 장사치만도 못한 처사를 자행하고 있어 이맛살을 찌푸리게 한다. 아직도 미숙한 민주주의 정치 속에서 자기의 주장과 자기의 생각만을 내세우며 상대의 생각이나 주장은 전혀 수용하지 않고 있으니 여야 정치인들의 불신의 골은 깊어져만 간다.

같은 당 내에서도 불협화음이 그칠 새가 없고 지금도 돈이 아니면 정치를 해 나갈 수 없는지 수억 또는 수십억의 돈이 뒷거래되어 검찰의 수사를 받고 있다. 이처럼 정치인들 스스로가 품위를 떨어뜨리고도 여전히 목에 힘을 주며 내가 무엇을 잘못했느냐는 식으로 TV에 나오는 것을 볼 때 파렴치하게만 보인다. 그들은 죄를 짓고도 얼굴을 가리고 있다. 한편 정치인들은 선거에서 지면 흔쾌히 승복하는 태도가 아쉽다 하겠다.

박근혜 한나라당 대표는 아직도 경선에서의 패배를 원통해하고 있는지 아니면 세력 확장에 제약을 받아서인지는 몰라도 도가 지나치다는 느낌을 받고 있다. 이렇게 가다가는 당이 깨질까 봐 우려된다. 정치인들은 모두 프랑스의 똘레랑스 정신과 영국의 타협과 양보의 미덕을 배워야 국민들로부터 존경을 받는 정치인이 될 것임을 스스로 깨달아야 한다.

2008. 4. 29 (火)

경제성장의 장담은 금물

이명박 정부가 출범한 지 2개월이 지났다. 그동안 각료와 청와대 인사 문제로 잡음도 많았지만 당정협의도 순탄치만은 않은 것 같다. 그리고 경제문제를 포함한 일자리 창출 문제도 처음과 같이 쉽지 않는 것 같다. 선거공약으로 내세웠던 경제성장률 역시 연 7%는 불가능하여 출범 한 달이 지나자 6%로 줄여 잡더니 두 달이 지나자 이마저 어렵다면서 5%로 내려 잡고 있는 실정이다.

물론 그 사이 유가와 곡물을 포함한 국제원자재 값의 앙등으로 세계시장 상황이 나빠진 이유를 들고 있지만 경제가 그리 순탄한 것은 아니라고 본다. 노무현 정권을 그렇게 무능하다고 매도하면서까지 정권교체를 갈망하면서 한나라당에서 집권하면 황금알이라도 쏟아질 것처럼 장밋빛 공약을 내세워 국민을 현혹시켰으면 그 책임이 막중한데 초반부터 경제정책이 흔들리고 있으니 바라보는 국민으로서 불안할 수밖에 없다.

남이 하는 것은 무엇이든 시시하게 보이고 자기가 하는 일은 무엇이나 잘 될 것 같지만 정치나 경제는 그리 쉬운 과제가 아니므로 그저 묵묵히 성실하게 일해 주길 바란다. 중진국의 경제성장은 후진국 때와는 천지차이임을 알아야 한다.

2008. 4. 30 (水)

범사에 감사하는 마음을

사도 바울은 우리에게 범사에 감사하며 살라고 하셨다. 참으로 지고(至高)하고 지당(至當)한 가르침이시다. 우리는 은연중 자신의 분수를 망각하고 불평과 불만에 쌓여 짜증을 내며 생활하는 것이 습관화 되고 있다.

이 부족한 인생에게 이렇게라도 생활할 수 있게 해 주심을 감사하고 상이 찡그러지는 일이 생기면 손(損)이 되겠다는 두려움이 앞서야 양식 있는 사람이다. 몸이 아프고 생활이 고달픈 속에서도 이를 이겨내고 나보다 더 못한 사람에 비해 감사하는 마음을 갖는 것이 신앙인의 생활태도이다.

내가 왜? 나만이 이 고통 속에서 살아가야 되느냐는 식은 속이 텅 빈 이기주의적 발상일 뿐이요, 공주병이거나 염치없는 귀족의식에 사로잡힌 사람이다. 옛날 희랍 사람들은 지혜가 풍부해서 대리석 벽에다 '너 자신을 알고 살아라' 라고 새겨놓고 생활의 교훈으로 삼았다고 한다. 분수를 아는 것만이 소박한 행복감을 가질 수 있다고 본다. 사람은 생각을 하면 반드시 행동이 뒤따라야 한다.

2008. 5. 1 (木)

적극적인 성격을 가지자

사람은 성격이 무엇보다 중요하다. 성격은 3가지 요소로 형성된다고 본다. 부모로부터 물려받은 소질과 유전이 있고, 자라나면서 환경의 지배를 받아 형성되는 요인이 합쳐져 사람의 성격이 구성된다.

그중에서도 얼마만큼 적극적인 성격을 형성시키고 양성하는 것에 인간의 성패가 좌우되는 경우가 많다. 소극적인 성격을 가진 사람은 성공과는 거리가 멀고 실패만 거듭하기 일쑤이다. 사람은 좋은 성격과 적극적인 성격을 가지면 인생을 성공적으로 살아갈 수 있지만 나쁜 성격과 소극적인 성격을 지니면 세상을 어둡게 살고 실패할 가능성이 큼을 우리는 주위에서 많이 보아왔건만 자각을 하지 못하고 살고 있는 것이다.

사람은 성공하여 밝은 세상에서 살고 볼 일이다. 성공을 하면 모든 것이 여의하게 돌아간다. 의리도 생겨나고 신의와 도덕, 효도, 우애, 우정 등 한 마디로 말해서 사람구실을 할 수 있는 모든 요소들이 성공으로부터 기인하는 법이다. 이 성공의 기초는 적극적인 성격과 좋은 성격에 있음을 명심하고 타고난 소질과 유전이 부족하더라고 좋은 환경에서 성격을 갈고 닦는데 힘을 기울이면 후천적인 적극적인 성격형성이 가능할 것이다.

2008. 5. 2 (金)

교체되지 않는 리더십의 문제점

나라마다 지도자가 있어 그 역량과 통솔력에 따라 국가의 발전과 퇴보가 좌우되는 것이 역사로 나타난다 하겠다. 1917년 무산대중의 권익과 보호를 내걸고 러시아에서는 레닌이 공산혁명에 성공하였다.

70여 년간 꾸준히 그 세를 확장하여 고정된 권력구조를 유지하며 노동자와 농민들을 해방시킨다는 정책으로 일관했지만 이론과는 달리 이렇다 할 생활향상은 보이질 않았다. 그들이 주장하는 소위 부르주아 계급의 보복적인 숙청은 성공하였을지 몰라도 인민대중들의 권익이나 인권은 크게 나아진 것 없이 러시아의 공산정권은 1980년대 후반에 급속도로 무너지기 시작하였다.

20여 년이 지난 오늘날에는 동구권이 완전히 와해되었고 세계에서 유일하게 명맥을 유지하는 나라가 쿠바와 북한이지만 두 나라 역시 인민의 생활은 빈곤하기 그지없다. 북한은 김일성 주석이 40여 년간 장기집권을 하다 갑자기 타계하는 바람에 아들 김정일이 권력을 그대로 승계하여 지금껏 부자세습 체제를 유지하고 있다. 쿠바는 카스트로가 80이 넘는 고령까지 독재정권을 유지하다 최근에야 그 동생에게 정권을 이양하였다.

두 사람 다 카리스마 정치를 하고 있지만 국가경제는 호전되지 않고 있으며 국민의 식생활마저 위협을 받고 있는 실정이다. 그런데도 리더를 교체하지 못하고 있음은 국민들의 무능과 독재정권의 공포정치 때문이다.

2008. 5. 3 (土)

날마다 뜻이 있게 보람 있게 보내자

얼마 남지 않은 여생이지만 결코 소홀히 보낼 수 없는 게 늙은 말년의 마음가짐이다. 젊어서는 멋모르고 시간의 소중함을 모른 채 인생을 낭비하였지만 나이가 들어갈수록 하루하루가 소중하게만 여겨진다. 삶의 지혜가 생겨나 무엇인가 하루를 알찬 보람을 느낄 정도로 일을 하고 싶은 것이다.

그러나 육체는 이미 말을 듣지 않은 지 오래고 정치적인 일을 해서라도 그날그날을 충실히 보내려 노력하고 있다. 우선 규칙적인 일과를 짜서 지켜가면서 삶의 즐거움을 느끼고 있지만 하는 일이 능률적일 수는 없다. 하기야 이 나이에 욕심껏 능률을 올려서 무엇을 하겠는가? 그저 성실하게 권태를 느끼지 않는 소일거리를 반복하면서 미세한 진전이라도 기대하며 살아가는 것이 상책이다.

포부와 계획대로라면 앞으로 2년 내로 지금껏 써 온 에세이를 정리하여 '만청일지집(晩晴日誌集)' 몇 권이라도 활자화를 시도해 보는 것이 목표지만 건강이 허락할지 의문이다. 가족들은 이 일에 대하여 깊은 뜻도 모르고 호응할 수 없겠지만 여건이 주어진다면 해 두는 것이 수십 년 앞을 봐서도 보람 있는 일이 될 것이다.

2008. 5. 4 (日)

쇠고기 수입에 대한 과민 반응

요즈음 매일같이 매스컴에서는 미국산 쇠고기 수입 반대의 목소리를 전해 주고 있다. 국제화의 물결 속에서 별 설득력도 없이 축산농가와 이를 지지하는 시민단체들이 쇠고기 수입을 반대하며 촛불시위를 하고 있다. 민주주의 국가에서는 어떠한 반대의견도 자유로운 것이 당연하겠지만 과연 쇠고기 수입 반대의 목소리를 매일처럼 온 매스컴에서 떠들어대는 것이 합당한지는 한번쯤 생각해 볼 문제이다.

무한 경쟁의 세계화 속에서 경쟁력이 없는 한우 농가를 살리기 위해 시민단체들까지 가세하여 국익에 도움이 되지 않는 시위를 계속 하고 있는 것이 과연 바람직한 일인지 의문이 간다. 우리나라도 양돈 같으면 대기업에서 뛰어들면 아쉬운 대로 경쟁력을 갖출 수 있겠지만 축우의 경우는 단지 한우라는 이유로 세계에서 유래 없는 가격을 보장해 준다는 것은 경쟁원리에서 타당치 않다.

또한 광우병을 문제시 삼아 수입을 반대하는 주장 또한 아무런 설득력이 없다. 옛날부터 우리나라는 세계적으로 드물게 소뼈를 고아 먹는 민족인데 소뼈가 그리도 문제가 된다면 벌써 수천 명의 사람들이 광우병에 감염되었을 것이다. 그보다는 중국산 수입농산물이나 수산품에 대한 검역을 철저히 하여 유해성을 사전에 차단하는 것이 국민보건에 이바지할 것이다.

2008. 5. 5 (月)

어린이날의 의의

오늘은 어린이날이다. 언제나 어린이들은 귀엽고 사랑스러운 존재이다. 어린애는 장래 이 나라의 주인공들이기 때문에 나라의 보배라고 할 수 있다. 과거 일본인들은 5월의 절구(節句)라 하여 어린애들의 잔치를 벌여주고 잉어풍선을 커다랗게 만들어 집집마다 대나무에 매다는 행사를 한 것을 보면서 우리는 자랐다.

그러나 지금의 어린애들은 발랄하게 뛰어 놀지를 못하고 그저 공부에만 시달리며 어린 시절을 보내고 있는 것 같다. 이것은 실로 불행한 일이며 어른들의 근시안적인 과욕 때문에 필요이상의 편협한 학업경쟁에 휘말리게 하는 것 같아 연민의 정을 느끼지 않을 수 없다.

국민소득의 향상에도 불구하고 삶의 질은 나날이 늘어가는 사교육비로 인해 그다지 나아지지 못하고 있다. 참으로 필요한 교육은 고등교육에 치중하여 인재를 양성하는 것인데 아직 성숙치도 못한 어린이들에게 과잉비료와 양분을 공급하여 고사시키는 누를 범하고 있으니 어른들의 잘못이 아닐 수 없다. 다시 한번 진정으로 어린이들을 위하는 것이 무엇인지 생각해 보고 교육에 열을 올려도 늦지 않을 것이다.

2008. 5. 6 (火)

소질이나 취미는 부모로부터

무릇 생물인 동물과 식물에는 같은 씨종 속에서도 우열이 있기 마련이고 그 특성 또한 차이가 있음을 알 수 있다. 하물며 인간에게도 각각 개성이 다르고 취미와 소질이 다를 수밖에 없다. 그런데 이러한 소질이나 취미는 대체로 부모들로부터 물려받는 경우가 많다고 한다.

물론 성장하면서 환경과 교육적인 노력에 의해서 성격이 형성되어 취미도 바뀌기도 하지만 사람은 부계이고 모계이고 위로 2대까지는 유전적인 요인이 강하다고 한다. 부모는 물론이고 조부모의 성격이나 소질도 닮는 경우를 흔히 볼 수 있다. 나는 곰곰이 생각해 보면 모계를 70% 정도 닮았고 부계를 30% 정도 닮았다고 생각한다.

우리 어머니는 도전적인 기질이 강하셔서 처음 대하는 일에도 주저함이 없이 적극적으로 임하셨다. 지레 당황하거나 어렵다는 말씀 대신 거칠게라도 일단 대충 해내는 성격을 가지신 대신 세련되고 섬세한 면은 없으셨다. 반면 아버지께서는 예술적인 기질이 강하셔서 새로운 일을 대면하면 과감히 시작하지 못하고 주저하신 탓에 매사를 소극적으로 임하신 탓에 거친 서민생활에는 문제가 있으셨다. 하지만 손재주가 남다르셔서 무엇을 만들던지 만드셨다 하면 섬세하고 정교하게 만드시곤 하셨다.

어머니는 기억력이 남달리 좋으셨고 지구력과 인내심이 강한 대신 성격은 불같았고 센스는 비상하셨다. 내가 무작정 상경했던 것도 어머니의 도전정신을 받았기 때문이라고 생각한다.

2008. 5. 7 (水)

과학과 발명

과학이나 발명은 기초가 있어야 거기에서 새로운 것을 응용하고 창조한다고 본다. 자동차는 옛날 마차에서부터 아이디어가 나왔고 현대의 선박은 통나무 배에서 응용된 것을 알 수 있듯 인간의 편리성 물품이나 기계들도 대부분은 원시적인 기초위에서 연구 발전되어 왔다.

나는 어린 시절 어머니의 길쌈하는 과정을 흥미 있게 바라보며 자라왔다. 솜에서 물레를 돌리면 쇠붙이의 뾰족한 끝에서 가느다란 실이 나오는 것이 신기하게 보였으며 그것으로 씨와 날을 가려서 배가 짜지는 과정이 참으로 신기하면서도 재미있었다. 이러한 옛날의 기구들도 원시적인 방법이지만 모두가 살펴보면 과학적인 근거를 찾을 수 있고 이를 토대로 오늘날의 물품과 기계들이 진보되었다.

그러나 아직까지도 인간을 좀 더 편리하게 만들어줄 기구와 기계들은 인간의 손을 기다리고 있다. 일상에서 불편을 느끼는 점이 있으면 그것을 연구 개발해서 기존의 물품을 보완하거나 새로운 제품을 개발하면 그것이 바로 발명이요 과학자가 되는 것이다. 우리는 주변에서 발명의 아이디어를 찾는 일에 좀 더 관심을 가지고 살아가는 습관이 중요한 것이다.

2008. 5. 8 (木)

부모의 날

오늘은 어버이날이라고 한다. 오래전에는 어머니날이라고 하여 아버지가 빠져서야 되겠냐 싶었는데 언젠가부터 첨부된 것 같다. 요즈음 세태로 봐서는 그나마 1년에 한 번이라도 부모 생각을 하라는 계기를 마련해 주는 날인지도 모르겠다. 옛날 삼강오륜(三綱五倫)의 도덕관이 지배할 때는 1년 365일이 부모의 날이었다.

그러나 지금은 부모라는 개념이 완전히 바뀌어 자식들이 부모 알기를 으레 자식들을 의무적으로 언제까지고 보살펴 주는 보호자로 인식하고 있어 그에 미치지 못하는 부모들은 시큰둥하게 여기는 세태인 것 같다.

그러다가 제도적인 날짜를 정해 놓으니 마지못해 용돈 몇 푼으로 자식 된 도리를 다한 양 의식화되어 가는 젊은이들이 늘어나고 있는 것 같다. 그런데 이보다 한심한 것은 무능하고 무중정한 자존심이 없어진 늙은이들이 있어 오늘만을 기대하고 기다리는가 보다.

아무리 황금만능주의라고는 하지만 이렇듯 정신적으로 타락해지고 있는 세태를 보면 연민의 정을 아니 느낄 수 없다. 노인들의 정신이 이래서야 점점 사라져가고만 있는 부모자식 간의 인륜관계를 훈훈한 가족관계로 개선하기는 어렵다고 본다. 부모자식 간에도 의무와 책임 그리고 사랑이 필요한 것이다.

군견이패(群犬里覇)식 여론의 문제점

시골 마을에 수상한 사람이 나타나면 맨 처음 발견한 개 한 마리가 짖기 시작하면 온 동네 개들이 다 짖는다는 말로써 흔히 볼 수 있는 광경이다. 지금 우리나라에서 논란이 되고 있는 미국산 쇠고기 수입 문제가 바로 이러한 꼴이다. 누구 하나 냉정한 이성으로 돌아가 정확한 판단을 하지 않고 부하뇌동(附和雷同) 하고 있음에서 우리의 민도(民度)를 측정해 볼 수 있다.

아직 광우병이 발생하지도 않았고 미국의 2억 5천만의 인구가 먹고 있는 쇠고기를 유독 우리나라만 병을 우려해 수입을 반대한다는 것은 과잉 기우에 지나지 않을 것이다. 미국에서도 여태 단 한 명도 희생되지 않는 광우병을 가지고 이렇게 여기저기서 떠드는 이유는 어디에 있는 것일까?

그렇다면 자동차로 인해 우리나라에서만 한 달 평균 5~6백 명이 사망하고 천여 명이 부상을 입는 것에 대해서는 매스컴이 조용한 이유는 또 어찌 설명할 수 있단 말인가? 광우병을 들먹이며 매스컴이 수입개방 반대를 여론화하려는 의도는 아무래도 저항의식과 피해의식의 발로가 아닌지 의심해 볼 문제이다.

자동차 사고로 1년이면 6~7천 명의 사망자와 2만 명의 부상자가 속출하는데도 자동차 생산을 막지 못하는 것처럼 설사 광우병으로 몇 사람이 희생되더라도 국민의 값싼 쇠고기를 먹을 권리를 희생시켜서는 안 된다고 본다. 수만 명이 반대해도 타당한 이유가 없고 이치에 맞지 않으면 혼자서라도 소신을 굽히지 않는 것도 호연지기(浩然之氣)라고 할 수 있다.

2008. 5. 9 (金)

어쩌자고 자연재해마저!

미얀마 해변에 큰 해일이 일어나 10여만 명의 인명 피해와 100여만 명의 이재민이 발생하였다. 이처럼 커다란 참사에도 불구하고 미얀마 독재정권은 신속히 손을 못 쓰고 구조를 지연시켜 식수난과 생필품 부족으로 고통 받고 있다고 한다.

자국의 엄청난 재난에도 권력을 유지하는 데만 급급한 군사정권으로서는 재난 극복 대책과 구호력에 무방비한 것 같다. 이틀이 지났건만 아직도 여러 마을이 수재에 고립되어 있고 여태 정확한 사망자 숫자도 파악하지 못하고 있으니 설상가상으로 수인성 전염병까지 염려되는 상황이다.

그런데도 군사정권은 외국의 구호마저 바라지 않고 있다 하니 난민들만 안타깝기 그지없다. 리더십이 부족한 나라에서 태어난 것도 원통한데 자연재해까지 겹쳐 상처를 주고 있으니 하늘도 무심할 뿐이다. 하루속히 UN을 비롯한 세계인권 단체들의 구호의 손길이 미얀마 사태를 수습하는 데 도움이 되었으면 한다.

2008. 5. 10 (土)

사람답게 사는 길

사람이 세상에 태어나서 사람답게 사는 길이란 과연 무엇을 의미하는 것일까? 누구나 한번쯤은 생각해 보지만 구체적으로 따져 본 것은 드문 일 같다. 우선 사람답게 살려면 선을 추구해서 열심히 일하며 자기 자신을 수시로 갈고 닦아서 마음에 녹이 슬지 않도록 하는 것이다.

그러나 대개의 사람들은 이러한 일들을 등한시하고 살면서 재물에만 현혹되어 정신적인 발전을 도외시하는 가운데 인간답게 사는 길을 포기하고 미로를 헤매고 있는 것은 아닌지 생각해 본다. 나는 소시 때 여건과 환경이 허락했다면 아마도 선생님 아니면 목회자나 사제가 되어 사람들의 올바른 길을 인도하는 사람이 되었을 것 같다.

늦게나마 읽은 좋은 책에서 사람들이 올바르게 사는 데 도움이 되겠다 싶은 구절을 발견하면 이웃들과 공유하고 싶은 마음이 간절해짐을 억제할 길이 없다. 그렇다고 수시로 사람들과 상면하면서 담소하여 인생을 논할 수 있는 여건도 허락하질 않으니 궁여지책으로 좋은 책 한 권씩을 보내주는 것으로 마음의 위안을 삼을 수밖에 없다.

2008. 5. 11 (日)

대리 만족

기회가 닿으면 한번은 꼭 이스라엘의 예루살렘 성지순례를 다녀오려고 마음먹었는데 여건이 허락지 않아 뜻을 이루지 못하고 있다. 그러던 차 성당에서 준 캘린더에 이스라엘에 있는 예수님의 무덤이며 부활승천 기념교회며 성지 사진 등이 인쇄되어 있었다.

그래서 옛날 여행 사진첩을 뒤져서 거기에 맞는 사진을 골라 배경에 적당히 붙였더니 그런대로 어울리겠다 싶어 이를 정은이가 컴퓨터로 처리하여 복사를 해 오니 아쉬운 대로 대리기념사진이 보기 좋았다. 직접 가 본 것이 아닌지라 추억의 정서는 맛볼 수 없었지만 대리 만족은 느낄 수 있었기에 그런대로 재미를 느낀다.

이집트 피라미드 앞 사진과 파라오 상징 석상 옆에서의 사진, 그리고 모세가 하느님 계시를 받았다는 시나위 산맥의 전경을 배경으로 앉아서 찍은 사진을 포함해서 10여 장을 정은이가 해다 주었는데 마음이 후련하고 유쾌하다.

앞으로도 명승지 사진을 구입하면 병들고 경제적인 이유로 답사하지 못한 한을 이런 식으로라도 풀어볼 요량이다. 이도 재미있는 나의 취미에 속할 것이다.

2008. 5. 12 (月)

부처님 오신 날

올해로 부처님이 이 땅에 오신 지 2552년이 되었다. 중생의 고통을 덜어주기 위해 6년간을 보리수 밑에서 고행 수도한 끝에 득도하시고, 30년간을 주유천하(周遊天下) 하면서 올바른 길을 설법하시어 중생을 개도하신 석가여래는 80의 생애를 살다 가시어 4성(聖) 중 가장 장수하셨다.

소크라테스는 70세에 아테네 감옥에서 독배를 마시고 세상을 마감하였으며, 공자께서는 73세에 수명을 다 하셨고, 예수께서는 불과 33년을 사신 것에 비하면 부처님께서는 긴 세월을 중생 구조에 힘을 쓰셔서 오늘날까지 그 가르침과 정신을 이어받아 세계의 불교 사찰에서는 포교를 하고 있는 것이다.

우리나라도 부처님 오신 날을 맞이하여 축복에 쌓이고 있지만 한편으론 일부 몰지각한 승려들의 탐욕과 권력으로 종교인의 품위를 떨어뜨리고 있다. 무소유를 지향하는 스님들이 탐욕을 버리지 못할 바에야 가사를 벗어 버리는 편이 위선은 안 될 터인데 한번 생각해 볼 문제이다.

이런 스님들은 하루속히 대오각성(大悟覺醒)하여 아직도 혜택 받지 못하고 있는 중생구제에 매진해 주기만을 고대하고 있다. 그것이야말로 부처님의 탄신을 기리는 정신이 될 것이다.

2008. 5. 13 (火)

두 환자

둘이 사는 한 집안에 둘 다 환자이고 그중 하나는 중증이고 하나는 조금 경증이어서 겨우 밥은 먹고 있지만 살아가기가 불편한 실정이다. 그나마 나는 아내마저 돌봐주지 않으면 살아갈 수 없는 처지이지만 간병인도 두지 못하는 각박한 경제 사정은 가사에 부담만 되고 있다.

늙으면 원하지 않는 지병이 따른다고는 하지만 우리는 너무나 많은 지병들이 겹쳐 있는 것 같다. 나는 40대부터 악화된 목과 허리 디스크로 인해 이제는 보조수발이 없으면 일상생활조차 어려운 처지이고, 아내는 40대부터 고혈압과 심장질환을 앓고 있어 약으로 연명해 오고 있으며 거기에 퇴행성 관절염과 허리 디스크까지 겹쳐 통증을 호소하고 있지만 약으로 버티는 것 외엔 딱히 방법을 찾지 못하고 있다.

밤이 되면 위아래 침대에서 따로 잠을 자면서도 몸을 뒤척일 때마다 둘이서 "아이고 아이고~" 하는 비명이 하모니를 이루고 있다. 날이 궂기라도 하는 밤에는 그 비명 소리가 더욱 요란해지니 잠을 설칠 때가 더 많다.

2008. 5. 14 (水)

지구촌 곳곳에 자연재앙이

미얀마 해일 참변에 이어 또다시 중국 사천성에서 강도 7.8의 강진이 발생하여 수많은 인명 피해와 가옥의 붕괴로 이재민이 속출하고 있다 한다. 정확한 인명 피해는 최소한 수일이 지나야만 알 수 있다고 하니 그 피해가 실로 어마어마함을 짐작케 한다.

이런 대재난이 하필 동남아에서만 이어지고 있는지 그나마 중국은 여기저기서 오는 구호품을 받아 신속하게 대응하는 바람에 미얀마와는 달리 불행 중 다행이라고 하겠다. 그러나 올림픽을 불과 100일도 채 남겨두지 않는 시점에서 티베트 소요에 이은 또 다른 악재라고 하겠다.

그런데 이웃 일본은 지진이 발생하여도 인명 피해를 최소화할 수 있는데 중국에서는 이토록 피해가 큰 원인은 어디에 있는 것일까? 일본은 지진이 자주 일어나는 지대인지라 과거 관동 대지진 때 7천 명의 희생을 본 이후 국민들의 재난 대비 훈련과 건축시의 방비로 웬만한 피해는 극복하는 것 같다.

중국의 이번 지진 피해는 아직도 건물 더미에 깔려 있는 인명이 얼마가 되는지 헤아릴 수 없다고 한다. 나라에 이러한 재해가 일어나지 않는 것만도 감사히게 실아야겠나.

2008. 5. 15 (木)

자연재해의 후유증

중국 사천성(四川省)의 대지진은 날이 갈수록 인명 피해가 늘어나 2만 명에 육박하고 있지만 아직도 발굴작업은 시작에 불과하여 붕괴된 건물더미에 묻혀 있는 사람이 얼마가 되는지 헤아릴 수가 없다고 한다. 살아남은 사람들은 없어진 가족들을 찾느라 울부짖으며 방황하는 참상은 차마 볼 수 없는 목불인견(目不忍見)이었다.

그런데 일부 지질학자들은 이번 참사의 원인을 사천성에 있는 댐에 있다고 본다. 이 사천성에 있는 세계적인 댐의 규모는 우리나라 소양댐의 27배에 달한다고 하는데 엄청난 수압과 중량을 못 이겨 땅 속에서 지각변동을 일으키지 않았나 추측을 하고 있다고 한다. 확실한 과학적인 근거는 아직 없지만 충분히 수긍이 갈 수 있는 상상이다.

아무튼 지진은 예측불허의 재앙이라서 지구촌 어디건 안전지대는 없는 것 같다. 이번 대지진으로 중국 당국은 비상사태를 선포하고 총리의 진두지휘 아래 많은 구조대원들이 투입하고 있지만 인력과 장비부족으로 어려움을 겪고 있다고 한다. 발전하고 있는 개발도상국이 이런 시련으로 더욱 다져지고 있는 것 같다.

2008. 5. 16 (金)

시중 불경기

시중에 불경기가 계속되고 있는 것 같다. 생활물가는 계속 오르고 있는데 시중경기는 계속 저점을 맴돌고 있다고 하니 심각한 문제가 있는 것이다. 재래시장이나 일반 점포에서 자영업을 하는 상인들의 아우성이 두드러진 셈이다. 정부 당국에서는 여기에 특별한 관심을 가질 필요가 있다.

이들 영세자영업자들의 경기가 살아야 시중경기가 살아나고 국태민안의 기틀이 잡히기 때문에 여기에 우선 귀 기울일 필요가 있는 것이다. 나라의 경제정책은 참으로 어려운 것인데 그동안 선불리 아마추어 정치인들의 호언장담은 종이호랑이에 지나지 않는 것이었다.

노무현 정권 이래 지금까지 한 번도 시중경기가 좋았던 적이 없었으니 한국의 정치는 서민경제를 무시하고 중점관리를 못하고 있으니 말로만 경제 활성화를 시행하고 있는 편이다. 호경기를 누린다는 것은 가끔 대형 백화점이나 대형 할인매장 뿐이다. 시중 경기가 나쁘면 우리 같은 적은 임대료로 호구지책을 꾀하는 사람들의 마음은 불안하기 그지없다. 좋은 정책으로 경기를 살리지 못하면 이래저래 서민들만 살아가기가 어려워짐을 절실히 느끼지만 경제인재는 나타나지 않고 있다.

2008. 5. 17 (土)

독서의 의미

인간은 선(善)을 추구하는 존재인지라 책을 읽어야 한다. 책에는 사람이 행해야 할 좋은 구절이 씌어 있기 때문에 뜻을 세우고 살아가는 사람들은 책을 가까이 해야 한다. 책 중에는 좋은 말이 많이 쓰여 있는 것이 양서(良書)이다.

우리는 이러한 양서들을 많이 읽어야 정신적인 발달을 가져와 선한 행동에 옮길 수 있는 것이다. 그러나 사람에 따라 차이가 있는 것 같다. 좋은 말과 구절을 읽고도 그때 그 순간만 자극이 갈 뿐 시간이 지나면 아무런 흔적도 없이 잊어버리는 사람이 있는가 하면 좋은 한 구절 한 구절을 절실하게 피부로 받아들이는 사람들도 있다.

물론 각자가 처해 있는 환경이나 체험이나 지적 수준, 사고방식, 성격의 차이에 따라 독서의 결과는 다르게 나타나겠지만 그래도 양서를 많이 읽는 것이 인간에게 플러스가 되는 것은 틀림없다. 좋은 행동은 역시 반복되는 정신적인 자극에 의해서 행해지는 것이 사람의 속성이기 때문이다.

2008. 5. 18 (日)

의식이 바뀌어야 행복해질 수 있다

불교에서 '이 세상 모든 것은 마음먹기에 달려 있다'란 말이 있는데 이를 일체유심조(一切唯心造)라고 한다. 참으로 옳은 진리이다. 사람은 생각하기에 따라서 아무리 화가 나고 분노할 일이 있어도 너그러운 마음으로 마음을 안정시킬 수 있고, 또 아무리 기쁜 일이 있어도 욕심만 부려 불평불만으로 세상을 살다 보면 마음이 불안해지는 것을 우리는 생활에서 느끼며 살아왔다.

그럼에도 쉽사리 자기 자신의 극기를 못 하고 수양을 못한 채 행복을 못 찾고 방황하는 것이 우리들의 현실이다. 나는 7~80년의 세월을 살아오면서 세상사를 조금이나마 터득한 게 있다면 만사를 긍정적인 생각으로 항시 감사하며 살면 마음의 평정도 얻을 수 있고 인생 또한 즐거워진다는 것을 알았다.

나같이 병든 몸으로 절망 속에서 살면서도 이렇게나마 조금씩 나아진다는 희망을 가지면 건강에도 도움이 되고 행복도 찾을 수 있다. 불행이란 스스로 자초하는 경우가 대부분이고 마찬가지로 행은 스스로의 노력 여하에 달려 있다 하겠다.

2008. 5. 19 (月)

이기주의와 개인주의

요즈음 우리나라에도 노인들 문제가 상당히 대두되고 있다. 의료보험 혜택과 식생활의 향상으로 노인들의 수명이 연장되면서 이제는 수명이 90은 보통으로 여기게 되었다. 그런데 이들이 젊어서부터 노령을 대비하여 자구책을 강구하지 못한 사람들은 용돈을 순전히 자식들에게만 의지해야 되고 그렇지 못하면 정부의 보조로 살아가야 하지만 불만족스럽기는 동일하니 노인들은 문제거리가 아닐 수 없다.

부모에게 효심으로 용돈을 다달이 주는 사람이 얼마나 있을까? 부모는 자식을 금지옥엽으로 키우고 고등교육까지 뼈가 빠지도록 가르쳤지만 그 자식들은 그 대가로 한 달에 1~20만 원만 주어도 효자란 소리를 듣는 사회이다 보니 이 사회의 병폐가 아닐 수 없다.

받아먹기만 하고 부모에게 베풀 줄 모르는 에고이즘에 빠져들고만 있으니 늙은 부모들 역시 발맞추어 개인주의로만 흘러가고 있는 것 같다. 옛날부터 부모가 자식에게 온 효자 노릇을 해야 겨우 자식들에게는 반 효자 몫을 받는다고 하였다. 지금은 자식들을 위해서 온 정성을 쏟아 붓는 사람도 그 정성의 십분의 일만 받아도 다행인 세상이니 아무래도 우리는 유대인들의 자녀 양육 방법부터 다시 배워나가야 하려나 보다.

2008. 5. 20 (火)

장애의 극복

정은이가 사다 준 벽시계가 오래되어 고장이 났다. 그냥 버리려다가 폐품 이용 차원에서 할아버지 사진이라도 넣어 두려고 했더니 마땅한 크기의 사진도 없어 이를 또 만들려면 번거롭겠다 싶어 아이디어를 생각해 냈다. 그동안 70여 년의 인생을 살아오면서 이것만은 행하고 살아가는 것이 행복을 찾는 길이라고 생각한 글자 몇 개를 써 넣기로 결심한 것이다.

그래서 아내의 도움을 얻어 작업을 시작했는데 그도 쉽지 않아 장장 6시간 만에 글자 열석 자를 백지에 써서 넣었다. 어딘지 모르게 능숙치 못한 작품을 보고 있던 아내는 연신 한심스럽다는 표현만 연발했지만 그래도 나는 내가 아직 건재하여 6시간이 걸리는 더딘 능률에도 목적을 달성했다는 것이 만족스러웠다.

장애인이 하나의 목표를 능숙하게 달성하려면 성한 사람의 몇십 배의 노력이 필요함을 알 수 있는 좋은 경험의 장(場)이었다. 매사에 긍정적인 사고와 감사하는 마음을 생각하고 살아가기를 노력하자는 스스로를 채찍질하는 좌우명을 써 걸었는데 어색하지만 내 정성이 가득 담긴 작품이다. 이도 세 번만 반복하면 지금보다 품격을 높일 수 있겠지만 단지 아니할 뿐이다.

2008. 5. 21 (水)

사진 기술자의 비웃음

나의 정신적 메카인 이집트와 이스라엘 성지순례 합성사진을 맡기러 정은이가 사진관을 찾아갔다가 사진기사의 비아냥거리는 말을 듣고 창피했다고 한다. 그 말을 들은 나는 화가 나서 그럴 때는 사진 기사의 뺨이라도 한 대 후려칠 정도의 기량이 있어야 된다고 했다.

돈의 여유가 있으면 자식들이 성지순례 여행이라도 보내 드리는 것이 도리일진대 여의치 않아 대리 만족이라도 시켜드리고자 사진을 맡기러 왔으면 친절히 고객의 응대에나 응할 것이지 무슨 잔소리냐며 호통을 치며 혼을 내야지 장차 호연지기를 양성할 수 있는 인간이 될 수 있는 것이다.

장애로 드러누워 있는 부모의 청을 들어주는 일이 떳떳하지 못할 이유가 어디에 있단 말인가! 사람은 참으로 부끄러운 일을 해야 창피한 것이지 추호의 부끄러운 일이 아닌데 무엇이 부끄럽단 말인가! 전후 사정도 모르면서 가 보지도 않은 곳에 실제로 간 것처럼 여행사진을 조작한다고 보는 선입견 따위에 위축되는 생각이야말로 못난 생각이라고 판단된다.

2008. 5. 22 (木)

무지개 원리

나는 환갑 때 자서전의 제목을 정하면서 미국의 앵커리지 공항에서 순간적인 현실을 경험한 바를 택한 바 있다. 그것은 비행기에 탑승할 때는 비가 쏟아지는 우중이었는데 불과 1~2분 후 상공으로 오르니 눈부시게 밝은 태양이 빛나고 있지 않는가! 그것이 바로 우리 인생이라는 생각으로 자서전의 제목을 「저 구름 위에 햇살」로 정한 바 있었다.

대부분의 인생이지만 그 단계의 의식을 한 차원 뛰어 넘을 수 있는 정신적인 풍요로움을 갖춘다면 찬란한 태양을 접하고 사는 인생이 아니겠는가! 그런데 요즈음 차동엽 신부가 쓴 무지개 원리를 읽어보면서 나보다 차원이 높은 인생 지침서임을 알게 되었다. 차동엽 신부는 성직자로서는 드물게 다방면에 박학다식한 엘리트 사제이다.

우리나라 종교계에는 이러한 수재 목자들이 많을수록 신도들의 믿음이 돈독해지리라 믿는다. 폭우가 쏟아진 후 갠 하늘에 7색의 무지개가 뜬다. 이 무지개는 인생의 희망을 준다는 원리를 터득하고 글로 옮기는데 30년의 세월이 걸린 만큼 역작을 펴내 베스트셀러가 된 것이다. 안병욱 교수의 책이 고전적인 지혜서라면 차동엽 신부의 무지개 원리는 현대적 지혜서로서 독자의 각광을 받는 것 같다.

2008. 5. 23 (金)

양서(良書)

사람이 읽어서 유익한 책이 양서(良書)이다. 양서란 대개 고전을 말한다. 고전은 수백 년 또는 수천 년을 내려오면서도 소멸되지 않고 많은 사람들이 읽어 인생의 교과서로 삼아왔기에 더욱더 양서로서 각광받고 있는 것이다. 그러나 현대인들의 취향에는 별로 맞지 않아 읽기를 꺼려하는 추세인지라 인기 있는 책은 아니다.

요즈음은 정보의 홍수 시대라서 유익한 정보나 접하려고 유행에 편승한 책이 소위 잘 팔리는 책이 되고 있지만 이런 류의 책들은 일시적인 흥미만 있을 뿐 무의식 속에 잠재되지는 못한 것 같다. 물론 이런 책도 안 읽는 것보다야 낫겠지만 제한된 독서량이라면 되도록 좋은 책을 읽는 편이 자신에게 이익이 되지 않을까 생각된다.

그러나 사람은 어디까지나 자각적인 존재라야지 누구의 권유나 조언에 의해서 성장하고 발전하기란 어려운 문제임을 나는 깨닫고 있다. 아무리 좋은 책이 있어 보내주어도 우이독경(牛耳讀經) 격인 사람이 많은지라 역시 나의 욕속부달(欲速不達)임을 실감할 뿐이다.

2008. 5. 24 (土)

습관의 개혁

사람은 습관의 묶음이라 해도 과언이 아니다. 우리 생활에 있어 좋은 습관은 인간을 복되게 하는데 도움이 되고 나쁜 습관이 배겨 이를 시정 못하고 일생을 끌고 감은 얼마나 불행할까를 생각해 본다.

나는 나이가 점점 들어가기에 죽기 전에 생활에 도움이 안 되는 나쁜 습관을 하나씩 고쳐 보려고 하지만 실천이 되질 않아 아내와 가끔 트러블을 겪곤 한다. 만사를 부정적으로 생각하는 것을 긍정적으로 바꾸는 것과 매사에 감사하는 마음을 못 가졌던 것을 감사하게 여기는 마음가짐으로 바꾸는 것이다.

또한 남을 대할 때 지나친 정의감과 인간성의 발로로 남의 부족한 점을 우회해서 설득하지 못하고 욕속부달인줄 알면서도 행하질 못하고 실덕하는 점이다. 그리고 아직도 내 마음 속에는 나태심이 도사리고 있어 좋은 일인지 알면서도 다음으로 미루는 게으름이 나의 발전을 저해하고 있다.

이러한 습관을 과감히 개조하여 정신적으로 변조가 있어야 늙은 미래가 보다 복될 것임을 내다보며 시정에 박차를 가하고 있는 중이다.

2008. 5. 25 (日)

책을 읽는 요령

개개인의 발전을 가져오기 위해서는 책을 읽어야 한다고 여겨진다. 젊어서는 물론이요 늙어서도 책을 읽으면 마음이 풍요로워져서 독서를 습관화할 필요가 있다고 본다. 그러나 여기에도 인내와 극기가 요구된다. 나는 근래 책을 읽으면서 나름대로 요령이 생겨났다.

읽을 책을 선정할 때는 되도록 남들이 많이 읽은 책을 선택하고 그것을 읽으면서 저자가 전하려는 메시지가 무엇인지를 열심히 생각하며 긴요한 말이나 지혜로 받아들여야 할 구절이 있으면 색연필로 표시하는 버릇이 생겼다. 물론 사람마다 가슴에 와 닿는 말이나 문장이 다르겠지만 나는 마음에 드는 대목이 있으면 체크해 두었다가 다시 그 부분들을 반복해 읽으면 독서의 효과를 배가할 수 있었다.

젊을 때는 속독(速讀)이 가능해 많은 책을 읽음으로써 정보 수집이나 문장력 습득에도 도움이 되겠지만 늙어서는 양서만을 골라 천천히 음미해 가면서 읽는 것이 보다 효과적인 독서 습관인 것 같다.

2008. 5. 26 (月)

석우의 진로에 대해서

석우가 고 2가 되더니 자신의 진로와 목표를 정한 것 같다. 정치외교학과에 지망하되 고려대학교를 목표로 하고 있다고 한다. 엊그제 일원동 집에서 할머니가 주는 간식을 받아먹던 어린 손자가 어느새 고등학생이 되어 진로를 정하고 열심히 공부하고 있음이 대견스럽기만 하다. 그렇다. 자기의 인생은 자신이 개척하고 살아가는 것이 인생의 법칙이다.

부모의 뜻대로만 되지 않는 것이 인생의 진로이다. 제 애비인 한재도 내 욕심 같았으면 정외과를 전공해서 외교관이 되길 바랐는데 뜻대로 되질 않았다. 이제 손자는 과학에 뜻을 두어 기초과학을 전공하였으면 했는데 자신이 외교관을 꿈꾸니 어떤 직업이건 자신이 원해서 하는 일은 최선을 다할 터이니 성취의 열매를 거둘 수 있을 것이다.

부모나 할아버지 할머니가 어떠한 비전이 있어 장래가 유망하다 하여도 자신의 적성에 맞지 않거나 실력이 되지 않으면 허사이다. 가운(家運)이나 가풍(家風)은 일시적으로 비약할 수는 없는 일이니 서서히 한 단계씩 발전해 나가노라면 원대한 꿈도 이루어질 날이 올 것이다.

2008. 5. 27 (火)

이 대통령의 중국 방문

이 대통령이 미국 일본에 이은 중국 방문 길에 올랐으나 국민들의 마음은 불안하기만 하다. 외교관계를 잘 해 보려는 의도와는 달리 꼬이기만 했던 그간의 방문에서 그 후유증으로 쇠고기 수입의 국민적인 파동과 일본의 독도 영유권 문제 재론을 일으킨 것은 외교의 미스터리가 아닐 수 없다.

적어도 대통령의 말 한 마디 한 마디는 뒷날을 생각해서 신중을 기하지 않으면 언제나 시한폭탄 같아서 불안하기만 하다. 이번 중국 방문에서는 경험을 살려 언론의 타켓이 되지 않기를 바란다. 한 나라의 지도자가 되려면 그를 보필하는 보좌진의 역할이 막중함을 새삼 알 수 있다.

삼국지에 나오는 유비는 그 보좌역을 구하고자 삼고초려(三顧草廬)의 정성을 들여 제갈량을 구하지 않았던가! 정치는 혼자만 잘한다고 해서 마음대로 풀려나가지 않는 것 같다. 아무튼 취임할 때의 인기가 불과 몇 달 안에 40% 이상 하락하여 20%대로 떨어진 것을 보면 정치란 참으로 어렵다는 것을 다시 한번 느낀다.

2008. 5. 28 (水)

집은 어느 정도 커야 한다

우리가 살고 있는 집은 되도록 오래 살아야 되기에 가족 구성원에 비해 조금은 커야 되겠다는 생각이 든다. 그래야 가정의 안정과 편의를 도모할 수 있기 때문이다. 집이 좁으면 요즈음 사람들은 무엇이건 버리기를 좋아해서 오래된 물건을 보관할 수가 없다. 하찮은 물건이라도 오래 보존하다 보면 귀하게 되는 것을 모르고 우선 주위를 정리한다는 목적으로 치워 없애 버려 오래된 것은 남아난 것이 없다.

그래서 전통이라는 것을 모르고 그때만 살다가 죽으면 그만이라는 사상이 팽배하고 있다. 나는 20년 전부터 TV에서 좋은 프로가 있으면 녹화해 두는 습관이 생겨 몇 년에 걸쳐 녹화를 했는데 테이프 수가 800개에 이르렀다. 그것도 테이프 한 개에 3배씩 늘려 녹화를 했기에 6시간짜리로 무려 5천 시간을 녹화를 한 셈이다.

물론 지금은 시대가 발달하여 간편한 CD가 나와 유용가치는 적다고 하지만 지금이라도 중고 비디오 기기만 2개 구입해 두면 얼마든지 가치 있는 교육 자료로 유용하게 쓸 수 있을 것이다. 무엇이고 오래 보존해서 손해 볼 것은 없는데 책이고 비디오테이프이고 버리는 습관만 생긴다면 한 가정의 전통은 아무 것도 남아나는 것이 없을 것이다.

2008. 5. 29 (木)

실없는 말은 인격을 저하시킬 뿐이다

사람이라면 자기 말에 책임을 질 의무가 있음에도 불구하고 함부로 나오는 대로 내뱉고는 책임을 지지 않는다면 동물과 하등의 차이가 없다고 본다. 모두가 책임의식이 결여되어 남과의 약속도 시간이 지나면 언제 그랬냐고 무시하는 사람은 대인관계에 있어서도 신용도는 물론 인격마저 무시당하기 일쑤이다.

우리는 차라리 인간성이 메말랐다는 말을 들을망정 남에게 값싼 인심의 말이나 지키지 못할 약속 따윈 하지 않는 게 오히려 순수한 것이다. 그래서 남과 약속을 할 때는 신중에 신중을 기하되 말이 자신의 입에서 빠져 나오면 어떠한 손해가 따르더라도 그 이행을 하는 것이 사람의 도리이자 인격을 지녔다고 할 수 있을 것이다.

그렇지 않고서 편리할 대로 말을 남용하는 사람들은 대인 관계에서 표시는 안하지만 속으로는 경멸의 대상이 될 뿐이다. 아예 행하지 못할 말은 일시적인 기분에 의해서라도 절대 삼가는 것이 세상 필수 요건이다.

2008. 5. 30 (金)

신체의 한계

마비가 되지 않기 위해서 나름대로 재활 운동을 조금씩이라도 꾸준히 하고는 있지만 몇 개월 전까지는 미세한 차도가 있더니 요즘은 자고 일어나면 몸이 더 굳어지는 것 같다. 걸음걸이마저 다리를 떼어 옮길 때마다 천근만근이 되어 열 바퀴를 도는 것도 힘이 들 지경이다.

거기에 허리와 목 부위의 통증이 심해져 어제는 아내가 다니고 있는 정형외과를 찾아가 필요도 없는 X-레이 사진을 관례적으로 찍고 나서 통증 완화 주사를 몇 군데 맞았다. 왼쪽 무릎도 아프다고 했더니 왼쪽 무릎에 연골주사를 놓아주고 목에는 전기뜸질을 몇 번 해주고 나서 치료비를 7만 원이 넘게 받았다.

통증은 조금 완화되었지만 일시적일 뿐이다. 그러나 할 수 없다. 참는 데까지 참다가 한계에 도달하면 일시적인 줄 알면서도 더 이상 신체의 마비는 이렇게라도 막을 수밖에는 도리가 없다.

2008. 5. 31 (土)

미국산 쇠고기 수입문제

요즈음 연일 미국산 쇠고기 수입을 둘러싸고 광우병을 들먹이며 수입 금지를 하라고 하는가 하면 야 3당은 재협상을 하지 않으면 18대 국회 구성을 아예 연기시키겠다고 으름장을 놓으며 시민단체는 물론 민주노총까지 합세하여 밤마다 촛불시위를 하고 있다.

전체 무역거래의 일부분에 지나지 않는 쇠고기 협상이 이토록 국익에 손실을 가져올 정도로 심각한 저항에 부딪쳐야만 되는 과제인지 의문이 간다. 물론 정부에서 너무 서둘러 협상을 한 탓에 만일에 광우병이 발생하면 어찌할 것인지 대책을 못 세운 것은 시정할 문제이다.

하지만 쇠고기 수입을 전면 거부한다는 것은 양식 있는 국민들은 납득하기 어렵고 오히려 그 저의가 따로 있지 않나 의심이 갈 정도이다. 물론 축산 농가들에게는 사활이 걸린 문제이겠지만 거시적인 양국의 무역관계에서는 최소한의 희생은 어쩔 수 없는 부분이다. 무슨 주장이고 간에 지나치면 파국으로 치닫는 부작용만 생겨날 뿐이다.

2008. 6. 1 (日)

신체 구조도 기계나 같다

기계도 오래 쓰면 마모가 되듯 인체도 7~80년간 함부로 사용했더니 성한 부위가 별로 없다. 그나마 명맥을 유지하는 것이 두뇌와 소화기능만 제외하고는 아프지 않는 곳이 없이 다 고장 나고 말았다.

자동차나 다른 기계 같으면 마모가 되면 부품을 새 것으로 갈아 끼우면 되지만 인체는 그럴 수가 없으니 그저 약으로 다스리거나 아니면 칼로 도려내 버리는 수단밖에는 없다. 이런 상황에 두뇌와 소화기능에까지 문제가 생기면 사람은 끝장이 나고 가는 것이다.

기계고 사람이고 수명이 오래도록 고장이 나지 않으려면 애당초 명품기계나 튼튼한 체력을 타고 나는 길밖에는 없다. 처음부터 세심한 주의를 기울여 절대로 무리하게 다루지 말고 적당한 활동과 운동을 계속적으로 유지하는 것이 필수적이다. 무엇이나 지나치게 부족하거나 넘치면 고장의 원인이 된다.

사람은 어릴 때부터 이러한 규칙을 지키며 건강관리를 해 나간다면 아마 100세까지는 건강하게 살 수 있지 않을까 생각해본다. 물론 이상론에 불과할 수도 있지만 젊은 사람들은 한번 시도해 볼만하다.

2008. 6. 2 (月)

외손자에게도 편지를 써 보내다

태한이가 이번 주 수요일 날 방학을 해서 집에 돌아온다고 한다. 어린 것이 집을 떠나 사이판까지 가서 영어 공부와 자립 훈련을 하기 위해 나가 있는 것이 안쓰러워 한 달에 한번이라도 격려의 편지를 해 주고 싶었지만 이상하게도 사이판은 문명과는 다소 거리가 있어 서신을 주고받을 수가 없는 곳이다.

전화 통화는 가능하지만 우편물은 괌에 사서함을 별도로 개설한 사람만이 직접 찾아간다니 보통 사람은 이용하기가 불편해서 사실상 서신 연락이 불가능한 상태이다. 그래서 집에 오자마자 편지라도 받아보고 외로웠던 심정을 달래주려고 칭찬과 격려의 편지를 미리 보낸 것이다.

그맘때는 누구로부터 편지를 받아보는 것도 색다른 기분을 느낄 것이다. 그리고 진심으로 본인의 장점을 칭찬해 주고 격려해 주는 것이 효과적이라고 생각이 들어 편지 한 장이라도 보내준 것이다. 이것이 할아비로서 해 줄 수 있는 정(情)의 표시인 것이다.

2008. 6. 3 (火)

덤으로 사는 인생

나는 평소 60이 넘은 인생은 모두 덤으로 산다는 주장을 해 왔다. 하기야 지금은 수명이 연장되어 60이면 한창 일할 나이지만 사람은 환갑이 지나면 한물 간 인생이다. 모든 인생의 승패는 60안에 좌우된다.

패기발랄할 때 인생의 승부를 걸 수 있으며 손에 땀이 나지 않는 나이에는 왕성한 삶의 일선에서 물러나 그동안 살아온 지혜를 토대로 인생을 정리하며 보람 있게 말년을 살아갈 궁리를 하는 것이 자연에 순응하는 법칙이 아닌가 싶다.

그러기 위해서는 젊어서 좀 더 분투노력하여 노후 대책을 계획하는 것이 지각 있는 사람들의 역량인데 대부분의 사람들은 무감각으로 젊은 시절을 보내다가 어언 환갑에 이르러서야 회한의 한숨을 쉬어 보지만 이미 흘러간 강물에 지나지 않음을 의식해 본다.

우리는 늦게나마 지금 이 시점에서 여생을 값있게 살아갈 궁리를 모색하는 것이 남은 노년의 지각생이 할 수 있는 숙제임을 느끼며 살아갈 뿐이다.

2008. 6. 4 (水)

이 대통령 출범 100일 결산

이명박 대통령이 청와대로 들어간 지 어제로써 100일이 되었다고 한다. 선거 직후에 국민의 인기도가 67%였는데 지금은 불과 3개월 만에 17%대에 머물렀다고 하니 얼마나 정치가 어렵다는 것을 실감했을 것이다.

선거 때 그렇게 호언장담했던 경제살리기 정책은 그 빛을 찾아볼 수 없고 실물경기는 날이 갈수록 바닥을 치고만 있으니 설상가상 격으로 유가와 물가는 치솟아 장바구니 물가마저 올라 서민들의 생계를 위협하고 있다. 여기에 쇠고기 파동까지 겹쳐 연일 촛불 시위가 계속되고 있는 마당에 그 인기는 최하위로 떨어질 수밖에 다른 도리가 없다.

본인 자신도 국민의 눈높이를 헤아리지 못하겠다고 국무회의에서 실토하며 더욱 눈높이를 맞춰 국민을 받들겠다고 했다 한다. 최근 실시한 여론 조사에 의하면 무려 국민의 73%가 정치를 잘못하고 있다고 생각하며 잘하고 있다는 응답은 7%에 그치고 있으니 제일 잘못하고 있는 것이 바로 쇠고기 협상이고 다음이 청와대 장관의 인선문제라고 한다.

무엇이고 밀어붙이기식으로 통할 수 있는 건설 회사나 서울 시정과는 판이한 차이가 있는 게 국가경영임을 배워야 할 것이다.

2008. 6. 5 (木)

재보궐 선거의 결과를 보고

기초단체장과 기초의원들의 보궐선거가 어제 40여 군데서 20%의 저조한 투표율을 보인 가운데 치러졌다. 그 결과 한나라당의 현저한 패배를 가져왔다. 절반에도 미치지 못하는 당선률을 보고 민심의 소재를 볼 수 있었다.

불과 3~4개월 전에는 한나라당 일색으로 기대 심리가 부풀었는데 얼마 되지 않은 시일에 이렇듯 변한 것은 정치인들의 감언이설의 효과는 얼마가지 못함을 여실히 보여 주었다. 정부당국이나 여당은 도탄에 빠져들고 있는 서민 경제 살리기에 혼신의 노력을 기울여야 한다.

야당들은 사소한 이슈에 편입되어 당리당략에만 에너지를 낭비하지 말고 국민을 무엇보다 우선시해 봉사하는 마음이기를 바랄 뿐이다. 사리사욕과 당리당략에만 사활을 거는 정치인이 되지 말고 공리공복과 국리민복을 위해 정성을 쏟을 때만이 국민들은 비로소 신뢰와 존경을 갖게 될 것이다.

2008. 6. 6 (金)

삼세번의 재운

활동하는 사람에게는 그 그릇에 따라 일생에 3번 정도는 재운이 따른다고 한다. 나도 새벽녘에 잠이 깨서 곰곰이 젊은 시절부터 지금까지의 생을 더듬어 보았다.

나 역시 규모는 작았지만 3번의 재운이 있어 목돈을 만질 기회가 있었다. 1959년 결혼할 때까지 행상을 하면서 작은 돈이나마 모아모아 이종누님께 계를 들었는데 200만 환을 모을 수 있었다.

그야말로 티끌 모아 태산이었다. 그 후로는 겨우 벌어서 생활하기도 바쁜 세월들을 보냈다. 그 돈으로 산동네에다 100만 환을 들여 집 한 칸을 마련하고 100만 환으로는 장사 밑천을 삼았으나 화폐개혁과 더불어 돈의 가치가 1/10로 줄어들고 장사도 시원치 않아 10여 년 만에 밑천도 다 떨어질 무렵 1975년까지 집을 수차례 옮겨 다니며 수리해서 팔곤 했더니 1977년에서야 은행융자를 상환하고 남은 1,000만 원을 가지고 강남으로 나올 수 있었다.

제대로 된 집을 사려고 했더니 1천 7~800만 원이 가서 엄두도 못 내다가 변두리에 밭 200평을 500만 원 주고 투자하고 나머지 500만 원으로는 전세방과 가게를 얻는데 보증금으로 반반씩 투입하여 근근이 살아나갔다.

그러다가 일원동 대토를 받은 것을 계기로 집을 5채를 연거푸 지을 기회가 생겼는데 불과 1년 반 사이에 집 4채를 지었다

팔고 또 지었다 팔았더니 살고 있는 집을 제하고도 4억이란 돈을 손에 쥘 수가 있었다. 그 돈으로 1년 사이에 자식들을 결혼시키고 신나고 멋지게 소비할 수가 있었다.

2008. 6. 7 (土)

후회 없이 소비한 재물

돈은 벌기보다 쓰기가 어렵다고 했다. 과연 그 말이 옳은 것 같다. 나는 마지막 기회로 60 가까이 되어 돈을 좀 벌었는데, 명목 있게 쓴다고는 하지만 말년에 생각해 보니 실속 없이 쓴 것이 드러날 뿐이다. 그러나 들어왔던 돈이 쉽게 나갔다 해서 후회하지는 않는다.

돈이란 어차피 시간이 흐르면 새어 나가기 마련이고 영원히 자기 소유가 아니기 때문에 낭비만 하지 않았으면 그것으로 족해야 한다. 나로서는 모처럼의 큰 돈 4억을 만져보았으나 자식들의 결혼과 학비 및 주거비 명목으로 60%가 들어간 셈이고 남을 도와준 데 15% 그리고 살아오면서 사채와 은행융자, 환갑잔치와 출판비용, 해외여행비 등 생활 잡비로 25%를 썼다.

그래서 저축은 못했지만 나로서는 소원대로 써 버렸으니 후회는 없다. 조금 아쉬운 점이 있다면 늙어서 병고에 시달릴 때를 대비하지 못했음이 지혜가 부족했던 것 같다. 그러나 사람은 자신의 행위와 운명대로 살다가 가는 것이다.

2008. 6. 8 (日)

미국 민주당 대선 후보 버락 오바마

미국 최초의 흑인 대통령 후보가 민주당에서 선출되었다. 힐러리 후보가 선전을 하였으나 어제 승복을 하고 버락 오바마 후보를 지지하겠다고 선언하였다. 성숙한 민주주의의 한 단면을 보는 듯했다.

이번 민주당에서는 미국 최초의 여성 대통령이냐 최초의 흑인 대통령이냐를 가지고 경선에 들어가 몇 개월 동안 50개 주에서 치열한 접전을 벌였는데 결국 미국민들은 흑인 오바마의 손을 들어 준 것이다.

그래서 오는 11월에 공화당의 매케인 후보와 맞붙어 46대 미국 대통령 선거를 치르게 되었지만 미국의 온 매스컴들은 오바마에게만 화제를 집중하고 있는 것을 보면 확실히 인기가 있는 것이 사실이다. 오바마 후보가 과연 흑인으로서의 핸디캡을 극복하고 대통령이 될지에 대해 전 세계인의 이목이 집중되고 있다.

힐러리를 지지한 당원들은 힐러리 클린턴을 부통령으로 추대할 움직임을 보이고 있어 귀추가 주목된다. 민주당에서는 이번 대선에서 기발한 아이디어로 선거 기선을 잡고 있는 것 같다. 민주정치의 요람인 미국의 대선에 온 세계인의 이목이 집중되고 있다.

2008. 6. 9 (月)

남은 여생 중의 소망

사람이 일생을 살면서 소망과 꿈을 안고 살지만 이를 반이라도 이룬 사람이 얼마나 있을까? 그러나 지나친 욕망은 허영에 불과하겠지만 분수를 벗어나지 않는 욕망은 노력 여하에 따라 빛을 나타낼 수도 있고 좌절될 수도 있다.

나는 노령의 나이에도 내 평생소원이기도 했던 멋진 소설을 하나 써서 사람들의 마음을 감동시킬 수는 없을까 하는 생각을 버리지 않고 있다. 그래서 연초에 처음으로 소설 같은 것을 시도해 보긴 했지만 내가 보아도 엉성하기 짝이 없다. 그러나 어디 첫 술에 배 부르랴! 다시 보완을 해서 재도전하고 싶다.

그 안에 내가 매일 쓰고 있는 일지 비슷한 에세이를 다시 정돈해서 누가 읽어보더라도 힘들지 않도록 정서(正書)해 놓을 계획이다. 그 다음 소설을 다시 써 볼 생각이지만 어려움이 따를 것 같다. 사람들에게 감동을 주고 여운을 남기려면 우선 읽는 독자들의 마음을 젖어들게 하는 문장력이 있어야 하고, 탄탄한 줄거리와 구성은 물론 나도 주인공처럼 할 수 있겠다라는 감동이 주어져야 하는데 그 모든 것을 갖추자니 상당히 어려울 것 같다.

2008. 6. 16 (月)

휴대폰 문화

언제부터인가 우리나라의 젊은 층들에게는 휴대폰이 필수적인 휴대품으로 되어 버렸다. 예전에는 핀란드의 모토로라사에서 지금의 4~5배 크기의 휴대폰을 만들어 돈 있는 사업가들이나 가지고 다니며 폼을 잡았는데 지금은 그 크기도 아주 작아지고 여러 가지 다양한 기능이 첨부되었다.

극소수의 노인이나 유아들을 제외하고는 없는 사람이 없을 정도로 하시하처를 막론하고 통화가 가능하도록 시대가 바뀌었다. 그러나 무슨 정보교환이 그리도 시급을 요할 정도로 필요한지는 한번 따져 볼 문제이다. 길거리를 다니면서 귀에다 핸드폰을 바짝 대며 누군가와 정답게 통화하는 모습은 이제는 너무나 익숙한 거리풍경이다.

이렇듯 많은 사람들이 애용하는 휴대폰 시장은 인터넷과 더불어 우리나라가 세계적인 것 같다. 일본을 능가하고 미국을 훨씬 압도하는 것 같다. 기능면에서도 문자 메시지를 비롯해서 카메라, TV, 인터넷까지 그 작은 기계에다 몽땅 장착했으니 머지않아 상대방 얼굴을 보면서 통화할 수 있는 영상 휴대폰도 나올 것이다.

모두가 소비를 좋아하는 젊은 층을 상대로 이동통신사와 몇몇 재벌회사들은 황금알을 생산하고 있지만 우리 같은 노인들에게는 별 필요 없는 문명의 이기로밖에 보이지 않는다. 아무튼 젊은 층들은 매달 통화료만 월 5만 원에서 10만 원을 내고 있다 하니 낭비가 아닌가 생각된다.

2008. 6. 17 (火)

18대 국회 조속히 개원하라

18대 국회의원을 4월 달에 선출해 놨지만 아직까지 개원을 못하고 여야가 제각각 힘겨루기로 미루고만 있으니 국민들은 답답하기만 하다. 요즈음 국회의원에 당선된 사람들은 자신들의 본분을 망각한 사람들이 많은 것 같다.

하기야 민생문제를 뒷전에 두고 당리당략에만 몰두해도 변함없는 고액의 세비는 꼬박꼬박 나올 테니 답답할 게 없겠지만 국민의 입장에서는 국민을 위해서 열심히 일하고 대가를 받아갔으면 하는 생각이 간절하다.

유가는 매일처럼 올라 배럴당 149달러를 육박하고, 물가는 도를 넘고 있으며, 각종 파업이 성행하고 있는 마당에 물류대란까지 일어나 수출에 막대한 지장을 주고 있는 시점에서 국회는 열리지도 못하고 있으니 국회의원은 있으나마나 한다는 무용론이 제기될 정도이다.

원래 국회의원의 직무란 민의를 살피고 수렴해서 이를 해소하기 위하여 입법예고를 하고 행정부를 감시 견제하는 역할인데 그 의무를 소홀히 하고 있으니 그 자격들이 의심스럽기만 하다.

2008. 6. 18 (水)

두 사람의 미국 위인

정은이가 어제 카네기 전기(傳記)와 링컨 전기(傳記)를 사서 부쳐 왔다. 젊어서부터 꼭 한 번 읽어보고 싶었던 책들이었다. 때늦은 감은 있지만 인생 승리자의 생애를 관조해 본다는 의미에서 착실히 읽어보기로 했다.

두 사람 모두 불우한 소년기를 극복하고 자신의 입지를 세워 세계적인 인물이 되었다는 공통점이 있다는 것은 온 인류가 다 아는 사실이다. 그중 링컨은 세계의 초등학교 교과서에 가장 많이 등장할 정도로 유명한 미국의 정치인이었다. 흑인 노예제도를 철폐시키고 남북전쟁의 승리로 여론을 잠재웠던 탁월한 정치가였다.

카네기도 주당 1달러 20센트를 받는 소년 막일꾼에서 세계적인 강철왕으로 부상하기까지 끊임없는 도전 정신을 보여주었는데 말년에 전 재산을 사회에 환원시키면서 남긴 "부자로서 죽는다는 것은 부끄러운 일이다"라는 말이 지금도 유명하다.

링컨도 만인으로부터 배우고 열심히 공부해 두면 반드시 기회는 온다는 일화를 남기기도 했다. 남은 6월 달은 이 두 권의 책으로 보내련다.

2008. 6. 19 (木)

무항산무항심(無恒產無恒心)이라

나는 여남은 살 먹어서부터 우리 어머니가 아버지께 퍼 부을 때 '조앙경' 읽듯 이 말을 자주 하시는 것을 귀에 못이 박히도록 들어왔다. 사실 그 때는 이 말의 뜻이 무엇인지 잘 몰랐다. 그런데 아버지께서는 이 말을 아주 듣기 싫어하는 눈치셨다. 그런데도 어머니는 아랑곳하지 않고 화가 치밀어 오를 때마다 이 말을 빠뜨리지 않으셨는데 아버지와의 싸움에서 늘상 사용하던 어머니의 전투 용어였다.

무항산이 무항심이라 했는데 어쩌자고 좋은 재산 다 날려먹고 내 고생을 이렇게 시키느냐는 항의조 억양으로 봐서 대략 짐작은 갔지만 그 뜻은 전혀 알 길이 없었다. 그저 두메산골의 방언쯤으로 들어 넘겼을 뿐인데 내 나이 60이 지나서야 사서인 論語, 孟子, 中庸, 大學을 읽다 맹자에서 그 뜻을 비로소 발견한 것이다.

어머니는 아마도 외할아버지(윤참서)에게서 처녀 때 귀동냥으로 얻어들은 것이 아닌가 하고 추측을 해 본다. 어머니는 남달리 기억력이 좋으셨고 추진력이 강하셔서 웬만한 난관에 봉착해서는 두려움이 없는 분이셨다. 그러나 너무 성격이 괄괄하시고 수양이 부족하셔서 자신의 성질을 이겨내지 못한 탓에 실덕(失德)을 많이 하셔서 그렇지 여걸에 속하는 분이셨다. 일정한 재산이나 생산이 없으면 그 마음이나 처세도 떳떳치 못함을 맹자가 당시 임금에게 가르쳐 준 말이 바로 무항산무항심(無恒產無恒心)이었다.

2008. 6. 20 (金)

대통령의 빼저린 반성과 사과

어제 오후에 이 대통령이 또 기자회견을 자청하고 국민들에게 사과를 했다. 촛불 시위에 굴복을 한 것인지 민주주의가 성숙해 가는지는 몰라도 아무튼 국민의 입장에서 보면 환영할 일이다. 그리고 앞으로는 국민들의 눈높이에 맞추어 정치를 해 나갈 것을 다짐했다.

미국에서 수입할 쇠고기도 30개월 이상 되는 쇠고기는 국민들의 밥상에 오르지 않게 할 것을 약속했다. 한반도 대운하 사업도 국민이 원치 않으면 시행하지 않겠다고 했으며 오로지 경제 활성화와 물가고 억제에 최선을 기울이겠다고 했다.

국민의 의사를 철저히 수렴하여 정책을 펴 나가겠다고 하는 것을 보면 처음에 대통령에 당선되었을 때는 70년대식의 독단으로 밀고 나가면 경제정책이 성공하리라 생각했던 것 같다. 그러나 시대의 변화를 정확하게 읽지 못했다면 커다란 착각이요 실수가 아닐 수 없다. 인심은 조변석개(朝變夕改)함을 절실히 느꼈을 것이다. 항시 긴장을 늦출 수 없는 것이 현대의 정치인이다. 오늘도 워싱턴에서는 쇠고기 협상이 잘 타결되었다고 전해지고 있다. 앞으로 두고 보면 대통령의 말이 진실인지 허인지 잘 나타날 것이다.

2008. 6. 21 (土)

봉생마중(蓬生麻中) 불부자직(不扶自直)

옛날 내가 농촌에서 살 때 우리 집의 텃밭이 꽤 넓었는데 그 한쪽에다 수수 알보다 조금 큰 삼씨를 심으면 삼대가 2미터 이상 곧게 자라 그것을 베어 삶아서 베를 짜는 재료로 썼다.

아버지와 나는 낫으로 그 삼대를 일일이 베는 작업을 했는데 아버지께서는 어린 나에게 교훈을 가르쳐 주시곤 하였다. "봐라, 쑥같이 옆으로 퍼지기만 좋아하는 식물도 곧게 자라고 있는 삼밭에서는 곧게 자라느니라" 하시면서 쑥도 삼대와 같이 곧게 자랄 수밖에 없는 이치를 설명해 주셨다.

세상에서 좋은 사람, 즉 선량한 사람들과 상종을 하면 자신도 선량해지지만 나쁜 무리들과 상종을 하면 자신도 모르게 그러한 무리에 물든다는 교훈의 말씀은 지금도 잊혀지지 않고 머리에 기억된다. 비록 재산이 몰락하여 그 품위와 위신은 서지 않을지라도 그 배움의 인격은 유지되어 어린 자식이 행여 나쁜 무리들과 어울릴까 염려하는 부모의 심정이었다고 생각된다.

'봉생마중(蓬生麻中)에 불부자직(不扶自直)'. 쑥이 삼 가운데서 자라나면 붙들어 주지 않아도 저절로 곧아지고, 흰 모래가 진흙에 있으면 물들이지 않아도 저절로 더러워진다는 중국의 고사를 인용하시어 어린 자식에게 가르쳐 주신 것이다.

2008. 6. 22 (日)

졸업식장에서의 처칠의 연설

처칠 수상이 영국의 명문대학인 옥스퍼드대학 졸업식 축사에서 그만의 개성인 시가 담배를 문 채 졸업식장에 들어섰다. 많은 졸업생을 포함한 학생들과 학부형이 기다리고 있는 연단에 올라서서 청중을 쭉 한번 훑어보더니 "여러분!" 하고서 한참을 쉬었다. 그리고나서 하는 말이 "절대로 포기하지 마십시오" "절대로 포기하면 안 됩니다" 연거푸 같은 말을 일곱 번 반복하더니 "감사합니다"로 끝맺으며 연단을 내려오자 우레와 같은 박수가 터져 나왔다고 한다.

자신이 품은 원대한 꿈이나 목표를 끝까지 포기하지 말고 초지일관해서 이루라는 말이다. 이 짧고 간단한 연설에서 자기의 인생철학을 말해 준 것이다. 처칠은 사실 머리가 좋은 편은 아니어서 중고등학교 때 두 번이나 낙제로 유급을 당하였고, 사관학교도 두 번, 민의원 선거에서 2번, 참의원 선거에서 1번의 낙선을 당하고도 끝내 포기하지 않고 대영제국의 리더의 자리에까지 오른 것이다.

목적의식이 뚜렷해야 한다

요즈음 연일 촛불 시위는 계속되고 있다. 밤을 새워가며 열심히 구호를 외치며 열성을 보이고 있는 모습에서 값싼 존경심과 더불어 동정심을 가져 본다. 국민의 건강을 위해서 미국산 쇠고기 수입이 광우병에 걸릴 우려가 있으니 정부가 추진하고자 하는 정책을 막자는 의도에서 저토록 시위를 하고 있는데 젊은 에너지를 낭비하고 있는 것만 같다.

세상은 21세기로 접어들어 시위로 막을 수 있는 일은 아닌 것 같다. 무역거래나 국제간의 협상은 상대가 있고 Give & Take로 성립이 되는 것이지 한쪽의 일방적인 요구만으로는 통할 수가 없는 것이다. 그런데도 촛불 시위를 하는 목적은 무엇인지 국민의 입장에서 생각해 보아도 이해하기 힘들다.

그러면 미국 사람들은 모두 광우병 노이로제에 걸렸어야 했고 광우병으로 죽어간 사람이 많아야 할 터인데 아직까지 광우병으로 죽었다는 보도는 들어보지 못했다. 그런데도 망상으로 촛불 시위를 하는 목적은 대체 무엇인가! 농산물에서 인체에 해로운 독극물이나 발암물질이 나왔을 때는 비교적 무관심했던 사람들이 새삼 촛불 시위로 쇠고기 수입에 브레이크를 거는 행위는 아무리 생각해 봐도 명분이 약한 시위라는 느낌이 든다.

중진국의 나라에서 세계에서 제일 값이 비싼 쇠고기를 먹어야만 애국자가 되고 축산 농가를 살리는 길일까? 또 우리의 상품은 안 팔려도 좋다는 것인가? 분별없고 목적 없는 쇠고기 수입 반대보단 차라리 세계 경제를 좀 먹고 있는 미국의 석유정책을 질타했으면 한다. 지금의 유가는 미국재벌들에 의해서 투기화 되어 오르고 있는데도 부시 정부는 묵인 내지 조장을 하고 있다는 인상을 받는다. 이러한 절박한 사정에도 사소한 쇠고기 수입 반대에만 매달린 채 거시적인 안목을 가지지 못하는 시민들이 안타까울 뿐이다.

2008. 6. 23 (月)

파도에 약한 여객선

필리핀에서는 어제 여객선이 항해 중 세찬 파도를 이기지 못해 침몰하는 사고가 발생했다. 이 사고로 승객 830명 전원이 몰사했다고 한다. 과학이 발달한 요즘에도 뜻하지 않는 거대한 파도에는 속수무책인 것 같다. 이래서야 어디 마음 놓고 여객선을 탈 수 있겠는가?

20세기 초 영국의 호화여객선 타이타닉호의 침몰 때는 물속을 투시할 수 있는 기술이 없었기에 암초에 부딪혀 침몰하는 비극을 맞이했는데, 다행히도 서서히 침몰하는 바람에 여자와 아이들은 구조보트에 옮겨 탈 시간적인 여유가 있었다고 한다. 남자들만 그저 속수무책으로 죽어야 될 운명이었지만 이번 사고는 거센 파도에 대피할 틈도 없이 배가 침몰하는 바람에 어찌할 도리가 없었을 것이다.

이런 사고를 막으려면 배의 설계부터 바뀌어야 할 것이다. 배의 밑바닥부터 수평으로 설계되어 대형파도에도 견디도록 하고 선상의 물도 순식간에 배수가 되도록 설계를 하면 어떨까 싶다.

2008. 6. 24 (火)

집안에 액자를 거는 의미

집안 벽에 빈틈만 있으면 사진이나 명화 또는 글귀를 걸어 둔 이유는 무엇일까 생각해 본다. 한마디로 말해서 자기만족이자 의식적으로 살자는 욕구에서인 듯싶다. 사람이 무의미하게 무의식적으로 사는 것만큼 불행한 생활은 없다고 본다.

마음에 든 사진이 있으면 걸어두고 즐거웠던 한때를 연상하며 삶의 활력을 재충전하거나 좋은 그림을 보면서 행복감을 느끼기도 하며 좋은 글귀를 매일 접하며 각심의 계기로 삼는다는 것은 밋밋한 벽을 보는 것보다 훨씬 바람직하다고 본다. 특히 집안의 좌우명이 될 만한 글귀를 많이 붙여두고 매일 보고 대하면 그 마음도 원하는 방향으로 쏠리기 마련이다.

인간은 수시로 향상과 발전을 희구하고 사는 동물이다. 반면 수양과 반성이 뒤따르는 양심도 가지고 있다고 본다. 나는 앞으로도 돈의 여유가 생기면 액자를 서너 개 더 만들어 걸려고 한다. 아내는 집안이 지저분해진다고 늘 반대지만 말이다.

2008. 6. 25 (水)

말년일수록 계획된 생활을

사람들은 나이가 들면 만사의 의욕을 접어두는 습관이 생기기 마련이다. 이는 진실한 삶을 포기하는 행위이다. 인간은 생이 마감될 때까지는 성실히 무언가를 하며 살아가야 한다. 그러기 위해서는 할 일을 스스로 찾는 것이 중요하며 그중에서도 보람된 일을 찾도록 노력해야 한다.

자신의 적성에 맞아야 하고 조금이라도 가치가 있어야 되고 가능하면 남을 위한 일이면 더욱 좋은 일이라는 생각이 든다. 내가 죽기 전까지는 무엇 무엇은 꼭 이룩하리라는 계획을 세우고 하나씩 실행해 나가는 삶이 보람된 인생이 아닌가 싶다. 나는 평소부터 이런 생각을 해왔지만 막상 늙어 행하려 보니 제약을 받는 것이 의외로 많음을 실감했다.

내가 써 보고 싶었던 소설도 한 번 시도는 해 보았으나 워낙 글재주가 모자란지라 내가 다시 읽어보아도 30점짜리에 불과하다. 그래도 포기하지 않고 다시 보완하여 최소한 60점짜리는 만들어 노트에 재정리해 보고 싶다. 이 소설이 나의 제 2의 이상적인 자서전으로 알고 구상해 보고 싶다. 그 다음은 지금껏 써 온 정리 안 된 에세이집을 정돈했다가 기회가 닿으면 팔순을 기해 다만 몇 권이라도 활자화했으면 하는 게 말년의 유일한 계획이다. 실행될 수 있을지는 오직 신만이 알 것이다.

2008. 6. 26 (木)

6.25 57돌을 보내며

내 나이 19세 때 농촌에서 6.25전쟁을 겪었다. 처음에는 전쟁이라는 게 실감도 나지 않게 1개월이 못 되어 경상도를 제외한 남한 일대를 공산당이 점령해 버렸다. 그러던 것이 미군의 본격적인 개입으로 전세는 역전되어 함경도 일대를 제외한 대부분의 이북 지역을 국군과 연합군이 장악했다.

그러나 얼마 되지 않아 중공군의 인해전술로 인해 국군과 연합군은 대전 이남까지 다시 밀려 내려왔다. 이것이 바로 1.4후퇴이다. 나는 신체가 부실해서 직업군인에는 들어가지 못했지만 1.4후퇴 이후 약 6개월간 지방 공산당 유격대 토벌 작전에 강제 징용을 당해 총탄과 박격포탄을 등에 짊어지고 국군의 뒤를 따라다니는 노역을 겪기도 했다.

그 후 전쟁은 38선을 기준으로 양측이 3년간 소모전을 펼치다가 현 위치에서 휴전협정을 맺게 된 것이다. 생각해 보면 양측이 얻은 것은 도대체 무엇인지 묻고 싶다. 역사는 어리석은 인간들의 산물인 것 같다.

2008. 6. 27 (金)

두문불출(杜門不出)

창동 아파트로 이사 온 후 거의 바깥출입을 하지 않고 있다. 역삼동 한의원에 다닌 뒤로는 출입조차 거의 불가능해져서 지금까지 두문불출로 타인과의 접촉 없이 세월을 보내고 있다. 고작해야 친구나 친척 애들이 가끔 드나들 뿐 대부분의 시간을 말상대 없이 지내고 있다. 그나마 책이 있어 그런대로 잘 버티고 있는 편이다.

만약 내가 독서에 심취하지 않고 글쓰기에 흥미가 없었더라면 진작 치매나 우울증에 걸려 세상을 하직했을지도 모르는 일이다. 노인들이 아파트를 기피하고 단독주택을 선호한다지만 아파트 생활도 자기하기 나름이다. 사교적으로 처세하고 적당히 베풀고 살면 외롭지가 않을 것이다. 요는 경제력이 없거나 나처럼 병에 걸려 활동을 못하는 사람만이 참으로 외로운 것이다.

그것도 장병으로 수년을 와병 중에 있으면 찾아오는 친구들도 한정이 있기 마련이다. 돈이 넉넉하여 매일 잔치를 벌일 수도 없으니 사람이 따르지 않는 것은 이치이다. 이를 극복하기 위해서는 좋은 책을 벗삼고 책의 내용을 긍정해 가며 소일하는 게 상책이다. 그저 독서를 하며 내가 쓰고 싶은 글이나 써가며 살아가려고 하지만 눈도 말을 들어주지 않아 의지로 버티고 있다.

2008. 6. 28 (土)

마약이란 무엇인가

어릴 적 시골 텃밭에는 아버지가 앵속(양귀비)을 심은 덕으로 봄마다 빨강색의 예쁜 꽃 수백 송이가 아름답게 피었던 기억이 지금도 눈에 선하다. 그런데 그 꽃이 바로 아편을 만드는 원료인 것이다.

시골서 여름에 배가 아프거나 설사병이 나면 이것을 한 송이만 달여 먹으면 두 번 다시 복용할 필요 없이 잘 듣는 선약이어서 동네 사람들이 가끔 얻으러 오기도 했다. 그러면 마늘 엮듯이 엮은 데서 1~2개 뽑아주면 고맙게 가져갔는데 이것이 단속 대상인지는 전혀 몰랐다.

사실 아편은 없어서는 안 될 약품이다. 사람들이 통증이 있어 못 견딜 때 이를 먹거나 주사하면 금방 낫는데 중독성이 강해 한번 중독이 되면 이를 투여하지 않고서는 정상의 기분을 못 찾는 게 문제인 것이다.

점점 신체의 기능을 악화시켜 결국 폐인으로 만들어 버리는 무서운 약이 바로 아편인 것이다. 마약을 복용한다 하여 기분이 좋아지는 것은 아니고 정상인의 기분으로 일시적이나마 환원시키는 것뿐이다. 후진국일수록 아편에 대한 관리가 허술한 것이 특징이다.

2008. 6. 29 (日)

6자 회담의 성과

한반도 비핵화를 위해 6자 회담을 시작한 지도 2년이 넘어서야 겨우 북한의 핵물질이 얼마나 있는지 신고했다고 한다. 그동안 6자 회담을 여러 차례 한 결과가 고작 플루토늄 40Kg 정도를 보유하고 있다는데 그치고 있으니 그 검증과정도 문제거니와 그 수량 또한 미지수인 것이다.

요는 북한이 명백히 한반도 비핵화를 원하느냐 아니면 핵을 보유해서 영원히 국제 고아가 되기를 자초하느냐에 달려 있다고 본다. 그러나 북한은 지금 이 핵을 가지고 국익에 최대한 이용하려 하고 있다. 엊그제 27일날 연변 원자로 핵 시설이 있는 곳 냉각탑 하나를 폭파하는 제스처를 보여 미국과 유엔이 테러지원국 명단에서 삭제해 준 대가를 취했다.

플루토늄 40kg이면 핵폭탄 7개 정도를 만들 수 있는 분량이라고 하는데 이를 폐기하는 조건으로 얼마를 요구할 것인지는 지금으로선 알 수가 없다. 또한 그 시기는 언제로 잡고 회담을 끌고 나갈지도 종잡을 수 없다. 하기야 예전에 휴전을 성립시키는 데도 2년이 더 걸렸으니 말이다.

2008. 6. 30 (月)

독서의 재미

책을 읽어야만 지식이 풍부해지는 것을 알면서도 독서를 등한시 하는 이유는 어디에 있는 걸까? 한마디로 말해서 그런 사람은 지구력과 인내심이 부족해서 책에 담긴 진가와 보석을 찾지 못하는 까닭이다. 책을 많이 읽어야 유식한 사람들과 진지한 대화를 할 수 있다. 따라서 자신의 수양과 처세에도 도움을 가져올 수 있는 것이다.

책을 읽되 좋은 양서만을 골라 읽는 습관을 들여야 한다. 예를 들면 인생의 현인들이나 선각자들이 쓴 서적이나 인간에게 유익한 선물이 될 만한 책을 읽어야 플러스가 될 것이다. 한담설화나 잡담 같은 책은 안 읽는 것보다야 낫겠지만 시간낭비라는 생각이 든다.

나는 좋은 책, 인간이 꼭 알아야 할 필독의 책을 발견하면 주위 친지들에게 권해 주기도 하고 보내주기도 하지만 대부분 내 마음 같지는 않나 보다. 인간다운 인간이 되고 사람답게 사는 길을 우리는 모색하는 것이 값어치 있는 삶이 아닐까 한다.

2008. 7. 1 (火)

무위자연(無爲自然)

중국의 노자(老子)는 무위자연의 철학을 강조했다. 자연은 인간이 보기에는 아무 것도 하지 않는 것처럼 보이지만 끊임없이 변화하고 있는 것이다. 계절을 만들어 내고 삼라만상에게 그 역할을 부여하고 있으며 불과 물을 만들어 생명체에 여러 혜택을 주고 만물의 영고성쇠를 반복하고 있는 것이다.

이 위대한 일을 하고 있는 자연을 누가 언제 형성했을까? 참으로 불가사의한 일로써 인간의 철학적 이성적 사고로는 도저히 규명할 수 없는 것이 자연인 것이다. 그래서 생각다 못한 나머지 서양에서는 GOD, 즉 하느님에게 자연의 생성을 귀결지었다.

그런대로 내버려 두어도 자연은 할 일을 다 이행하고 있는데 이러한 자연 속에 있는 우리 인간은 과연 무엇을 어떻게 하며 살아야 되는 걸까? 지금처럼 미흡한 사고방식으로 전쟁만 일삼아 재앙을 불러일으켜도 되는 것인지 반성해 볼 일이다. 아무튼 인간은 자연의 혜택에 무한히 감사하고 살아가는 것이 무위자연의 사상이라 하겠다.

2008. 7. 2 (水)

마음은 급한데 따르지 않는 동작

전화벨이 울리면 마음이 조급해진다. 빨리 받아야겠다는 생각은 하지만 자리에서 일어나 수화기가 있는 곳까지 다가가는 데는 무려 4~5분이나 걸리니 그 안에 벨이 울리다 끊어지기가 일쑤다. 혼자 있을 때는 무선 수화기를 바로 옆에 두기 전에는 엄연히 사람이 있음에도 늘 부재중이나 마찬가지이다.

뇌에서 행동으로 옮기라고 명령을 재촉하지만 몸은 따라주지 않는 비정상적인 생활을 한 지도 10년이 가까워지는 것 같다. 중추신경과 자율신경에 이상이 생긴 지 오래지만 아예 노쇠 현상으로 간주하고 신경도 쓰지 않는다. 아내 역시 예전보다 동작이 민첩하지 못하고 허리 디스크와 무릎 관절염으로 인해 마음먹은 대로 동작을 하지 못하는 것 같다.

그래도 나보다는 나아 그런대로 생활을 유지하고 있는 편이다. 그러나 두 장애인끼리 살아가는 데는 애로점이 한두 가지가 아니다. 조그마한 물건을 옮기려 해도, 못 하나 박으려 해도 누가 와주기만을 기다려야 하는 지경에 이르렀으니 늙은 장애의 몸이 서글프기만 하다.

2008. 7. 3 (木)

가정의 중요성

어느 집이고 가정은 낙원이라야 한다. 경제적으로 여유가 있건 없건 간에 가정은 화평을 도모해야 만이 평화롭고 행복해질 수 있다. 이러한 가정을 이루기 위해서는 첫째는 가족 모두가 원만한 성격을 가지도록 수양을 해야 하고 성실하게 선을 추구해야만 하는데 무엇보다 가장의 역할이 중요하다.

가정은 모든 행복의 근원이 되기도 하는 장소임을 구성원 모두가 철저히 인식해야 한다. 가정에서는 언제나 웃음꽃이 피어오르도록 각자가 노력을 기울여야 할 것이다. 누구라도 사소한 일로 불평불만을 하기 시작하고 화를 내는 버릇이 있으면 이것이 습관화되어 가정파괴의 주범이 된다는 것을 명심해야 한다.

그래서 옛 현인들은 수신제가(修身齊家)를 그토록 강조했고 우선시했다. 사람이란 남녀노소간에 성격이 좋다는 것은 수양이 되었다는 증거이고 그러한 가정은 또한 화기애애한 분위기가 넘쳐날 것이다. 집안은 언제나 낙원이고 밖에 나가서도 즐겁게 일을 하고 또 즐거운 가정으로 찾아들기 마련이다.

2008. 7. 4 (金)

한국 정치의 문제점

한국에 민주주의가 도입된 것은 1945년 2차대전이 종전되고 일본이 우리나라에서 물러난 1948년경 부터서이다. 남쪽에는 미국 사조가 들어오면서부터 좌우익은 치열한 공방전을 벌이게 되는데 미국을 배후로 1948년 대한민국 정부가 들어서면서 한국 민주주의는 시작되었다.

그로부터 만 60년 동안 많은 우여곡절과 시행착오 끝에 민주정치는 발달해 왔지만 아직도 미숙단계를 벗어나지 못하고 답보 상태에 머물러 있는 부분이 많다. 국민 의식은 과거 조선시대의 사고방식이 그대로 존속하고 있는 것 같다.

임진왜란이 일어나기 전 조정에서는 일본의 동태를 살피기 위해 사신을 파견하였는데 서로 다른 견해를 주장하여 일관된 정책 수립을 못한 탓에 임진왜란이라는 천추의 비극을 남겨 주었다. 그 후 몇 세기가 지난 오늘날에도 그러한 못 된 의식구조가 여전히 남아 있어 합리적인 사고와 타협 대신 반대를 위한 반대 주장만으로 일관하는 통에 국민은 안중에도 없는 정치만 계속 되고 있으니 국민을 두려워하는 정치인은 하나도 없다.

그저 큰 실수를 했더라도 그 자리만 떠나면 그만이라는 식의 책임정치가 없는 것이 한국정치의 가장 큰 문제점이라고 하겠다.

2008. 7. 5 (土)

시중 약값의 불합리성

사람들에게 있어 약은 필수불가결한 물품이다. 그런데 똑같은 약의 가격이 장소에 따라 들쑥날쑥한데 심지어 5배의 차이가 나는 곳도 있다 하니 당국의 시급한 시정조치가 필요하다 하겠다.

약값의 불합리성은 의약분업이 실시된 뒤부터 더욱 두드러지게 나타나고 있는데 어떤 곳은 환자들을 상대로 터무니없이 비싸게 받고 있는 실정이다. 약의 오남용을 막기 위해 의약분업을 시행했다고 하지만 오히려 약값만 올려놓는 부작용을 낳고 말았으니 국민을 위한 정치가 부담만 가중하는 결과를 가져오고 말았다.

그리고 신약이라도 나오면 왜 그리도 약값이 비싼지 저소득층들이 약을 복용하려 하면 큰 부담이 아닐 수 없다. 원래 의약업은 개인의 영리 행위에 앞서 인류의 도덕적인 사업도 된다는 견지에서 정부 당국의 특별한 배려와 단속이 필요한 업종이다.

신약은 인간을 위해서 앞으로도 계속 장려되어야겠지만 영리에만 치중한다면 질병으로부터 인류 구원이라는 순수 목적에 훼손이 가서 사람들의 비난을 면치 못할 것이다.

2008. 7. 6 (日)

규칙적인 시간관념

사람은 규칙적인 일정한 룰을 정해 놓고 생활하는 것이 얼마나 유익한지 모른다. 1년 365일 하루라도 생활이 들쑥날쑥하면 리듬이 깨져 정신도 흐트러지기 마련이고 다시 궤도를 잡기가 무척이나 힘이 든다. 그러니까 일요일에도 일정한 시간에 일어나고 식사하는 습관을 가지는 게 좋다.

사람은 어릴 때부터 좋은 습관을 들여야만 평생 힘을 들이지 않고도 안정된 생활을 영위하지만 잘못된 습관이 배인 사람들은 나중에 이를 시정하려면 여간 힘이 드는 것이 아니다. 일상생활에서도 규칙적으로 시간을 정해 놓고 거기에 맞추어 행동하면 되는 것이다.

시간을 정할 때는 되도록 합리적인 시간표를 짜는 것이 자기 생활에 편리한 것이다. 모든 가족이 합심이 되어 규칙적인 생활을 하는 것이 이상적이다. 가족 중 누구 하나라도 그 취지와 유익한 점을 몰라 자기 고집을 세운다면 그 가정은 불행해지고 자기 발전을 가져올 수 없게 된다.

2008. 7. 7 (月)

양당 새 지도자가 출범했다

18대 국회가 개원도 못하고 공전하고 있는 가운데 여야의 각 당에서는 전당대회를 개최하여 새 지도자를 선출하였다. 며칠 전 한나라당에서는 경쟁자인 정몽준 의원을 제끼고 박희태 전 국회부의장이 당의장에 선출되었다.

어제는 통합민주당의 전당대회가 열렸는데 정대철, 정세균, 추미애의 후보자들 중 정세균 의원이 56%의 지지를 얻어 당대표로 선출되었다. 이로써 여야 공히 당의 지도체제가 재정비되어 출범하게 되었으니 제발 이제는 국민을 무시하는 정치를 하지 않기만을 바랄 뿐이다.

산적해 있는 민생 문제와 쇠고기 졸속 수입으로 흐트러진 민심을 수습하고 나날이 치솟는 유가에 대한 대비책을 양당이 머리를 맞대고 연구하여 돌파구를 찾아야 할 때가 왔다. 그런데도 우리나라 정치인들은 염불에는 아랑곳하지 않고 잿밥에만 관심이 있는지라 국민들에의 존경심을 받지 못하고 있는 것이다.

2008. 7. 8 (火)

소설을 다시 시도해 본다

소설로써 자신이 가진 이상이나 꿈을 담아보는 것이 이토록 어려운지 몰랐다. 치밀한 구상과 현실에 어느 정도 부합되는 이상을 펴 나가기가 쉽지 않고 단어와 표현을 적재적소에 나열하는 실력도 한계가 있는지라 처음 시도해 본 작품은 내가 보아도 유치한 졸작이었다.

이번에는 그런 점을 조금씩 보완해 보고 독자로 하여금 감동을 느끼도록 호기심과 궁금증을 유발할만한 자극을 주어 잘 쓰는 것인데 그게 그렇게 어렵기만 하다. 그리고 억지로 짜 맞추려는 미사여구보다는 순수하고 솔직한 표현력이 중요한데 그도 쉽지만은 않다.

그럼에도 불구하고 이번에는 내 사상과 목적했던 바를 충분히 소설 속에 반영하여 격동하는 사회상과 시대적 변화의 모습들을 담아보고 싶다. 결국 인생 궁극의 추구해야 할 가치와 목표가 무엇인지를 소설에 그려 보고 싶은 것이다. 금년 후반은 이 소설에 집념하고 싶은데 잘 풀려갈지 모르겠다.

2008. 7. 9 (水)

한국 경제가 위축되고 있다

이명박 정부가 들어서면 경제가 회복되고 서민들의 주름살이 펴질 줄 알았는데 예상과는 달리 경제가 더욱 침체의 늪을 벗어나지 못하고 있다. 시장의 영세 상인들은 지금의 경기가 IMF 위기 때보다 더 못하다고 아우성을 치고 있는 실정이다.

체감 경기가 이렇듯 위축되어 있으니 온 국민이 불안을 안고 살고 있으며 있는 사람들도 소비를 망설이는 까닭에 경기의 악순환은 가중되고 있다. 한나라당에서 대선 때 국민들의 표를 얻기 위해 무엇보다 연 7%의 경제성장을 약속했는데 집권을 하자마자 6%로 내리더니 3개월 후엔 4%로 대폭 내려잡고 있다.

한국은행의 발표를 보더라도 금년의 우리나라 경제성장률은 3.8~3.9%로 관망하고 있는 것을 보더라도 비관적이라 할 수 있다. 거기에다 무역 적자가 벌써 90억 불을 초과하고 있고 외국의 기업들은 투자금을 회수해 가고 있으니 달러 또한 900원 대에서 1050원 대로 껑충 뛰어 올랐다. 따라서 외환 보유고가 갑자기 줄어드는 바람에 또다시 외환 위기가 오지 않을까 염려되기도 한다.

2008. 7. 10 (木)

UN 사무총장의 금의환향

반기문 UN 사무총장이 취임 1년 만에 한국을 방문했다. 예전과는 판이하게 다른 융숭한 대접이 여기저기서 보였는데 국무총리가 직접 공항까지 나가 영접을 하였고, 서울대학에서는 명예 외교학 박사를 수여하는 영광까지 부여할 정도였다.

UN 사무총장 자리는 한 나라의 외교관이나 장관 자리와는 달리 세계 모든 국가 간의 갈등이나 분쟁을 해결하고 화해를 시킬 권한이 부여된 자리인지라 어느 국가를 방문하더라도 푸대접을 받지는 않는 자리이다.

모처럼 일본을 거쳐 고국에 들어와 후한 대접을 받는 것을 보면서 역시 사람은 출세를 하고 볼 일이라는 인생의 정의(定義)를 내려 본다. 반기문 사무총장은 외교관으로서 다양한 요직을 두루 거쳐 최고의 자리에까지 올랐으니 자국인 한국에서는 최고의 대접을 해줄 만도 하다.

UN 사무총장 자리가 파워가 있는 자리는 아니지만 한국 같은 분단국에서 탄생되었다는 데 의미를 두어야 할 것 같다. 원래 이 자리는 언제나 제 3국에서 선출되는 것이 관례로 되어 있었던 것이다.

2008. 7. 11 (金)

18대 국회 개원

총선이 치러진 지 2개월 만인 어제야 김형오 한나라당 의원을 국회의장으로 선출하고 개원이 이루어졌다. 그동안 각 당의 당리당략에 의해 이 핑계 저 핑계로 개원을 늦추다가 더 이상의 명분과 면목이 없어지자 할 수 없이 여당의 요청을 들어주는 양 국회를 개원한다는 것은 야당의 입장을 고려하기 전에 국회의원으로서 모양새가 매우 좋지 않다.

국회의원에 선출된 사람들이 당리당략에 얽매여 국회 등원을 거부한 것은 직무유기요 국민에 대한 배신행위이다. 정치인들은 여야를 막론하고 가끔 국민의 민생문제가 아닌 당의 정략에 유리한 입장을 차지하고자 국회등원을 흥정의 대상으로 삼는데 이는 지극히 삼가야 할 문제이다.

입법기관이 민생문제나 국가 대계의 법률안이 제출되어도 여야의 합의가 이루어지지 않아 법사위에서 아직 상정도 되지 않은 법률안이 무려 3,200여 건이나 된다니 이러고도 비싼 세비를 받아먹고만 있어서야 되겠는가? 국회의원이나 정치에 몸을 담고 있는 사람들은 한번 생각해 볼 문제이다. 머리를 싸매고 국회의사당의 등불이 밤늦도록 밝혀져 있을 때 비로소 국민들은 편안히 살 수 있을 것이다.

2008. 7. 12 (土)

금강산 관광에 문제점이

금강산 관광을 2박 3일로 떠났던 서울 상계동에 사는 50대 박 모 여인이 총에 맞아 시체로 돌아왔다. 북측의 발표에 의하면 새벽 4시 30분에 박 여인이 군사통제선을 넘었는데 정지명령을 무시하고 계속 다가와서 사살했다고 한다.

죽은 자는 말이 없는지라 그 자세한 내막까지는 알 수 없으나 다른 의도가 없었다면 새벽에 호텔을 산책하다가 그만 변을 당한 것 같다. 참으로 어이없는 사고가 아닐 수 없다. 거기가 어디라고 새벽에 혼자 개인행동을 하는 것은 상식 이하의 행동임에 틀림없지만 현대 관광회사의 안내 부족에도 책임이 있고 북한 측에도 잘못이 있는 것 같다.

북측은 정당방위라고 주장하지만 자기네 관할구역에 들어온 비무장 관광객을 사살한 것은 결코 세계인들에게 좋은 이미지를 줄 수는 없다. 모두가 분단의 비극으로 간주하기에는 인간의 양심이 너무나 아쉽다. 인간이 인간을 그것도 동족끼리 죽인단 말인가? 장난감으로 알고 무기를 사용하는 인간들은 언제나 인간성이 회복될런지! 사살을 할 수도, 사살을 하지 않을 수도 있는 경우에는 되도록 인명피해를 주지 않는 것이 야수가 되지 않는 길이다.

2008. 7. 13 (日)

기상과 신체 리듬

옛날 노인들이 날이 꾸물거리면 삭신이 쑤시고 아프다고 호소를 하였다. "아이고, 허리야, 다리야, 어깨야"하며 통증을 느꼈던 것은 사람의 신체도 기상조건의 변화에 따라 리듬이 달라진 탓이다. 기압이 낮아지면 신체도 압력을 받아 평소 무리하게 사용한 근육부위나 관절에 신경이 통할 때 저림증으로 나타난 것 같다.

이러한 현상은 노쇠할수록 심해짐을 알 수 있다. 이러한 증상들이 근래 우리 부부에게는 너무 자주 나타나 아내도 기상이 변화하는 날에는 통증이 심해지고 불쾌감까지 들어 생체리듬이 깨지는 것 같다. 나는 집에서 별로 하는 일이 없어도 몸의 컨디션이 영 아닐 때가 있다.

이를 가만히 의식해 보면 날씨변화가 그 원인인 것 같다. 이를 못 견디는 사람들은 마약을 복용하다 습관이 들어 중독자로까지 전락되기 쉽다. 그러므로 통증이 심해질 때는 진통제라도 사용하여 일시적이나마 통증을 완화시키는 것이 노인들의 현명한 대처법이라고 할 수 있다.

2008. 7. 14 (月)

고유가 시대를 대비해서

유가가 배럴당 150달러를 오르락내리락하는 판에 비산유국들은 심각한 불안에 처해 있다. 특히 우리나라는 비산유국인데도 불구하고 기름 소비 또한 상대적으로 많은지라 유가가 오르면 경제에 막대한 부담이 되는지라 여러 부작용을 안고 있다.

우선 이를 극복하기 위해서는 소비를 줄여 나가야 하고 궁극적인 대안으로는 대체에너지 개발에 박차를 가하여야 한다. 우선 바람이 많이 불어오는 바다와 산언덕을 골라 풍력 발전소를 많이 만들고 태양열 발전소와 석탄 가스를 이용한 전기 발전소를 많이 지어 난방용과 취사용으로 이용해야 한다.

원자력 발전소는 지금보다 배로 늘려 석유의 대체에너지로 사용한다면 기름 소비는 지금의 반으로 줄어들어 유가 폭등에 대비할 수 있을 것이다. 그러나 항구적인 대체에너지는 역시 수소에너지밖에 없을 것이다. 그 안에는 절약하고 아껴 쓰는 것만이 고유가시대를 버티는 지름길이다.

2008. 7. 15 (火)

독도의 문제점

또다시 일본에서 독도를 중학교 역사 교과서에 수록하여 영유권 주장을 하고 있어 한일 관계의 마찰을 불러일으키고 있다. 19세기까지 아무런 관심도 없었던 암석 덩어리 독도를 가지고 왜 이제 와서 양국이 첨예한 대립을 하고 있는 것일까? 그것은 독도의 위치가 한국과 일본의 바다 중간에 있는 까닭에 해양관할권을 주장하는데 관건이 되기 때문이다.

독도의 영유권에 따라 부근 해역 또한 자국의 영해가 되기 때문이다. 독도 인근의 풍부한 어족자원과 지하자원 때문에 양국은 과거사를 들추어가며 끈질기게 자기네 땅이라고 주장하고 있는 것이다. 2차 세계대전 때 패망한 일본은 한반도에 해방을 안겨 주었는데 그 바람에 독도의 주도권을 빼앗긴 것을 심심하면 못 먹은 감처럼 자기네 영토라면서 들고 나오는 것이다.

이런 경우는 사실 먼저 점거한 측의 영토인 것이다. 19세기 이전에는 아무도 관심을 두지 않았기 때문이다. 이명박 대통령이 취임을 하자마자 일본으로 건너가 정상회담을 개최하는 자리에서 과거사에 연연하지 않고 미래지향적으로 나가자고 했는데 그 보답을 일본 문부성은 독도가 자기네 땅이라고 교과서에 수록하고 있다.

2008. 7. 16 (水)

위대한 사람들

인간의 위대함은 세계적인 위대함과 국가적인 위대함으로 나눌 수 있다. 그중에서 세계적으로 위대한 사람은 천 년이나 이천 년에 한두 사람 태어나는 것이 고작이다. 한 국가를 대변하는 위대한 사람은 국가에 따라 몇백 년에 한두 명이 탄생하는 비율이다. 그러면 위대하다는 것은 무엇으로 기준을 삼아야 할까?

인류를 위하고 국민을 위해서 헌신하는 데 있어 타의 추종이 불허할 만큼 독보적인 존재여야 한다. 예를 들자면 동양의 공자, 맹자, 그리고 석가 같은 사람이 세계적인 위대한 사람 축에 들고, 서양의 예수나 소크라테스 등을 들 수 있을 것이다. 이들은 모두 살생을 증오하고 인간을 존중한 사람들이다. 그리고 인간을 가르치고 진리를 선도했다.

그러면 국가적으로 위대한 사람들은 어떠한 사람인가? 예를 들면 링컨이나 카네기, 간디, 마호메트 같은 사람들이다. 그러나 나폴레옹이나 징기스칸 같은 사람은 영웅은 될망정 위대하다고는 볼 수 없다. 그 이유는 사리사욕과 사람을 많이 죽였기 때문이다.

2008. 7. 17 (木)

제헌 60돌

1948년 우리나라는 UN 감시하에 총선을 치러 세계만방에 독립국임을 선포하고 헌법을 제정하였는데 오늘로써 환갑이 되는 날이다. 그동안 시대의 변천에 따라 여러 차례 개헌을 하며 수난을 겪으면서 오늘에 이르게 되었다.

자유당 때의 장기 독재 집권을 노린 삼선개헌을 비롯해서 사사오입(四捨五入)의 변칙적인 개헌도 있었고, 민주당 때의 내각제 개헌 실패, 그리고 군사정권의 개헌을 뒤이어 유신헌법을 만들어 비극의 종말을 본 후 1987년 5년 단임제를 끝으로 집권자들의 아쉬움이 노출되었다.

그래서 정치권에서는 다시 개헌을 들먹이며 내각제 개헌이니 대통령 4년 연임제니 하며 주장을 하고 있었는데 18대 국회에 들어와서는 국회의원 2/3이상이 개헌을 찬성하고 있는 실정이다. 그러나 국민들은 아무리 좋은 제도나 헌법을 가지고 있어도 그 시행에 있어 변칙이나 오류를 범한다면 결국은 국민들에게 불이익으로 돌아오기에 개헌을 그리 탐탁하게 여기고 있지 않다.

2008. 7. 18 (金)

우리나라 재벌들의 문제점

삼성 재벌 이건희 회장에게 그동안 특검조사를 한 결과 선고가 내려졌다. 징역 3년에 집행유예 5년에 추징금 1,100억 원이라는 판결이 떨어진 것이다. 참으로 놀라운 세금을 포탈하면서까지 자식에게 상속재산을 양도했던 것이다.

정당하게 사업을 해서 정당하게 상속을 받아도 지나친 부를 감당하지 못할 터인데 허욕에 휘말려 변칙적인 수단을 동원해서 자식에게 상속하려는 저의를 보통 사람으로선 납득하기 어렵다. 그리고 그것이 사건화 되자 수십 명의 변호사를 동원하여 신상을 보호하려는 양상을 볼 때 차라리 정직하게 물의를 일으키지 않고 그 돈을 서민복지에 베풀었다면 마음 편했을 것이다.

그런데 저 고역을 당하면서 플래시 세례를 받고 있으니 장한 일을 하고 사진을 찍을 때와는 판이한 심정일 것이다. 재벌일수록 돈에 대한 철학을 좀 더 터득해서 즐거운 인생을 보냈으면 얼마나 좋을까! 부자 말을 듣고 죽는다는 것은 절대로 명예로운 일이 아님을 알았으면 한다.

2008. 7. 19 (土)

역시 영국은 선진국이다

땅덩어리는 작지만 큰 나라인 영국은 세계에서 제일 먼저 민주주의를 실행하여 의회정치가 발전한 나라이다. 그래서 국민들도 잘 살고 있는 나라이다. 영국은 우리에게 잘 알려져 있지 않지만 사실 기름을 생산하는 산유국이다.

그럼에도 영국은 고유가시대를 미리 대비하여 수년 전부터 대체에너지 개발에 힘써 온 덕으로 제일 먼저 전기자동차를 만들어 실용화 단계에 이르렀다고 한다. 한 번 충전으로 시속 80km의 속도로 달릴 수 있는 아주 저렴한 1인용 차를 보급해 시내 곳곳에 전기충전소를 만들어 어디서나 무료로 사용할 수 있다니 자동차 연료비가 거의 들지 않는 셈이다.

둘이서 타고 다닐 경우에는 1인용보다 조금 더 큰 차를 만들어 한 가정에 두 세대씩 보유하여 편리하게 이용하고 있다고 한다. 1인용 차의 부피는 유모차보다 약간 더 큰 덩치인데 앞에 바퀴가 2개 있고 뒤에는 1개가 있는 삼륜차인데 뒤 범퍼를 잡고 성인 혼자서 번쩍 들 수 있을 만큼 가볍다고 하니 매우 실용적일 것이다. 이렇게 영국은 고유가 시대를 극복할 수 있는 실용적인 차를 만들어 타고 다니는데 우리는 아직도 잠에서 깨어나지 못한 격에 맞지도 않는 큰 차만을 선호하니 낭비만 일삼고 있는 셈이다.

2008. 7. 20 (日)

널뛰기를 하는 기름 값

국제 유가가 며칠 사이에 150달러를 육박하더니 또 며칠 사이에 130달러 이하로 떨어졌다. 유가가 하루가 다르게 올랐다 내렸다 널뛰기를 하고 있으니 사람의 마음을 불안케 하고 있다. 이제는 고유가 시대에 접어들었다는 것이 사실이다.

그동안 2007년까지는 중국을 비롯한 개도국 여러 나라들의 석유 수요가 증가하는 바람에 공급이 수요를 따라가지 못해 유가가 점진적으로 상승했지만 금년 들어서는 폭등세가 이어져 세계가 의아해 하고 있다. 당장 기름이 고갈된 것도 아니고 생산이 중단된 것도 아닌데 주가처럼 기복이 큰 것은 아무래도 미국의 석유재벌들이 장난을 치는 것이 아닌가 하는 생각이 들 정도이다.

석유 공급이 딸린다고 하지만 세계 경제가 요동을 칠만큼 부족한 것도 아닌데 이처럼 폭등을 하는 것은 위험신호를 내포한 징조이다. 유가가 폭등하고 이로 인해 경제가 침체되기 전에 세계의 석학들은 대체에너지 개발에 박차를 가해야만 인류의 생존이 가능할 것이다. 그러기 전에는 기름을 절약하는 수밖에 다른 대책이 없다.

2008. 7. 21 (月)

정치를 잘 한다는 것은

요즈음 나라가 온통 어수선하다. 미국 쇠고기 수입을 가지고 시끄럽더니 연이어 금강산 관광객 피살 사건이 일어나고, 일본의 독도 영유권 주장으로 촛불 시위가 재개되었으니 온 나라가 뒤숭숭하다. 여기에 고유가로 인해 각종 물가가 동반 상승을 하고 있어 서민들의 숨통을 조이고만 있다.

이명박 정권이 정치를 잘못하고 있는지 아니면 이명박 대통령이 정치 운이 없는 것인지는 모르지만 국민이 생활하기는 전 정권과 비교해 나아진 것이 없다. 그러나 구호로만 여전히 대통령 혼자서 경제 살리기니 일자리 창출을 외치고 있으니 아무런 효과가 없다. 이에 국민들은 돈키호테식 정치를 하고 있지 않나 관망할 뿐이다.

선거 때 하도 경제를 살리고 실업자를 구제하겠다는 호언장담에 속아 넘어간지라 이제는 실망 일색이 된 것을 보면서 정치란 말처럼 쉬운 것이 아니라는 것을 깨닫는 계기가 되었으리라 생각된다. 정치를 잘 한다는 것은 국민이 안심하고 살 수 있는 여건을 만들어 놓는 것이 아닐까 생각을 해 본다.

2008. 7. 22 (火)

치매 노인이 늘어나고 있다

고령화가 급속히 진행됨에 따라 치매 환자의 수도 최근 5년 사이 6배나 증가하였다고 한다. 노인성 치매에 걸리면 그 자손들이 고생을 하게 되는데 요즘은 자식들이 많으면 한 달에 일정액씩 모아서 노인요양원으로 환자를 보내 여생을 보내게 한다고 한다.

옛날에는 노인들이 노망을 했다 하여 아주 오래 산 노인으로 간주했는데 요즈음은 8~90이 된 노인들을 흔히 볼 수 있으니 평소 뇌 건강에 유의하지 않던 노인들은 치매에 걸리기 쉽다. 치매도 조기에만 발견되면 약물 치료를 병행하여 치매의 진행 속도를 늦춰 정상생활을 가능케 한다고 한다. 그보다는 미리 예방 차원에서 뇌훈련을 하는 것이 바람직하다.

뇌 건강법으로는 독서를 하여 수시로 생각을 하여 뇌 운동을 촉진시키던가 아니면 TV나 라디오에 심취하던가, 그도 아니면 고스톱이라도 매일 쳐서 뇌 활동이 멈추지 않도록 하는 것이 중요하다. 오래 사는 것도 좋지만 자신의 건강을 위해 각별히 주의하고 건강 요법에 힘쓰는 것이 자신과 가족의 불행을 막는 길이 될 것이다.

2008. 7. 23 (水)

소설을 써 본다는 것은

글을 잘 쓴다는 것은 역시 어려운 일이다. 사물을 보는 감수성이 예민해야 하고 그것을 표현하는 방법 또한 적절한 근사치의 문장력이 나와야 한다. 그러나 마음먹기에는 곧 잘 쓸 것 같지만 막상 읽어보면 불만족스럽기 그지없다. 역시 소질과 실력이 부족함을 자인할 수 있다.

몇 년 전에 소설을 한 번 써 보았지만 영 마음에 들지 않았는데 이번에 다시 내 체력도 단련할 겸 식탁에서 소설을 쓰기 시작했다. 소설이란 주인공이 처한 시대적 배경과 등장 인물의 개성을 잘 반영하여 스토리를 엮어 나가는 일이 중요하다. 남녀 간의 사랑도 삽입시켜 재미를 돋워야 하고 감동을 주는 무언가가 있어야 하며 독자로 하여금 호기심을 일게 해야 한다.

무엇보다 무슨 목적을 위해 썼는지 사상성이 뚜렷해야 한다는 것을 의식하면서도 상황에 따른 변화에 대처하는 것이 보통 어려운 것이 아님을 절감하면서 글을 쓰고 있다. 그럼에도 실력의 한계는 매끄러운 문장을 이끌어내지 못하고 있다. 만약 내가 직업적으로 글을 쓰는 사람이었다면 얼마나 많은 스트레스를 받았을까 싶다.

2008. 7. 24 (木)

자연재해가 자주 일어난다

세계 곳곳에서 자연재해가 자주 일어나고 있어 사람들을 긴장시키고 있다. 미국의 동남부 쪽인 텍사스에 허리케인이 불어닥쳐 많은 피해가 우려되고 있으며 일본의 아오모리에는 6.8의 지진이 일어났지만 다행히 아직까지 인명피해는 없다고 한다.

왜 이렇게 지구촌 곳곳에서는 자연재해가 일어나 인류의 생존을 위협하는 것일까? 학자들은 그동안 인간들이 너무나 많은 자연환경을 파괴한 대가를 그 원인으로 삼고 있다. 지구 온난화로 바닷물의 온도가 상승해 태풍이 자주 일어나고, 폭우가 쏟아지고, 지각변동으로 지하의 불덩어리가 진정 상태에 있지 못하고 폭발을 거듭한다는 가상을 해 볼 수 있다.

또 중국의 사천성 대지진 같은 경우는 그곳에 있는 세계적인 규모의 댐으로 인해 지각변동이 생겨 폭발했다는 설이 나오고 있을 정도다. 인간이 잘 살기 위해서 자연을 파괴하여 개발을 하면 자연은 보복으로 재앙을 가져다주고 있다. 무리한 개발을 하지 않고 자연을 보호하는 길만이 우리 인간이 살 길이다.

2008. 7. 25 (金)

베풀어야 이웃이 있다

사람을 사귀고 친밀한 관계를 유지하려면 물심양면으로 우선 내가 먼저 베풀어야 한다. 그렇다고 아무하고나 사귈 수는 없는 노릇이고 인간적으로 호감이 가는 사람과 사귀면 된다. 그러나 나에게는 다양한 사람들과 접촉할 수 있는 기회가 애초에 없으니 쓸쓸하기 그지없다. 고작해야 책과 씨름할 수밖에 다른 방도를 찾을 수가 없다.

그러나 아내는 여기에 이사 와서 처음에는 쓸쓸해했지만 자구책으로 수영도 다니고 사우나탕도 출입하면서 여러 이웃들과 사귀며 정을 나누고 있다. 참 좋은 현상이라고 생각한다. 사람은 스스로 자신의 외로움을 개척해 나가면서 살아가는 존재가 되어야 한다.

그러기 위해선 내가 먼저 상대에게 마음을 열고 다가갈 줄 알아야 한다. 자기는 아무 것도 주지 않고 받기만을 원하면 진정 남을 사귀기 힘들어진다. 단독주택이고 아파트고 할 것 없이 내가 먼저 이웃을 사귀려는 노력을 갖는 것이 고독을 예방하는 노인들의 처세술이 될 것이다.

2008. 7. 26 (土)

정신적 생활

사람이 일상적인 생활을 해 나가는 데 정신적인 생활은 무척이나 중요하다. 나는 젊어서 이모님과 외숙으로부터 정신적으로 살지 못한다는 핀잔을 자주 듣고 살았다. 그때는 기분이 안 좋았지만 지금 와서 생각해 보면 그 말씀들이 다 옳았던 것 같다.

예를 들면 밖에 나가면서 전등불을 켜 놓고 그대로 나가버린다든지 수도꼭지를 틀어놓고 잠그지 않는다든지, 걸레질은 때가 묻지 않은 하얀 부분으로만 닦으라든지 모두가 실용적이고 과학적인 근거가 있는 말씀들이었다.

그리고 외숙으로부터는 어쩌다 한 번의 실수를 하여도 정신을 어디에 두고 일을 하기에 그런 실수를 했느냐고 불벼락을 맞곤 했다. 그러나 어디 보통 시골 가정에서 해이한 부모 밑에서 함부로 자란 사람들은 습관이 배이지 않아서 몇 번의 타이름이나 가르침만으로는 실행이 어려워 늘 질책을 받게 되지만 그러한 질책들을 받았기에 그러한 생활이 옳다는 것을 깨달은 것이다.

2008. 7. 27 (日)

의지와 집념만 있으면

사람이 의지와 집념만 있으면 웬만한 질병이나 장애를 극복하고 어려운 난관도 돌파할 수 있다고 본다. 능히 할 수 있는 일도 의지가 약해서 포기해 버리고 또 하다가도 끝까지 관철 못하고 말아 버린다면 질병에 걸려서 몸이 움직이지 못할 때도 영원히 재기하지 못하고 식물인간이 되고 말 것이다.

나는 4년 전에 한약을 잘못 먹고 신체가 마비되어 일 년 이상을 대소변을 받아내고 자리에 누워만 있는 신세가 되었다. 자리에 누워서도 어떻게든 몸을 일으켜봐야겠다는 일념으로 간병인에게 몸을 일으켜 줄 것을 부탁해서 간신히 일어날 수 있었다.

다음은 간병인의 부축을 받으며 한 발씩 떼는 연습을 일 년 이상을 했는데 노구라 차도가 더디기만 했다. 그래도 3년 반을 꾸준히 해 온 덕분에 이제는 안간힘을 써서 침대에서 혼자 일어날 수 있게 되었다. 보행기에 의지해서 혼자서 마루를 열 바퀴씩 돌고 침대에 드러누울 수 있으니 식물인간 신세는 면하고 이렇게 글씨도 쓸 수 있으니 의지와 집념의 덕이 아닌가 싶다.

2008. 7. 28 (月)

수도권 아파트

어제 오후에 정은이가 이사했다는 화성의 신창아파트를 한재 내외와 넷이서 가 보았다. 1년 만의 바깥 외출인 셈이다. 수원 시내에서 서남쪽에 위치한 신도시 아파트촌이었다. 아직은 교통이나 상권이 불편하지만 앞으로 십 년 내로 발전할 여건이 충분히 되어 보였다.

주위에는 아직도 전답이 많이 남아 있어서 그곳이 아파트로 메워지면 상권이나 교통도 편리해지겠지만 그전까지는 불편함을 감수해야 할 것 같았다. 아파트는 요즘 유행에 따른 46평형으로 방이 4개에다 방방마다 붙박이장과 베란다가 딸려 있어 예전의 아파트와는 차이를 보인다.

아쉽다면 5층이라 조금 밝지 못한 게 흠이었고 구조상 뒤쪽에 방 3개가 붙어 있는 게 아쉬웠지만 새 집이라 잘 장만한 것 같다. 이제 인철이 직업이나 안정되게 잡고 정은이 학교가 서울 아니면 수도권으로 옮겨지면 그런대로 안정을 찾을 것 같다. 이제 집도 장만했으니 직장문제도 잘 해결되기만을 하느님께 기도해 본다. 잘 해결될 것이다.

2008. 7. 29 (火)

인 연

사람은 누구나 인연으로 살아간다 해도 과언이 아니다. 나면서부터 부모와의 인연이 성립하고 형제남매 간의 인연이 맺어지며 살게 되는 것이다. 학교에서 선생님과의 인연으로부터 학우들의 인연까지 접촉하게 되는 사람은 모두 인연으로 엮어진 인생이라 할 수 있다.

장성해서 결혼 배우자는 제일 절실한 인연이라고 할 수 있다. 사람은 인연 운이 좋아야 출세도 하고 성공도 할 수 있는 것은 우연한 일이 아니고 필연적인 운명이라 할 수 있다. 그래서 불교에서는 인연을 중시하고 이 인연을 전생과 연결하고 있다. 우리가 그것까지는 알 수 없지만 사람은 모든 인간관계에 있어서 필연적인 인연관계가 아닌 것이 없다.

인위적이건 우연적이건 모두 만나서 접촉하고 생활하는 것이 인연 아닌 것이 없으니 우리는 사소한 일 하나하나까지 일상생활에서 신경을 쓰고 유의하면 감사하는 마음이 저절로 생길 것이다. 그러면 대인관계도 원활해지고 복을 받는 지름길이 되리라고 믿고 살아가는 것이다.

2008. 7. 30 (水)

늙어도 배우며 살자

사람은 젊어서 많이 배웠을지라도 늙어서도 배움을 계속하지 않으면 품위와 지적인 면에서 낙후되기 쉽다. 늙어서도 책을 가까이 하면 이미 체험했던 인생사도 새롭게 인식이 되어 사고를 발전시킬 수 있다.

굳이 책을 읽지 않는 사람은 신문이라도 읽어 세상 돌아가는 추세를 알 수 있고 각종 정보도 알 수 있어 유익한데 이마저 기피하고 TV 오락프로에만 연연하는 노인들이 많다는 것은 노년기의 인생의 질을 떨어뜨리는 행위이다. 물론 사람이 살아가는 데 있어 오락도 필요하지만 이것만으로는 인간의 질적인 욕구를 충족시킬 수 없다.

지나온 삶을 관조해 보고 취미를 가져보는 것이 유일한 낙이 되어야 한다. 젊어서 배움도 중요하지만 늙어서 만학(晩學)으로서 자족(自足)할 줄 아는 것도 생각해 볼 일이다. 무위도식으로서 늙은 세월을 보낸다는 것은 식물인간에 지나지 않으므로 무가치한 무용지물이 되느니 독서로써 세월을 보내면 무언가 플러스 인생이 되지 않을까 생각해 본다.

2008. 7. 31 (木)

서울시 교육감 선거

서울시 교육감 선거가 시민들의 무관심 속에 어제 실시되었는데 투표율이 겨우 15%밖에 되지 않았다고 한다. 이러한 선거를 수백억씩 세금을 낭비해 가면서까지 치러야 하는지 그리고 유권자의 절반도 안 되는 저조한 투표율 속에서 당선된 자가 과연 대표성을 인정받을 수 있을지도 의문이다.

어쨌건 선거 결과는 현 교육감인 공정택이 투표자의 40% 지지율을 얻어 차점인 주경복 후보의 38%를 누르고 당선되었다고 한다. 교육감 정도는 문교부에서 공정한 인사 방침으로 발령해도 되지 않을까 생각해 본다. 이러한 선거 방식으로 선출해 봤자 시민의 관심도가 너무 낮아서 시민 전체로 따지면 불과 2.7% 정도의 표를 얻어 교육감이 된 사람이 어떻게 떳떳하게 초중고 교육을 관장할 수 있으며 수만 명의 교사들을 통솔할 수 있겠는가?

선거 이슈라야 6명의 후보들이 획기적인 교육정책을 내세우기보다는 너무나 진부한 공교육 활성화니 특목고 정책을 늘리냐 마느냐에만 신경을 쓰는 것 같다. 하기야 교육문제는 어떤 제도를 도입한다 해도 답은 학생의 학구열에 달려 있는 것이지 제도가 문제는 아니다. 어떠한 제도이건 간에 공부 못 하는 학생은 못하기 마련이고, 잘 하는 학생은 잘하기 마련이다. 아주 부당한 제도가 아니라면 그대로 두고 배우는 학생들이 그 제도를 따르면서 학습욕을 높이는 수밖에 없다.

2008. 8. 1 (金)

소설유감(小說有感)

소설을 잘 쓰기란 참 어렵다는 것을 다시 한번 실감했다. 소설을 써 보려고 두 번째 시도해 보았지만 매끄러운 문장이 나오지를 않는다. 물론 근본적으로 실력이 없는 탓이겠지만 글을 쓰는데도 그날의 컨디션이 좌우된다는 것을 느꼈다.

하기야 내가 직업적으로 소설을 쓰는 것도 아닌데 좋은 글이 나오지 않는다고 애를 태울 필요도 없지만 그대로 마음먹은 대로 글이 써졌으면 하는 바람이다.

나의 생애를 주제로 삼았는데, 내가 젊었을 때부터 뚜렷한 목적을 가지고 거기에 운이 따라 주었다면 충분히 이룰 수 있으리라는 가상 하에 글을 멋있게 엮어보려고 구상하고 있다. 그리고 자연 순리를 토대로 인간의 선만을 가능한 부각시켜 인간성을 드러내고 싶다.

인간의 삶에서 부정적인 시각보다는 밝고 긍정적인 면을 강조하여 인간이 지향하는 욕망이나 포부의 목적을 공동체의 선에 두어 인간의 숭고한 정신을 그려보고 싶은데 붓대가 마음대로 움직여 주지를 않는다.

2008. 8. 2 (土)

미국 경제가 흔들리고 있다

지금까지 호황을 누렸던 미국 경제가 휘청거리고 있다. 부시 정권 8년에 미국의 국민 생활이 위축된 원인은 어디에 있을까? 이라크 전쟁과도 무관하지 않을 것이다. 국민의 생활 안정은 꾸준한 경제성장 속에 물가와 정치가 안정되어야 가능하다. 그런데 정치는 어수선하고 경제성장은 둔화된 상황에서 물가만 치솟고 있으니 기업은 구조조정을 할 수밖에 없고 이로 인한 실업자의 양산은 불가피해졌다.

국제 유가마저 하루가 다르게 오르고 있으니 물가고는 이미 5~6%를 넘어섰고 실업률 역시 5%대를 육박하고 있다. 지금의 상황에서는 미국인들의 소비를 줄이는 방법밖에는 없다. 그러나 소비만 줄인다고 해서 경제가 활성화 되는 것도 아니니 그야말로 진퇴양난에 처한 것이다.

인플레이션과 디플레이션을 잘 조절하여 국가예산을 효율적으로 사용할 때 경제는 안정될 것이다. 그러므로 일국의 경제정책은 어렵고도 어려운 것이다. 잘 사는 나라는 잘 사는 대로 못 사는 나라는 못 사는 대로 경제정책이 잘못 되면 국민 생활은 막대한 타격을 받게 된다. 경제정책의 성과는 금세 나타나는 것이 아니어서 지도자의 집권 초기의 경제정책에 대한 평가는 집권 말기에나 가능할 것이다.

2008. 8. 3 (日)

부동산 투기와 양도세

자본주의 국가에 있어서 부동산이 자본의 수단이 된다는 것은 어쩔 수 없는 필요악이라 할 수 있다. 그래서 개발도상국에 있는 나라들, 특히 우리나라같이 땅덩어리가 작은 나라에서는 토지가 부의 수단이 되어 사회에 물의를 일으키곤 한다.

그때마다 당국에서는 언 발에 오줌 누기 식으로 법률을 만들어 불을 꺼왔지만 그러다 보면 부동산 매매가 위축되어 시중경제까지 침체의 늪으로 빠뜨리게 되니 악순환만 계속되어 왔다. 이번에도 한나라당이 집권하면서 양도세를 완화시키고 종부세를 종전 6억에서 9억으로 상향조정할 것을 국회에서 논의 중이라고 한다. 그러나 항구적인 부동산 정책을 세우는 정당은 아직까지 한 번도 없었다. 이래서야 국가 백년대계를 세울 수는 없다.

과연 부동산이 부의 수단이 될 수 없도록 경제 질서를 똑바로 세울 수는 없단 말인가? 특히 주택은 주거 목적 이외의 투기대상이 되어서는 국가경제 질서를 절대로 바로 세울 수 없다. 이번 국회의 부동산 심의에서는 사심을 버리고 항구적인 정책을 수립하여 국민생활이 안정되기만을 바란다.

2008. 8. 4 (月)

미국 운자에게 답장 편지를 써 보냈다

운자에게 「무지개원리」라는 책을 보내 주었더니 감명 깊게 읽었다며 편지를 보내왔다. 무지개 원리를 조금이라도 터득했더라면 그런 다행이 없을 것이다.

자신은 남을 용서하는 것을 배우며 살고 있는데, 동생인 운경이는 너무 고지식해서 남을 용서할 줄 모르고 감정을 조절할 줄 몰라 안타깝다며 무지개원리를 동생 운경이에게 보내주겠다고 했다. 확실히 문과를 전공했던 사람과 이과를 전공한 사람의 차이점이라 생각했다.

그래서 무지개원리가 영문으로 번역되어 나오면 보낼 테니 한 번 더 읽어보고 아이들에게도 권해 보라고 하였다. 가정의 화목은 확실히 집안의 환경이 중요함을 느낄 수 있었다.

어려서부터 조요부모로부터 윤리도덕이나 인문교육을 받았던 자손들과 그렇지 못하고 물질만을 중시해 온 가정의 자손들은 차이가 남을 알 수 있다. 물질과 돈보다는 끈끈한 혈통이 중요하다는 것을 느끼게 하기 위해선 윤리와 도덕 교육이 중요하다고 본다.

2008. 8. 5 (火)

북한 군부의 발표

금강산 관광객 피살사건이 일어난 지 24일 만에 북한 군부의 정식 성명서가 발표되었다. 그동안 남측에서는 공동 진상조사를 요구하였고, 재발방지회담을 제의했는데 북한은 묵묵부답으로만 일관했다.

그러다 돌연 성명서 형식으로 북한 중앙방송을 통해 모든 제의를 거절하고 앞으로 군사경계를 더욱 강화할 것이며 금강산에 주둔해 있는 남측 관광요원 전원을 추방하겠다고 하였다. 이로써 현 북한의 정치실태를 파악할 수 있다.

북한은 지금도 군부가 정권을 잡고 김정일 일인 지도체제에는 변함이 없음을 보여주고 있는 것이다. 그동안 사건이 일어난 지 3주 이상을 김정일의 눈치와 의중을 살피다가 한마디 명령이 떨어지자 즉각 성명서를 발표한 것 같다.

상대방의 감정이나 국제적인 관례는 전혀 고려치 않는 일방적인 편의주의식 정치는 북한만의 특징이라 하겠다. 아무튼 우리가 모르는 실리를 추구하는 것인지 아니면 명분을 내세워 감정으로만 일관하는 것인지 헤아리기 힘든 정권임에는 틀림없다.

2008. 8. 6 (水)

공천 장사꾼들

전번에 서청원 국회의원이 한나라당에서 공천을 받지 못하자 새 정당을 만들어 국회의원에 당선되었다. 그래서 비례대표도 몇 석 얻게 되었는데 공천 과정에서 한 여자로부터 자기 딸을 비례대표로 주는 조건으로 30억의 돈을 받았다고 하여 입건된 바 있었다.

이번에는 김옥기라는 이 대통령의 사촌 처형이 한나라당 비례대표를 받게 해 주겠다고 운수업자에게 접근하여 30억 이상을 받았는데, 공천을 주지 못하자 25억만을 되돌려 주어 결국 구속되는 말썽이 생겼다.

72세나 되는 늙은 여인이 권력의 배경을 이용하여 공천 장사를 하고 있는 마당에 참으로 실세에 앉아있는 정치권에서는 얼마나 많은 공천뒷거래 장사가 성행하고 있었을까 궁금하지 않을 수 없다.

국회의원이 되려면 선거 때 들어가는 비용이 수억에서부터 수십억 원이 소요되는 것에 비하면 가만히 앉아서 돈으로 국회의원에 당선되는 비례대표 제도를 수정하지 않는 이유를 국민들은 궁금히 여기고 있다.

2008. 8. 7 (木)

국회가 파행되고 있다

이명박 정부의 장관 임명에 있어 그 인준 절차를 국회에서 너무나 까다롭게 심사를 하는 바람에 이번에는 국회 동의를 거치지 않고 세 명의 장관을 임명하여 물의를 빚고 있다. 민주당은 민주정치를 무시한 행위하고 비난하면서 원구성도 하지 않아 국회가 또다시 공전하고 있다.

여당인 한나라당은 민생법안을 처리하자는 명분으로 민주당을 압박하고 있지만 쉽사리 국회는 재개되기 어려울 것 같다. 이 틈을 타서 자유신 신당과 민주한국당이 잽싸게 합세하여 교섭단체를 만들려고 시도하였으나 민주당의 반대로 결국 무산되고 말았다. 그러자 한나라당에서는 무소속을 설득하여 교섭단체를 만들어 국회를 운영하려 하고 있다.

국회의원 정당원이 20명이 되어야 국회 교섭단체권이 인정되어 양 교섭단체의 합의 후 국회를 개회할 수 있다. 그러나 현 국회 실정으로는 한나라당과 민주당 외에는 모두가 20명에 미달되니 이처럼 순조롭지 못한 국회 운영의 책임을 서로에게 전가만 하고 있는 실정이다. 국민이 볼 때는 미숙한 민주정치의 테크닉 부족이라고밖에는 생각되지 않는다.

2008. 8. 8 (金)

불쾌한 감정

사람이 나이가 들어 자식들로부터 불쾌한, 그것도 모욕적인 말을 들었을 때처럼 참담하고 슬플 때가 없다. 어젯밤에 한재가 왔기에 지금 내가 쓰고 있는 소설을 다 쓰거든 감수해서 타이핑을 쳐 줄 아르바이트 할 사람이 있으면 구해달라고 했다. 그랬더니 대뜸 하는 소리가 "아버지는 맨날 위작을 낸다"면서 '책을 내고서 또 무슨 책이냐'는 식의 말을 해대니 기가 막히고 불쾌하기 짝이 없었다.

가만히 그 말을 분석해 보니 왜 죽지도 않고 글을 쓰면서 귀찮게 구느냐는 말이나 다름없는 말이었다. 저희들에게 경제적인 부담을 지라는 것도 아니고 내가 손이 떨려 흘려 쓴 글씨와 부자연스러운 문맥 정도를 고쳐 디스켓으로 만들어 두면 아무 때고 활자화 시킬 수 있기에 부탁을 했는데, 모두가 자신들의 입장에서만 생각하여 필요 없는 일을 왜 하냐는 식이다.

늙은 부모가 황혼의 뒤안길에서 낙양을 바라보며 무엇을 생각하며 노후를 보내고 있는지를 한 번이라도 생각해 본 적이 있었다면 그런 말들을 하지는 못했을 것이다. 늙은 부모의 입장과 생각을 추호도 이해하지 못한다면 저희들이 체험하고 경험해 보는 수밖에는 없다. 같이 안 사는 게 다행이지 만약 같이 살면서 매일 스트레스를 받고 사는 노인들에게 연민의 정을 느껴본다.

2008. 8. 9 (土)

북경올림픽 개막식

2008년 8월 8일 오후 8시, 13억 중국 국민이 100년을 벼르며 소망해 왔던 올림픽 유치가 드디어 북경에서 그들이 좋아하는 숫자 8의 행진 아래 성대히 거행되었다. 유구한 5천년의 역사를 자랑하고 문화민족임을 표현하는 개막식 행사가 수만 명의 인원을 동원한 가운데 화려하게 열렸다.

그들의 특기인 불꽃놀이 폭죽쇼를 유감없이 발휘하여 북경의 밤하늘을 아름답게 수 놓는 장관을 연출하기도 했다. 전 세계 204개국이 참가하는 이번 올림픽은 인구 1만 명의 아주 작은 섬나라부터 13억 3천만의 거대한 나라인 중국에 이르기까지 다양한 인종이 참석하는 인종의 경연잔치이기도 했다.

각국의 정상들이 모두 참석하여 잔치를 빛냈고, 밤중까지 무려 4시간을 TV에서 눈을 뗄 수 없게 만든 잘 짜여진 프로그램은 매우 다채로웠다. 개막식의 하이라이트라고 할 수 있는 성화 점화는 역대 올림픽 금메달리스트 중 여덟 명을 선발하여 릴레이로 경기장을 일주한 다음 마지막 주자가 공중을 날아 점화대에 불을 붙이는 것으로 대미를 장식하였다.

우려했던 것과는 달리 수많은 행사 인원들은 일사불란하게 움직였으며 행사인원 전부가 다양한 유니폼을 입었다는 것은 이번 올림픽에 대한 중국의 투자가 얼마나 컸는지를 보여준다. 중국은 이번 대회에서 기어코 미국을 꺾고 1위를 차지하는 데 목표를 두고 있다고 하니 지켜 볼 일이다.

2008. 8. 10 (日)

금메달

운동선수들은 금메달을 따기 위해서 비지땀을 흘리며 각고의 노력을 기울인다. 그것도 올림픽에서의 금메달은 무엇보다 값진 것이다. 세계적으로 그 분야에서만큼은 제일 우수한 사람이기에 나라마다 메달리스트들에게는 대우를 해 주는 것이 당연한 일이다. 그렇게 대접을 해 주지 않으면 메달을 따려고 선수들이 그토록 노력하지도 않을 것이다.

명예도 좋지만 궁극에 가서는 먹고 사는 것이 더 중요한 것이다. 우리나라에서도 국제대회에서 메달을 획득하면 금, 은, 동 차등을 두어 평생 동안 연금을 지급한다. 그것으로 메달리스트들은 일생이 보장되는 셈이다. 연봉 이외에도 코치나 지도자로서 활약할 수 있는 특전이 있는 것이다.

그러나 노메달에 그친 운동선수들은 찬밥 신세를 면치 못한다. 모든 세상 이치가 그렇지만 운동 분야도 예외는 아니어서 등외 인생은 빛을 못 보는 것 같다. 금년 베이징 올림픽에서 우리나라는 금메달 10개를 획득하여 종합 10위권을 목표로 한다고 한다.

어제는 유도 60kg에서 최민호 선수가 한판승으로 금메달을 목에 걸었다. 앞으로 수영, 역도, 양궁, 태권도, 사격 등에서 금메달이 기대된다. 그 밖에는 운이 따라 주어야 동메달이라도 바랄 수 있는 종목들이다. 역시 올림픽의 꽃은 마라톤인데 어느 나라 선수가 승리의 월계관을 찾아갈지 궁금하다.

2008. 8. 11 (月)

정치권의 불신임

한국은 경제도 성장하고 스포츠도 성장했는데 유독 정치만 성장이 더딘 것 같다. 1945년 해방과 더불어 민주주의가 미국에서 도입된 이래 60여 년을 시행하고 있지만 그 성장 속도가 느려 국민들은 짜증이 날 정도이다.

처음에는 이승만이 미국서 귀국하여 민의를 모르는 독재정치를 자행하여 젊은 사자들에게 제거되더니 다음엔 자기네들끼리 권력다툼을 하다가 총칼을 쥔 자들에게 권력을 찬탈 당했다. 그 후 권력을 잡은 군부는 안하무인(眼下無人)의 무소불위(無所不爲)의 권력을 경제성장이라는 미명 아래 휘둘러 정경유착을 비롯한 각종 부정부패로 얼룩지더니 결국 측근에게 제거 당하고 말았다.

뒤이어 쿠데타로 권력을 잡은 군부 세력 하에서도 민주주의는 실현될 기미가 보이지 않았다. 그러다가 처음으로 야당 정치인이 정치를 이어받았지만 민주주의 경험과 테크닉이 부족하여 여야의 원만한 상생정치를 이끌어내지 못하고 매번 암초에만 부딪쳐 유착상태가 됨을 한결같이 책임전가만 하고 있으니 국민들은 정치인들을 도매 값으로밖에 보질 않는다.

2008. 8. 12 (火)

미국과 북한과의 관계

그동안 6자 회담을 통해 진전이 잘 되어 가면 미국과 북한의 관계가 개선되리라고 기대했었다. 그러나 잘 된다 싶으면 또 다시 고착상태로 빠져들어 도저히 종잡을 수가 없다. 서로가 무슨 힘 겨룰 것이 그리도 많아 홍정만 하고 있는지 정상적인 외교관계로 봐서는 이해하기가 힘들다.

미국은 그동안 북한에 대하여 핵을 포기하면 정상외교도 하고 경제 지원도 아끼지 않겠다고 하였다. 북한이 핵시설 제반을 공개하고 국제 감시단의 검증을 받으면 테러지원국 명단에서도 삭제해 준다고 최종 기한을 오늘로 명시하였는데 북한의 움직임은 없어 보인다.

핵을 절대로 보유하면 안 된다는 견지 아래 6자 회담이 시작되었고 핵을 포기한 대가로 무엇을 얼마나 주겠다는 북을 제외한 5자 간의 합의가 아직도 이루어지지 않고 있다. 이러한 상황에서 북한은 북한대로 속셈이 있어 핵을 포기하지 않고 있고 미국은 미국대로 북한과의 홍정에서 이기려고만 하고 있다. 내년 초에 미국의 새 정권이 들어서면 어떠한 정책으로 나올지, 과연 이익을 본 쪽은 누가 될 것인지 두고 볼 일이다.

2008. 8. 13 (水)

북한의 금메달

스포츠에서의 금메달은 누가 따든지 귀중한 것이다. 어제 베이징 올림픽 역도 경기에서 12년 만에 북한의 63kg급 선수가 135kg을 들어 올려 금메달을 획득하였다. 참으로 장한 일이다.

흔히 말하기를 스포츠의 성적은 국력과도 밀접한 상관관계가 있다고 하는데 열악한 여건 속에서도 금메달을 획득하였다는 것은 대단한 실력이라고 볼 수 있다.

우리가 어려서 식민지 교육을 받을 때 일본의 천황폐하를 위해 공부도 하고 충성도 해야 한다고 세뇌교육을 받았는데, 어제 북한의 역도 선수도 금메달을 딴 소감을 묻는 기자의 질문에 무거운 추를 번쩍 들어 올리는 순간 장군님께서도 TV를 보고 계실 거라는 생각이 들어 성공할 수 있었다고 한다.

북한의 천황폐하는 아직도 그 대를 잇고 있으니 어느 세월에 민주국가로 부상할 수 있을 것인가? 중국은 일찍 그러한 정치에서 벗어나서 부강한 나라로 약진하고 있어 이번 올림픽에서는 종합 순위 1위가 어쩌면 가능할 지도 모르겠다.

2008. 8. 14 (木)

사면 복권

이번 광복절을 기하여 대통령의 고유권한인 사면 복권이 대규모로 실시되었는데 재벌 총수들을 포함하여 34만 명이 죄수의 몸에서 풀려나거나 복권이 되었다. 이 사회에서 재벌들은 돈이 너무 많은데도 불구하고 지나친 욕심을 부리다가 DJ정부와 노무현 정권 때 그 진상이 발각되어 형을 받거나 공민권이 제한을 받았었다.

그러다 이번 이명박 정부 때 경제 살리기를 구실로 13명의 경제인들이 사면 복권된 것이다. 일부 시민단체들의 반발도 있었지만 형식에 불가한 항의인지라 아무런 효력이 없다. 해마다 광복절이나 성탄절 또는 석가탄신일에는 의례적으로 사면 복권이 이루어지고 있는데 그때마다 정치적인 배려가 개입되고 있다.

정치인이나 경제인들이 청와대로 로비를 펼치는 것이다. 사면 복권제도가 그 본연의 뜻대로 개과천선의 길이 되었으면 한다. 특히 재벌들이나 정치인들은 사욕에 집착하지 말고 욕심을 공익에 두면 쇠고랑이 아닌 사회의 존경을 받을 수 있을 테지만 그 놈의 욕심이 문제다.

2008. 8. 15 (金)

건국 60돌 광복절

우매한 정치로 나라를 빼앗긴 지 39년 만에 건국 60돌이 되었다. 우리는 지난 60년 동안 비록 남북이 분할되어 통일을 이루지 못하고 있지만 괄목할 만한 경제성장을 이룩하여 세계 10위권에 들게 되었으며 문화면에서도 상당한 발전을 가져왔다.

구한말에 어두웠던 세계관을 탈피하고 이제는 세계 각국에 우리 기업과 문화가 아니 나간 곳이 없고 코리아라는 이름을 모르는 나라도 별로 없게 되었다. 그리고 건국 당시 2000만 국민의 GNP가 겨우 67불에 불과했는데 지금은 5천만 인구에 2만 불이 넘어섰으니 과히 놀라운 성장을 거뒀다.

물론 그 안에 동족상잔의 아픈 상처도 겪었고 IMF라는 경제위기도 맛보았다. 앞으로 이대로만 발전한다면 건국 100주년이 되는 날에는 정녕 세계 일류국가가 되어 있을 것이다. 한 가지 아쉬운 점이 있다면 아직도 정치 분야는 상생과 조화를 찾지 못해 구한말의 스타일에 그대로 머물러 있으니 그것이 안타깝기만 하다.

2008. 8. 16 (土)

KBS 사장의 구속을 보고

민주주의가 발전하려면 무엇보다 언론의 자유가 보장이 되어야 한다. 언론 역시 자율적인 책임을 다해야 함은 물론이다. 이번에 KBS에 대한 감사원의 감사는 누가 보아도 정부의 보복성 감사란 인상을 지우기가 어렵다. 정부에 대한 노골적인 비판이 신경에 거슬렸는지 손을 봐 준다는 차원에서 감사를 단행하였는데 털어서 결국 먼지를 발견한 셈이다.

예산 낭비로 회사에 불이익을 가져왔다는 이유를 들어 표적 수사를 하더니 마침내 사장 구속에까지 이른 것 같다. 이런 식으로 부정과 비리를 파헤치면 우리나라 감사원 직원과 검찰 직원은 지금의 몇 십 배가 필요할 것이다. 그래서 KBS 사장은 부당한 감사와 수사에 불복하여 검찰의 수사에 일절 응하지 않겠다고 묵비권을 행사하고 있으니 앞으로 법원의 거취가 주목된다.

법도 공정히 집행되어야 국민의 인정을 받는 법이다. 민주주의가 성장하려면 여론이 설령 편파적이라 할지라도 이를 감수하고 선정(善政)을 하는데 정부의 노력이 더욱 요망된다. 언론이 없는 정부보다는 언론이 있는 무정부를 택하겠다는 미국의 3대 대통령인 제퍼슨의 명언을 새삼 상기해 볼 때이다.

2008. 8. 17 (日)

18대 국회의원들에게 바란다

이번 18대 국회는 한마디로 말해서 처음부터 성적표의 점수가 낙제점이다. 개원한 지 70일이 넘었지만 아직도 원 구성조차 못 하고 공전만 하고 있으며 지금껏 여야가 티격태격만 하고 있으니 이번 국회에는 참신한 인물이 없나 보다.

서로가 상대를 배려하고 인정할 줄은 추호도 모르고 오로지 자기네들만이 최고라는 몰염치한들만 모인 집단들처럼 느껴진다. 조금만 양보하면 상생의 정치가 이루어질 텐데 그것을 못 하고 서로 싸우고만 있으니 국민들의 빈축을 살 수밖에 없다. 이러한 원인이 어디에 있는가를 생각해 보면 나만이 옳고 맞다는 그릇된 의식에서 비롯된다.

여야 간에 상대가 정권을 잡으면 인정하지 않으려는 심리에서 사사건건 반대만 하고 트집만 잡는 고질적인 병폐가 반복되어 이어지고 있는 것이다. 그러면서도 우리가 야당 시절에는 혹은 우리가 여당 시절에는 그렇지 않았다는 변명만 하고 있으니 국민들이 볼 때는 50보 50보로밖에 볼 수 없다. 이래저래 국민들만 골탕 먹고 있는 셈이다.

2008. 8. 18 (月)

올림픽 금메달

우리나라는 어제까지 온 힘을 기울여 8개의 금메달을 일궈내서 현재 7위에 머물러 있다. 올림픽이 끝날 무렵까지 세계 10위권 안에만 들어도 작은 나라에선 대단한 성과라고 여긴다. 스포츠에서 금메달을 딴다는 것은 그 종목에 있어서만큼은 세계 최고가 되었다는 영광을 의미한다.

그런데 종목이 지나치게 세분화되어 메달 수만 늘리고 있다는 여론이 일고 있어 시정될 소지가 보인다. 반면 비인기 종목인 태권도 같은 종목은 과거에 비해 오히려 메달 수가 줄었다. 반면 미국의 수영선수 하나는 혼자서 금메달을 8개를 독차지해 8관왕에 오르기도 했다.

온 나라의 국력을 다 해도 몇 개의 금메달밖에 따지 못하는데 혼자서 8개를 차지했다는 것은 종목규정에 허점이 있다는 것이다. 미국은 현재 중국에 이어 2위를 달리고 있는 상황에서, 미국의 어느 독지가는 금메달 7개를 획득한 사람에게는 100만 달러를 준다고 제의하였으니 금메달이 역시 돈방석이다. 하나만 따도 그 일생이 보장되니 체육인들 모두가 금메달에 그토록 목을 메고 있는 것이다.

2008. 8. 19 (火)

황혼의 착실한 대책을

사람이 죽을 날이 가까워지면 누구나 그 대책을 세워야만 나름대로 일생을 정리할 수 있다고 본다. 무항심으로 살다가는 노후에 허덕이는 것은 물론 체면조차 유지할 수 없다. 한 달에 한 번씩 모인 노파들의 계모임에서 그들의 노후가 여실히 잘 드러나고 있다.

자식들의 힘을 빌려 살면서도 자기 위치를 상실하지 않는 사람이 있는가 하면 그도 저도 없이 불만으로만 살아가는 사람들도 있고, 끝까지 독립심으로 꿋꿋하게 살아가는 사람들도 있다. 그러나 사람은 죽을 때가 가까워질수록 하나하나 떠날 준비를 해야 한다. 이러한 생각을 하면서 노후를 보내는 것이 지각 있는 늙은이의 삶이라 하겠다.

자신의 노후를 전적으로 자식들에게 기대하고 의지한다는 자체가 스스로 불효자식을 만들어내는 경우가 얼마나 많던가? 자고로 효자를 두려면 자신이 효자 효부여야 하고, 조상의 묘를 명당을 썼던 사람들만이 가능한 어려운 문제이니 범인(凡人)들은 스스로 알아서 노후를 착실히 세우는 방법밖에는 없다.

2008. 8. 20 (水)

옹고집의 민족

국회를 개원한 지 무려 82일 만에 원 구성이 이루어졌다. 그동안 정권이 바뀔 때마다 원 구성을 놓고 여야가 첨예한 대립으로 맞서 상임위원장 감투싸움만 계속되어 온 것이다. 참으로 민주정치를 모르는 정글정치만 하고 있는 꼴이다.

결국 서로가 조금씩 양보해서 타결 지을 거라면 무엇 때문에 82일이라는 시간을 허비하며 고집만 내세웠는지 알 수가 없다. 우수한 민족이라면 단 하루만 협상을 해도 되고, 늦어도 2~3일이면 족했을 문제를 가지고 석 달 가까이 세금을 축내 가면서 옹고집만 부리고 있었다는 것은 아무에게도 이익이 되질 않는다.

이러한 필요 이상의 옹고집이 강한 민족이기에 우리는 60여 년 동안을 외세의 장단에만 놀아나 통일을 이루지 못하고 지금도 으르렁대고만 있는 것이다. 일등 국민인 독일 민족은 이데올로기를 초월하여 통일을 한 것은 서로의 양보정신이 있었기에 가능했던 것이다. 우리도 이러한 양보정신을 배워야만 한다.

2008. 8. 21 (木)

국제중학교가 생긴다

영어를 못하면 살아갈 수 없을 만큼 아이들에게 열을 올리고 있는 이때에 국어와 역사를 제외한 모든 과목들을 영어로만 배우는 국제중학교가 곳곳에 생겨난다고 한다. 외국어 고등학교에 이어 외국어 중학교가 생겨난다니 바람직한 발상이지만 운영에 있어 그 설립 취지가 변질되면 사회에 물의를 일으킬 수도 있다.

우리가 왜정 말기에 그런 교육을 받아왔지만 전부가 어학에 능통해진 것은 아니었다. 왜정시대의 식민지 교육은 학교에서 우리말을 사용하지 못하게 하고 일본어만 상용하게 한 적이 있었는데 그와 비슷하게 강제성을 부여하면 일시적인 효과는 있을지 몰라도 부작용이 만만치 않을 것이다.

우수한 우리의 언어가 존재하는 한 필리핀이나 아프리카 일부 국가처럼 영어가 국어가 될 수는 없는 것이다. 영어를 전공해서 밥 벌어 먹는 것과 영어를 배워서 학술에 이용한다는 것은 구별되어야 한다. 어학에 소질이 있고 실력 있는 학생은 얼마든지 권장을 하지만 국적까지 훼손해 가면서 영어에만 몰두할 필요는 없다고 생각한다.

2008. 8. 22 (金)

부동산 규제가 조금씩 풀리고 있다

정부에서는 어제 인천과 오산에 신도시를 건설하겠다고 발표하면서 지금까지의 부동산 규제를 조심스럽게 완화시켰다. 차후 부동산 동향을 봐서 추가 여부가 결정될 것 같다. 경기 활성화도 도모하고 부동산 시장도 활성화하기 위해 내려진 조치이지만 일시적이고 미미한 규제완화로 꽁꽁 얼어붙은 부동산 경기가 살아날지는 미지수이다.

그동안 정부에서는 부동산이 요동칠 때마다 수십 차례에 걸친 규제로 급한 불을 꺼 왔지만 조금이라도 법에 허점이 보이면 투기꾼들은 허점을 파고들며 투기를 일삼아 온 것이 사실이다. 이번에 재건축 규제도 세율을 내린 것이 아니라 시한의 가감에 한정하고 15층을 18층으로 건물용적률만 올려준다고 하는데 이러한 완화책으로 재건축이 활성화 될지 의문이다.

부동산 투기가 일어나서는 안 되지만 그렇다고 부동산이 침체되는 것도 국민들은 원하지 않는다. 보다 근본적이고 안정적인 부동산 종합대책이 필요한 것이다. 미봉책인 극약처방으로는 고질적인 부동산 투기를 근절할 수 없다는 것을 시행착오로 겪어 오지 않았던가!

2008. 8. 23 (土)

국제 유가가 안정을 찾고 있다

한때 배럴당 150불까지 치솟았던 유가가 요즈음은 110불에서 오르락내리락하면서 진정 국면으로 접어들고 있다. 확실히 기름 소비가 많아진 것을 틈타 누군가가 조작했음이 틀림없다. 전 세계인을 상대로 한 위험한 장난은 세계 경제 전반을 위태롭게 하고 있다.

우리나라도 유가 상승으로 인해 물가가 많이 올라 서민들이 불안에 떨고 있지만 미국 역시 물가가 많이 올라 소비가 줄고 있다고 한다. 이렇게 석유가 인간의 생활을 좌우할 만큼 중요한 경제자원이 되고 있는데 완전히 고갈되면 인간은 어떤 물질의 자원을 찾게 될까?

오래전부터 과학자들은 석유자원의 고갈을 대비한 대체자원을 찾고 있지만 아직까지 이렇다 할 성과를 거두지 못하고 있다. 지금의 에너지원으로는 원자력과 태양열, 수소에 의존하려고 하지만 석유처럼 다양한 제2의 3의 부산물이 나오지 않아 경제성이 없다. 석유를 아껴 쓰며 대체에너지를 많이 이용하는 것만이 유가를 그나마 안정시키는 길이 될 것이다.

2008. 8. 24 (日)

올림픽이 끝이 났다

100년을 벼르다 유치한 북경 올림픽은 소원대로 중국이 금 51개를 획득하여 종합 1위를 차지하였다. 미국은 금 36개로 2위로 밀려났고 러시아가 금 23개로 3위를 차지하였다. 우리나라는 올림픽 사상 최초로 금메달 13개를 획득하여 종합 7위의 좋은 성적을 거뒀다. 서울 올림픽과 바르셀로나 올림픽에 이은 역대 3번째 순위인 셈이다.

특히 어젯밤의 쿠바와의 야구 결승전은 그야말로 손에 땀을 쥐게 하는 명승부 중의 명승부였다. 1점이라는 박빙의 차로 9회 말까지 경기가 계속되었는데 결국 3대 2로 우리나라가 짜릿한 승리를 거둬 금메달을 획득하였다.

우리나라의 금메달은 유도에서 2개, 양궁에서 2개, 배드민턴에서 1개, 역도에서 2개, 태권도에서 4개, 사격과 야구에서 1개씩을 따서 도합 13개의 금메달과 10개의 은메달, 8개의 동메달을 차지하였다. 그러나 기대했던 우리나라의 효자 종목인 레슬링과 복싱에서는 부진을 면치 못했다.

북한은 여자 63kg급 역도에서 금 2개를 따는 기적을 연출하였다. 이번 올림픽에서는 특히 아프리카 선수들의 활약이 두드러졌는데 올림픽의 꽃이라고 할 수 있는 마라톤에서도 흑인 선수인 케냐의 와이세루 선수가 2시간 6분 32초라는 좋은 성적으로 월계관을 차지했다. 우리나라의 이봉주 선수는 아쉽게도 18위에 머무르고 말았다.

2008. 8. 25 (月)

이명박 대통령 취임 6개월

이 대통령이 취임한 지 6개월이 되었다. 그동안의 정치 실적을 보면 그의 말과 구호만큼 이루어진 것 같지는 않다. 경제살리기도 그렇고 물가안정 역시 노력에 비해 효과가 없어 방안통수에 지나지 않는 것 같다. 정치라는 게 이렇듯 하기가 어려운데 정권을 잡기 위해선 되든 안 되든 누구나 큰소리로 호언장담부터 했다.

그러나 아직은 시작이니 과연 5년 후에 괄목할 만한 업적을 내놓을 수 있을지가 관건이다. 특히 경제살리기는 참으로 어려운 문제이다. 국민들이 이 대통령의 6개월간의 성적표를 매긴다고 하면 아마 50점밖에는 줄 수 없을 것 같다. 아직도 시일이 4년 반이 남아 있으니 성적이 오르기만을 기대한다.

사대주의 외교정책도 좋지만 실리를 챙기는 게 중요하다. 나라가 작으니 자연 여러 크고 작은 나라들과 친밀한 관계를 유지하는 것이 중요하지만 손톱 밑에 부스럼도 긁으면 큰 생채기가 나는 법이니 어느 것 하나 소홀히 하면 안 된다. 아무튼 국민 대다수를 위한 정치에 힘써주기를 바라는 마음뿐이다.

2008. 8. 26 (火)

사업 능력과 성장

큰집 동철이가 결혼한 지도 벌써 20년이 되었나 보다. 88서울올림픽이 잠실운동장에서 개회할 때 수원의 한 성당에서 식을 올렸으니 꼭 20년이 되는 셈이다.

그동안 동철이는 직장이 이천에 있어 그곳에서 성실하게 직장을 다니면서 제 댁은 작은 사업을 시작하였는데 이제는 제법 크게 성장한 것을 볼 때 동철이 내외의 능력과 수단을 인정하지 않을 수 없다.

이제 우리 집안에도 사업에 능한 사람이 생겨나 마음이 든든하다. 아무쪼록 제 5남매를 잘 이끌어 나가는 중추적인 인물이 되기를 간절히 바란다. 한 집안에 물질과 더불어 인격의 소유자가 나와야 그 집안이 번창하는 법이다.

그러나 사람이 돈이 생기고 지위가 올라가면 걸리기 쉬운 병이 있는데 그것은 바로 오만과 교만이라는 병이다. 아무쪼록 이 병에만 걸리지 않고 지금처럼 성실하게 살아간다면 형님이 세상을 뜬 큰집에도 영광이 아닐 수 없다.

2008. 8. 27 (水)

북한의 각본에 의한 핵정책

북한은 어제 돌연 외무성 발표를 통해 핵시설 불능화 작업을 중단하겠다는 발표를 했다. 왜 하필이면 올림픽이 끝나고 중국 후진타오 주석이 한국을 방문해 있는 중에 핵시설을 복구하겠다는 계산된 발표를 했는지 그들의 의도가 궁금하다.

자기네들끼리는 아마도 치밀한 계산속에 발표를 했겠지만 6자 회담의 당사국들은 모두가 과민반응을 보이지 않는 가운데 그들의 계획된 외교술수로 보고 있다. 북한은 왜 이렇게 벼랑끝 외교만 하려는 것일까? 참으로 안타깝기 그지없다. 애당초 핵을 이용해서 국운을 걸고 살 길을 모색한다는 발상 자체가 오판이 아닌가? 이런 벼랑끝 외교가 먹혀들어가지 않으면 또 어떤 위험한 아이디어를 구상할지는 오직 김정일의 의중에 달려 있다.

북한은 과연 능숙한 외교를 할 수 있는 인재가 하나도 없는 나라일까? 마음을 비우고 강대국과 활발한 외교를 하여 국익에 도움이 되는 방향으로 나갈 수 없는 체제일까? 보통 사람의 상식으로는 도저히 이해할 수 없는 나라가 바로 북한이다. 하루빨리 국민이 잘 살 수 있는 나라로 전환되었으면 한다.

2008. 8. 28 (木)

망자성룡(望子成龍)

중국이 베이징 올림픽에서 세계 최고의 기량을 선보이며 성공리에 치르면서 세계의 이목을 받고 있다. 원래 중국이란 나라는 유교의 전통이 깊은 까닭에 정신개혁이 안 되고 보수사상에 젖어 서구 세력들에게 홍콩과 마카오를 백 년간이나 빼앗겼다.

근래에야 환원을 받은 취약한 나라였는데 모택동의 출현으로 사상 처음으로 정신적인 혁명이 단행된 셈이다. 그래서 일 가구 일 자녀 정책을 꾸준히 시행해 오면서 양보다는 질에 치중하였고 그 후 등소평이 나와서 흑백고양이와 쥐의 경제철학을 펴낸 경제정책으로 단시일내 오늘날의 중국을 만들어 내는 데 기여했다.

중국인들 역시 우리나라 사람 못지않게 자녀교육 면에서 '망자성룡(望子成龍)' 을 바라며 교육열을 올리고 있다고 한다. 자식이 잘 되는 것을 바라는 것은 동서고금 어느 부모건 다를 바 없겠지만 특히 개발도상국에 있는 부모들의 욕심이 더 간절한 것 같다. 내 자식이 용이 되기를 바라는 마음으로 교육시키는 것은 좋지만 부모들의 실속도 챙겨가며 성장시키는 것이 나중에 후회가 없을 것이다.

2008. 8. 29 (金)

시간이 너무 빨리 간다

요즈음은 유독 시간이 빨리 가는 느낌이 든다. 번쩍하면 일주일이 지나서 다시 금요일이 돌아온다. 두 달 전에 다시 소설을 써 본다고 시작하면서 이것을 언제나 마무리할 수 있을까 심난해했는데 그럭저럭 마무리가 되어 가고 있지만 소설에 대한 자신감이 생기지를 않는다.

마음 같으면 잘 쓸 것 같은데 막상 그날그날 읽어보면 문장 하나하나가 영 마음에 들지 않고 세련되지 못해 실망하고 만다. 자화자찬을 할 수 있을 만큼의 작품은 나오지 못할 것인가를 속으로 생각하며 역시 실력이 부족하다는 결론에 도달하고 만다. 그럼에도 매일매일 정신을 몰두해 쓰다 보니 시간이 빨리 가는 것처럼 느껴지나 보다.

소설로서의 가치야 있건 없건 무언가에 몰입해서 열중했다는 자체가 무의미한 것은 아닐 것이다. 젊어서 이렇게 시간이 빨리 갔더라면 보람 있는 일 하나 정도는 해 놓았을지도 모르는 일이지만 늙어서 시간이 빨리만 느껴지면 황천길이 가까워질 뿐이라는 생각이 들 뿐이다.

2008. 8. 30 (土)

늙으면 잠자리 잡는 걸음을

사람이 늙으면 모든 기능이 둔해진다. 그래서 옛날 노인들이 잠자리를 잡을 때처럼 가만가만 조심을 기울여 걷는 습관을 들여야 실수가 없다. 그것을 무시하고 평소 젊을 때처럼 걷다가 실수로 넘어지기라도 하면 여지없이 낙상을 하여 크게 다치기 일쑤다.

노인들이 넘어지면 가벼운 상처라고 해도 골절상이고 그렇지 않으면 대퇴골이 나가 생명에까지 지장을 주게 된다. 어제 아내는 사우나탕에 가다가 평지에서 낙상을 하여 얼굴과 코언저리가 시퍼렇게 멍이 들고 무릎에까지 상처를 입고 돌아왔다. 늙으면 순식간에 조금만 부주의해도 이런 실수를 하여 고생을 하는 법이다.

며칠 전에 반포 생질도 현관 밖에 문을 잠그러 나오다가 계단에서 넘어지는 바람에 뼈를 다친 모양이다. 모두가 늙었음을 인정하고 잠자리를 잡는 걸음으로 느릿느릿 걷는 연습을 해야 한다. 그렇지 않고 젊은 객기를 부리면 위험에 처하기 마련이다. 노년기에는 주의하는 것밖에 다른 호신술은 없다고 본다.

2008. 8. 31 (日)

신기한 지구란 행성

우주에는 수억 조의 행성이 밤하늘을 수놓고 있는 것을 볼 수 있다. 무수한 행성 중의 하나가 바로 우리가 살고 있는 지구이다. 지구에서 제일 가까운 행성은 달이다. 사람들은 옛날부터 이 달을 동경해 왔고 달나라에는 토끼가 절구질을 하고 살 거라는 상상을 하며 신비롭게 여겨왔다.

그러나 막상 인간이 과학의 힘에 의존하여 달을 답사해 보니 토끼는커녕 생명체라고는 살 수 없는 척박한 자연조건을 가지고 있는 게 달이었다. 공기가 없고 물도 없으니 생물은 존재할 수가 없다. 나무 한 그루, 풀 한 포기도 찾아볼 수 없고 거기에 태양과도 거리가 떨어져 있어 도저히 생물이 살 수 없는 극한인 영하 50도의 추위를 가지고 있다고 한다.

다른 행성들은 지구에서 너무 멀리 떨어져 있어 정확한 정보를 알 수 없지만 달 다음으로 가깝다는 화성 역시 탐사 결과 달과 별반 다르지 않는 것을 보면 우리 지구처럼 살기 좋고 아름다운 행성은 없는 것 같다. 우리들은 태양의 혜택을 듬뿍 받아 수많은 생명체와 함께 아름다운 지구에 살고 있으면서도 정작 고마움을 모른 채 살고 있는 것이다.

2008. 9. 1 (月)

탈북자

탈북자는 북한에서 살기 싫어서 고향 산천과 부모 형제를 버리고 생명 이외의 모든 것을 포기한 일종의 이민자이다. 자유진영에서는 거주이전의 자유가 있기 때문에 자국에서 살기 싫으면 원하는 나라로 이주해 가면 되지만 북한은 개인의 자유가 허용되지 않는 특수한 나라인지라 해외는커녕 국내에서도 이주의 자유가 주어지지 않는다.

그래서 용기 있는 사람들은 인접국인 중국을 통해 일단 탈출했다가 자신들을 받아주겠다는 나라가 있으면 그곳으로 떠나는 방법을 취하고 있다. 그런데 북한에서는 자존심도 없이 탈북자를 위장한 여간첩을 파견하여 군사기밀을 빼내려다 이번에 적발되었다고 한다. 북한은 지금도 남한을 침공할 야욕을 버리지 않고 있다.

모든 면에서 남한에 뒤떨어지지만 오직 군사 면에서는 우위를 차지하기 위해 국제사회의 고립을 자초하면서까지 핵을 만들어 흥정을 일삼고 있으니 탈북자는 늘어나고 국가 위신은 깎일 수밖에 없다. 그러한 정치가 언제까지 존속 될런지 걱정이다.

2008. 9. 2 (火)

달러 환율의 급등세

9월 들어 환율이 1,100원대를 넘어서고 주가는 곤두박질을 치고 있다. 그 밖에 각종 경제지표들이 9월 금융위기설을 뒷받침이라도 하듯 심상치 않은 조짐을 보이고 있다. 여기에 물가마저 올라 작년에 비해 무려 30%나 상승하였다고 한다.

무역적자는 금년 들어 다달이 누적되어 100억 달러를 넘어섰다고 하니 정말 불안한 추석맞이를 하고 있는 셈이다. 이명박 정부의 경제정책을 의심해야 될지 아니면 불가피한 국제유가의 변동이 가져다 준 일시적인 현상인지는 몰라도 아무튼 국민들은 불안하기만 하다.

어제는 정부에서 국민들에게 주는 청량제 역할로서 소득세율 2% 인하와 부동산 관련 세금을 인하한다고 발표를 했다. 그러나 이러한 조치만으로 얼마만한 효과를 거둘지는 미지수이다. 물론 중산층에게 미치는 영향은 있어서 세부담이 다소 줄어들겠지만 서민대중의 경제 살리기에는 턱없이 모자랄 것 같다. 경기가 활성화되어야 고루고루 살기가 편해질 것이다.

2008. 9. 3 (水)

일본의 정치

이웃나라 일본의 정치는 우리나라와는 사뭇 다르다. 그래서 최고 영수인 수상이 온건파일 경우 정권이 자주 바뀐다. 이번에 사임한 후쿠다 수상도 취임한 지 불과 몇 개월 만에 인기가 떨어져 다음 중의원 선거에서 승리할 자신이 없다면서 미리 사임하고 말았다.

그렇게 최고 권력에 연연하지 않는 것이 특징인지라 정치에 자신이 없으면 언제라도 자유롭게 물러날 수 있는 제도가 정착되어 있다. 그 대신 전후 지금까지는 여당인 자민당이 계속 집권하고 있고 다른 당은 단 한 번도 정권을 잡을 만큼 중의원 당선자를 내지 못했다. 어찌 보면 일본 역시 일당체제인 것이다. 야당인 사회당이나 공민당, 공산당은 그저 명맥만 유지할 뿐 집권당이 될 만큼 세력을 확장하지 못하고 있는 것이 다른 나라와의 차이점이다.

이번에도 다음 수상으로는 자민당 간사장을 맡고 있는 강경파로 알려진 아소다로가 유력시 되고 있다. 일본은 강경파가 선출되면 국민들은 환영하지만 이웃 인접국들과는 마찰이 일어나기 일쑤다. 또 독도문제로 한일 간에 감정이 악화되지 않을까 걱정이 된다. 그러나 일본은 미국의 콧김 아래 있는 나라임은 분명하다.

2008. 9. 4 (木)

편 지

나는 생리적으로 직접 대화를 하거나 전화통화를 하는 것보다 서신 왕래를 좋아한다. 이는 성격이 급하고 언변이 부족해서인지도 모른다. 어제는 지연이에게 편지로써 내 소설 원고를 교정하고 타이핑해 줄 아르바이트생을 구해 봐달라고 부탁을 했는데 용이할지 의문이다.

나 자신이 컴퓨터까지 쳐서 교정을 할 수 있다면 남에게 아쉬운 부탁을 할 필요도 없을 테니 얼마나 좋을까! 그리고 태한이에게도 편지를 해 주었다. 사이판에서 돌아와 그 진로에 대해 고민을 하고 있는 것 같아 새옹지마(塞翁之馬)의 기회로 삼으라고 용기를 북돋아 주었다.

동두천에 있는 석우에게도 한 달에 두 번씩은 조손간의 편지를 통해 인생의 교훈을 들려주고 있다. 우비독경(牛鼻讀經))으로 흘러갈지라도 편지를 안 해 주는 것보다는 낫겠지 하는 생각에서 편지를 계속하고 있다. 지금은 무의미하게 받아들이겠지만 언젠가는 추억거리로 떠오를 때가 있을 것이다. 모든 것은 시간이 어느 정도 흘러야 그 의미가 부여되는 법이다.

2008. 9. 5 (金)

미국산 쇠고기가 시중에 판매되다

그토록 시끄러웠던 미국산 쇠고기가 추석을 앞두고 시중에 팔리기 시작하였다고 한다. 세계에서 쇠고기를 먹는 인구 중 6할이 미국산을 선호하고 있다고 한다. 미국산 쇠고기가 정식으로 수입되자 한우의 값이 25%나 하락하였다고 하지만 그래도 비싸기만 하니 서민들은 자연 미국산 쇠고기에 눈을 돌릴 수밖에 없다.

한우의 맛이 특별나게 좋은 것도 아닌데도 비싼 한우를 먹기만을 고집하는 것은 넌센스이다. 미국산도 30개월 미만의 쇠고기만 들여오면 지방도 덜해 맛도 결코 뒤지지 않을 것이다.

지구촌이 되어 글로벌 시대를 지향하고 있는 마당에 살아남기 위해서는 경쟁에서 이기려는 노력을 해야지 무조건 때만 쓰는 것이 능사는 아니다. 경쟁력이 없는 것은 포기하고 경쟁력이 있는 산업에 치중해 승부를 거는 것만이 무한경쟁시대에서 살아남는 비법이다.

무조건 옹고집은 경쟁사회에서 없어져야 할 장애물이다. 미국산 쇠고기 역시 등급제가 있으니 얼마든지 선택할 수 있을 것이다.

2008. 9. 6 (土)

미국의 태풍소동

미국의 허리케인은 세계에서도 그 유래를 찾아볼 수 없을 만큼 엄청난 피해를 주는데 금년에도 플로리다 주를 비롯한 4개 주의 주민들이 대피소동을 벌였다. 다행히 미리 대피하는 바람에 큰 피해는 없었다고 한다.

태풍은 미국뿐만 아니라 동남아 지역에서도 한 해에 크고 작은 규모의 태풍이 수차례 지나가는데 우리나라는 9월 달에 태풍이 집중되는 경향이 있다. 일본은 지리적인 여건상 우리보다 더 많은 태풍을 맞이하게 되는데 워낙 대피훈련이 잘 되어 있어 규모에 비해 피해는 적은 편이다.

금년에는 아직까지 큰 태풍 소식은 없어 다행이다. 적도 근처에서 만들어진 태풍의 씨가 기류를 타고 북상하는데 동과 서 그리고 중앙의 방향에 따라 각국의 피해정도가 다르게 되는데 근접하기 전에는 예측할 수 없는 것이 태풍의 특징이기도 하다.

2008. 9. 7 (日)

눈만 풍요롭고 머리는 비어 있는 시대

많은 신제품들이 TV홈쇼핑과 인터넷을 통해 소비자들을 유혹하며 구매를 충동질 하고 있다. 사치에 물든 사람들은 멀쩡한 물건을 버리고 신제품들을 사재기 하는 게 취미라고 한다. 특히 가정주부들에게 그러한 현상이 많은데 조금만 물건이 구식이 되면 새 것으로 바꾸는 습관은 도대체 어디에서 배운 것일까?

세계 어느 나라에서도 그렇게 물건을 낭비하는 나라는 본 적도 들은 적도 없다. 그렇게 유행에 민감해서 사용에 지장이 있는 것도 아닌데 새 것만 좋아하는 까닭에 눈에 보이는 것에만 치중을 한다.

머리는 비어 있어 남의 집에 가서도 신형 HDTV다 신형냉장고다 값비싼 장식품들을 보는 데만 관심을 두지 명화나 글귀는 거들떠보지도 않는 생활태도는 아프리카 미개국 사람이 어느 날 석유가 터져 졸부가 된 것과 무엇이 다를까? 선진국 사람들은 부유하게 살면서도 물건을 알뜰하게 쓰고 사용하지 우리나라처럼 함부로 버리는 일이 결코 없는 점을 본받아야 한다.

2008. 9. 8 (月)

지나친 사교육 열풍

우리나라의 사교육비는 세계적으로 유래가 없을 정도로 과다하다고 한다. 1년이면 무려 33조 원으로 추산되는 사교육비가 학부형들의 호주머니에서 지출되고 있는 실정이다.

아이들이 머리가 둔하지만 않으면 모두가 특목고를 지망해서 너 나 할 것 없이 영어 수학 과외를 받고 있는 상황에서 앞으로 국제중학이 신설되면 사교육비 지출은 더욱 늘어날 것이다.

이것을 노리는 외국학원까지 국내로 진출하여 한몫 챙기려는 계획들을 세우고 있다 한다. 이러한 일들을 생각해 보면 모두가 좋은 대학을 들어가 소기의 목적을 달성해 보겠다는 아우성인데 결과는 부모가 공들인 만큼 나오지 않으니 낭비가 아닐 수 없다.

하기야 사교육이 성행한 덕으로 고등실업자의 구제효과도 어느 정도는 있으니 전적으로 국력의 낭비라고 볼 수는 없겠다. 사교육으로 벌어먹고 사는 인구도 상당수가 있으니 말이다.

2008. 9. 9 (火)

북한의 구구절

북한은 9월 9일 오늘을 명절로 알고 주민들 전체가 맞아들이고 있다고 한다. 1948년 남한보다 조금 늦게 건국을 하여 조선 인민 공화국은 수립되었다. 그리고 부랴부랴 전쟁준비에 총력을 기울인 것 같다. 그래서 2년도 채 못 되는 1950년 6월 25일 대대적인 군사력을 동원하여 남침을 감행한 것이다. 참으로 신속한 준비가 아닐 수 없다.

남한에서는 그것도 모르고 미국에게만 국방을 의지한 채 미군이 철수하자마자 쳐들어 온 북한의 공세에 속수무책 당할 수밖에 없었다. 결국 나중에서야 미군과 UN군의 도움으로 다시 국권을 회복했지만 북한은 정부수립을 하기 전부터 김일성이 국방력을 완전 장악하고서 정부를 수립한 것이다. 정부를 수립하고 난 다음 국방력을 장악한 것과는 엄연한 차이가 있는 것이다.

아무튼 김일성 일당의 야심대로 되지는 않았지만 전쟁의 상처는 이루 말할 수 없이 컸던 것만은 사실이다. 그런데 북한은 국가적인 행사에 최고 영도자가 참석하느냐 안하느냐에 초미의 관심사가 되고 있다. 신변에 문제가 생기면 불참하기가 일쑤이기 때문에 이번 9.9절에도 김정일 국방위원장의 참석 여부는 불투명하기만 하다.

2008. 9. 10 (水)

베일에 쌓인 북한 정권

보도의 자유가 없는 북한에서는 비밀이 많을 수밖에 없다. 어제 9.9절을 맞이하여 북한 정권 60돌 기념일을 화려하게 치르면서도 정작 김정일 국방위원장의 모습은 끝내 보이지 않아 서방진영에서는 구구한 억측만 난무하고 있다. 중병설에서부터 정권 퇴진설까지 나돌고 있는 상황이다.

김정일은 원래 당뇨병과 심장병이 있어 최근 건강한 얼굴은 아니었다. 이에 갑자기 쓰러져 독일에서 심장병 치료를 받았다는 설도 있어, 아무튼 확실한 정보라는 게 없는 나라가 공산당 정권이고 특히 그중에서도 북한정권이다.

김일성이 심장병으로 사망했을 때도 만 이틀이 지난 다음에서야 세상에 공표된 바 있다. 그렇게 비밀을 지켜야 정권이 유지되고 주민들의 충격이 덜 하겠지만 21세기 지구촌 시대를 살면서도 베일에 가려져 온갖 추측들만 난무하고 있으니 참으로 희한한 나라가 아닐 수 없다. 그러한 나라에서 살지 않는 것을 다행으로 여길 뿐이다.

2008. 9. 11 (木)

한가위 선물

아파트 관리사무소 앞에 나가보니 선물세트를 산더미처럼 쌓아두고 택배직원들이 배달하는 모습을 보니 추석이 가까워졌음을 실감한다. 선물! 이는 분명 받으면 기쁨을 준다. 이 기쁜 선물을 나는 누구에게 평소 얼마나 주었는지를 되새겨 본다.

그러나 추석이고 설이고 선물을 하는 이면에는 순수한 마음으로 사과 한 상자라도 갖다 주는 사람이 과연 몇 프로나 될까? 모두가 뇌물성이 아니면 인사치레가 아닌지 이해득실만을 따지는 겉치레가 아니기를 바란다.

순수한 마음에서 평소 고마움을 간직하고 명절 때 찾아보면서 빵 한 조각 과실 한 개라도 갖다 주는 것이 참다운 인간관계에서 오고 가는 인정이 아닐까 싶다. 지금처럼 택배로 선물이 오고 가는 어찌 보면 상호간에 거래처럼 보이는 선물 주고받기를 합리적이라고 보아도 무난할 것인지 궁금하다.

2008. 9. 12 (金)

인간의 특성인 고집

사람은 성장하면서 성격이 형성되고 이 성격은 환경의 지배를 받게 된다. 그래서 성격이 좋아진 사람도 있고 나빠진 사람도 있는 법이다. 따라서 이 성격에 의해 인생의 행과 불행이 정해지고 인격에도 영향을 끼쳐 대인관계를 판가름하게 된다.

이번에 강남의 어느 카페 술자리에서 미국산 쇠고기 수입문제를 논하다가 한 성격 파탄자가 흉기를 휘둘러 5명에게 상해를 입힌 불상사가 발생하였는데 자기의 주장과 다른 상대의 의견을 받아들이지 못하고 욱하는 감정에 휩싸여 일을 저질렀다고 한다.

이 세상의 모든 논제에는 찬반이 있기 마련인데 자기의 주장과 다르다고 해서 흉기를 휘두르는 짓은 분명 성격 파탄자의 소행으로밖에 볼 수 없다. 상대를 해하면서까지 옹고집을 부릴 필요가 없는 것이다. 나와 반대되는 생각도 존재하는구나 하는 생각으로 참작만 하는 성격이라야 좋은 성격이다.

2008. 9. 13 (土)

노구(老軀)

사람이 늙어서도 건강하다는 게 무엇을 의미하는지를 정확히 모르겠다. 큰 병으로 수술이나 안 하면 그것을 건강하다고 할런지! 신체가 노화되면 자연 각 부위가 성한 데가 별로 없기 마련이다. 사람마다 정상이 아닌 데도 만성이 되어 그냥 참고 살든가 아니면 엄살을 부리든가의 차이일 뿐이지 부자연스럽고 통증을 가지고 있는 것은 매일반일 것이다.

이래서 늙으면 통증을 잊기 위해서 마약에 손을 대는 노인들도 있음을 이해할 만하다. 노구가 되면 신진대사가 원활하지 못해 신체 모든 부위가 쑤시고 아프게 된다. 노인들의 90% 이상은 이러한 통증을 몸에 달고 살지만 신통한 처방이 없어 그저 참고 살거나 물리치료를 받는 것이 고작이다.

귀가 멀어지고 정신 또한 맑지 못한 게 노구이다. 그래도 치매나 뇌졸중으로 쓰러지지 않고 정신을 차리고 있는 것만으로도 다행으로 알고 살아가자니 인생이 즐겁지가 않다. 수양이 덜 된 사람들은 이를 자꾸만 투정하지만 그런다고 무슨 뾰족한 수가 있는 것도 아니니 그저 인내하며 살 수밖에 없다. 이 모두가 인생의 한 과정이자 업보인 것이다. 죽는 날까지 말이다.

2008. 9. 14 (日)

소설 탈고 유감

영국의 문호 토마스 모어는 국가적인 유토피아를 썼지만 나는 개인적인 이상향을 한 번 그려본 것이다. 내가 평소 구상했던 주제이기도 하지만 막상 글을 써 보니 마음처럼 잘 되지 않았다. 역시 실력의 한계를 절실히 느낀다. 처음 시작할 때는 이러이러한 점에 역점을 두고 쓰려고 하였다.

① 독자와의 공감대가 이루어져 함께 호흡할 것 ② 기쁨과 눈물을 주는 감동이 있는 소설 ③ 소설 속으로 독자들이 빨려 들어가 소설 속의 주인공이 되는 듯한 느낌을 불러일으킬 것 ④ 짜릿한 자극을 느낄 수 있는 사랑 이야기를 곁들일 것 ⑤ 인간의 심리묘사를 잘할 것 ⑥ 주인공의 사상과 가치관을 뚜렷이 부각시킬 것 ⑦ 시대성을 충분히 반영시킬 것 ⑧ 인간의 선과 악을 극명하게 노출시킬 것 ⑨ 사회에 무엇인가 공헌도를 나타낼 것 ⑩ 빈부의 가치관을 잘 나타내 돈이 가지고 있는 올바른 철학을 심을 것 ⑪ 아무리 픽션이지만 사리와 합리성에 결여되지 않을 것 ⑫ 현 기업이나 졸부들에게 올바른 이상과 가치관을 심어줄 것 등이었다.

그러나 막상 쓰고 보니 부족한 점이 많아 50점짜리밖에는 안 되는 것 같다. 문장의 테크닉이 부족하여 세련미가 없고 대화술이 부족하고 이상적인 지향 면에서 구성이 약했던 점을 꼬집을 수 있겠다. 마음과 기분 같으면 곧잘 쓸 수도 있겠다고 생각했는데 역시 마음대로 안 되는 게 소설이었다.

2008. 9. 15 (月)

모스크바 여객기의 추락

어제 모스크바 근교에서 여객기가 추락하여 탑승객 88명 전원이 사망했다고 한다. 사고기는 보잉사에서 15년 전에 제작한 보잉 737기종이라고 한다. 공중에서 폭발했다고 하니 엔진고장이 사고 원인인 듯하다. 지금도 수많은 비행기가 공중을 날고 있는데 비해 사고율은 적은 편이지만 한번 항공 사고가 났다 하면 몰사를 당하는 것이 무서운 점이다.

철저히 사전 정비를 한다고는 하지만 결국에는 기계결함이 주원인인 것을 보면 세밀한 점검이 이루어졌다고 보기가 어렵다. 자동차 사고나 선박 사고에 비하면 사고율이 적다고 하지만 대형 사고가 문제인 것이다. 미국보다 러시아가 항공 사고가 많고 또 다른 나라보다 아프리카의 항공기 사고가 많은 이유는 무엇일까?

컴퓨터 만능시대에 살고 있어 잘만 이를 활용하면 사고를 줄일 것 같지만 잊을 만하면 항공기 사고가 발생하니 그 안정성에 의문이 간다. 게다가 비행기는 테러위험까지 노출되어 있다. 예전의 KAL기 테러사건과 구소련의 영공을 침범했다는 이유로 공중폭파 되었던 사고는 비인도적인 만행이었다. 이러한 죄 값을 인과응보 차원에서 받고 있는 건 아닌지 생각해 볼 만하다.

2008. 9. 16 (火)

편지의 의미

요즈음은 편지가 없는 시대이다. 편지는 옛날 통신시설이 덜 발달했을 때나 하는 것으로 취급받고 있다. 요즘의 우편배달 종류를 살펴보면 각종 고지서나 광고물이 주류를 이루고 있어 정작 편지는 찾아보기 무척 힘이 든다.

하기야 요즈음같이 무사분주한 세상에서 꼭 필요한 용건이 있으면 전화로 주고받으면 되지 번거로운 편지가 무슨 필요냐 하겠지만 그래도 나는 편지가 좋다. 편지를 써 버릇하지 않는 사람들은 전화로 이야기를 하면 한 시간도 모자란다고 하지만 편지는 단 두 줄만으로도 마음을 담을 수 있다. 이것이 바로 편지의 묘미이다. 나는 어제도 편지를 네 통이나 썼다.

미국의 정화와 운자에게, 그리고 효식 누님의 딸 은경이에게 쓰고 석우에게 마지막으로 보냈다. 말은 한 번 해 버리고 나면 자취가 사라져 버리지만 정성 들여 쓴 편지는 오랫동안 남을 수 있어서 우비독경인줄 알면서도 손자에게 편지를 계속하고 있다. 언젠가 다시 읽어볼 기회가 있다면 말을 한 것보다 훨씬 더 효과가 있을 것이라는 기대를 가져본다. 편지의 깊은 의미를 아는 사람은 감수성이 풍부한 문학을 아는 사람들이 대부분이다.

2008. 9. 17 (水)

금융위기설

9월 금융위기설이 나돌았는데 다행히 한국은 그러한 위기는 모면한 것 같다. 주가가 폭락하고 달러가 폭등하여 금융질서가 파행으로 치닫는 상황을 금융위기라고 한 것 같다. 요는 국가의 경제 정책을 거시적인 차원에서 운영을 못 하고 단기간의 극약처방이나 변칙적인 정책으로 대응하다 갑자기 큰 악재가 나타날 경우 국가적인 부도 사태에 이를 가능성이 커지는 것이다.

엊그제 미국에서 금융위기가 닥쳐와 주가가 폭락하고 굴지의 금융회사들 두세 개가 넘어가는 바람에 미국정부는 당황하여 2천억 불의 긴급자금을 방출하여 일단 급한 불을 껐다. 그러나 불씨는 남아 있어 언제 또 위기가 닥쳐올지는 누구도 장담을 할 수 없는 지경이다.

경제 문제는 워낙 여러 가지 변수가 작용하는지라 쉽사리 예측을 하거나 대응하기가 어려운 것이다. 이론과 현실의 괴리도 많은지라 운전해 나가기가 무척이나 조심스럽다.

2008. 9. 18 (木)

장애인 올림픽 폐막

12일간의 북경 장애인 올림픽이 어제로써 폐막을 했다. 한국은 금 10개, 은 6개, 동 5개로 세계 13위를 차지하였다. 장애인들의 선전분투가 아닐 수 없다. 장애인 선수들에게도 성한 사람들처럼 관심과 지원을 아끼지 않았더라면 더 좋은 성적을 거둬 7위 이상도 가능했을 것이다.

지원과 관심이 턱없이 부족한 외로운 상황에서도 불굴의 의지로 잘 싸워준 것이다. 장애를 딛고 올림픽에 나간 것만 해도 그들은 이미 자기와의 싸움에서 승리한 각골면려(刻骨勉勵)의 노력가들이다. 신체의 핸디캡을 이겨낸 그 자체에 값어치가 있어 사람들은 찬사를 보내는 것이다.

그 불굴의 의지와 집념은 인정해 줄만하고 투지가 없으면 올림픽 메달은 기대하지도 못했을 것이다. 대개의 장애인들은 자포자기를 하기 일쑤인데 끝까지 포기하지 않는 정신력이 있었기에 오늘의 영광을 안고 개선했다고 보지만 세상의 시선은 차갑기만 하다. 이 세상의 한심(寒心)을 온심(溫心)으로 바꿀 수 있는 계기는 무엇보다 적극적인 관심에 있다고 본다.

2008. 9. 19 (金)

언행일치(言行一致)

사람이 인격을 지니려면 말과 행동이 동일해야 한다. 상대방과 대화할 때는 그럴싸하게 해 놓고선 돌아서면 내가 언제 그런 소리를 지껄였느냐는 듯이 잊어버리는 습관이나 태도는 절대로 행해서는 안 된다. 또한 지키지 못할 실없는 약속은 가급적 하지 않는 게 상대방에 대한 진정한 예의이다.

윗사람이나 아랫사람이나 동료 간에도 말을 할 때는 항상 내가 실행할 수 있는지 없는지를 신중히 생각해 보고 말하는 습관을 들여야 실없는 사람이라는 말을 듣지 않는다. 그런데 이러한 평범한 사실을 아는지 모르는지 상당한 배움이 있는 사람들도 언행일치를 하지 않는다.

이런 사람들은 대인관계에서 신의를 지키고 살아갈 수도 없고 더불어 남으로부터 존경을 받을 수도 없다. 말이란 그때만 유용한 게 아니고 두고두고 유용한 것이므로 혹여 거짓말이 되지 않도록 각별히 생각해서 해야 한다. 한 번 내뱉은 말은 주워 담을 수 없기 때문이다.

2008. 9. 20 (土)

문학의 의의(意義)

사람이 문학을 좋아하고 또 작품 활동을 한다는 것은 무엇을 의미하는 것일까? 한마디로 설명하기는 어렵지만 궁극의 목적은 타락해 가고 있는 인간성을 회복하자는 데 그 의의가 있다고 본다. 물질문명의 팽창으로 요즈음 인간들은 너 나 할 것 없이 에고이즘이나 개인주의에 빠져들어 점점 인간성은 상실되고 있다.

이를 구제하기 위해서는 무엇보다 문학의 필요성이 강조된다. 문학으로 인간의 내면세계를 개척해서 인간성을 회복시켜야 한다. 인간성이 발달되고 인간성을 최대한 발휘할 때 비로소 문학의 걸작이 나오고 세계적인 문호도 탄생되는 것이 아닌가 싶다.

문학이 인류에게 공헌한 바는 참으로 지대하다 할 수 있다. 우리는 거시적인 안목으로 문학을 인식하고 바라보며 문학에 접근해야 한다. 인정(人情)을 가질 수 있는 문학인이 되고 사람 냄새가 물씬 풍기는 문학 애호가가 되기를 원할 뿐이다.

2008. 9. 21 (日)

고흐와 밀레의 그림을 보면서

프랑스 운경이가 보내 준 고흐의 판화 작품인 농민 부부가 오수를 즐기고 있는 그림을 보면서 작가는 당시 무엇을 염두에 두고 저런 그림을 그렸는지 생각에 잠겨본다. 농민 부부가 일에 지쳐 평화로이 쉬는 모습에서 인생의 고달픔을 묘사한 게 아닐까 하는 생각이 든다.

인생은 고달프고 피곤함 속에서도 달콤한 휴식이 있기에 살맛 나는 것이다. 인생을 편안한 가운데 행복을 찾으려고 하면 크게 오산을 하고 있는 것이다. 나는 밀레의 '만종화'를 식탁 위에 걸어놓고 매일같이 보는데 그때마다 경건한 행복감을 느끼곤 한다. 하루의 일을 무사히 마친 부부가 황혼이 깃든 곳에서 종소리에 맞춰 감사의 기도를 올리는 모습은 소박한 행복감을 그 어떤 말보다 더 잘 나타내고 있다.

명화만이 줄 수 있는 감동인 것이다. 그러나 정작 작가 자신들은 행복한 삶을 살지 못했다. 한없는 가난 속에서 무항산이면 무항심으로 살 수밖에 없었던 것이다. 당시 예술가들은 무척이나 배가 고팠던 시절이었다. 예술의 가치는 시간이 오래 지나 진정으로 평가되는 것이다.

2008. 9. 22 (月)

겉과 속이 다른 미소 띤 악수

요즈음 TV에는 여야의 원내총무들이 한자리에서 만나 다정하게 미소를 지으며 악수하는 장면을 보여준다. 언뜻 보기에는 화기애애한 분위기를 연출하고 있지만 이는 카메라를 의식한 말 그대로 연출에 불과하다.

겉으로는 웃고 있지만 속으로는 앙숙지간으로 서로 타협을 모르는 이기주의와 당리당략으로만 치닫는 장사꾼에 불과한 사람이라는 생각이 드는 건 어쩔 수 없다. 국민을 도외시하는 정치 장사꾼들이니 만큼 국민들은 존경심을 표하지 않는다.

왜 그들은 모두가 이 정도의 정치 수준에만 묶여 있는 것일까? 아집과 편견, 고정관념으로 똘똘 뭉쳐 상대를 무시하고 타협을 모르는 이기주의에 깊이 물든 탓이 아닐까 싶다. 진정 문민정치를 해 나가려면 국민의 소리를 보다 많이 듣고 국민이 바라는 정치를 해나갈 때 비로소 국민들로부터 신뢰와 존경을 받게 될 것이다.

2008. 9. 23 (火)

장애인 학자들

장애인도 얼마든지 학자가 될 수 있다는 것은 조선 후기 호남의 거유(巨儒)였던 노사 기정진 선생을 통해 알 수 있다. 선생은 한쪽 눈이 실명하였음에도 불구하고 독학으로 성리학을 통달하여 조선 6대 성리학자 중의 한 사람이 되기도 하였다.

신체의 불구를 하등의 구애 없이 자신의 목적 달성에만 매진했던 것이다. 이 세상에는 장애를 구실 삼아 정신세계마저 병들어 버린 사람들이 많은데 맹인 철학박사인 강영우 박사는 각고의 노력 끝에 미국 부시정부의 차관보까지 지내고 있다.

모두가 집념과 자신을 이겨낸 극기의 결정(結晶)이라고 할 수 있다. 영국의 물리학자 스티븐 호킹 박사를 보더라도 희생적인 사랑과 본인의 극기력의 소산이다. 이러한 것을 종합해서 볼 때 사람의 성취에는 장애나 불구의 조건이 크게 좌우되지 않고 오로지 집념과 노력이 좌우됨을 알 수 있다.

2008. 9. 24 (水)

의식주를 해결하고 남는 재물은

사람은 궁핍하지만 않게 의식주 생활을 하면서 그것으로 만족할 줄 아는 생활이 가장 이상적인 생활이라고 할 수 있다. 그 이상을 욕심내면 노욕이 되고 탐욕에 속한다고 본다.

의식주를 해결하고 남는 돈이 있다면 남을 위해 기독교에서 말하는 나눔을 실천해야 하고 불교의 보시(布施)를 해야 선량한 생활이라고 할 수 있다.

사람의 생활이란 그 한도를 측정할 수 없는 것이다. 필요불가결한 것을 제외하고는 아껴도 될 것은 절약해서 남을 위해 쓰면 그것이 바로 진정한 보시요 나눔이 될 것이다.

자기가 쓰고 싶은 대로 실컷 쓰고 남은 돈으로 베푸는 것은 안 하는 것보다야 낫겠지만 진정한 의미의 적선은 아니라고 본다. 우매한 이웃에게 좋은 양서라도 한 권씩 보내주어 정신적인 풍요로움을 공유해 봄도 즐거운 생활의 일환이 될 수 있다. 나는 이러한 이상생활을 선호하고 있는 것이다.

2008. 9. 25 (木)

소설의 점수를 매겨본다

지연이가 그제 밤늦게야 동국대 강의를 끝내고 집으로 찾아왔다. 내 소설의 교열과 타이핑을 부탁했는데 아마도 자신은 바빠서 다른 사람의 손을 빌려 해 줄 것 같다. 동생인 미정이에게 맡길 것 같아 안심이 되었다. 미정이는 문학에도 소질이 있어 마음만 먹으면 잘 해낼 것 같다.

문장이나 매끄럽게 표현해 주고 문맥 정도를 조금씩 고쳐주었으면 하겠다. 읽는 사람이 지루하지 않을 정도로 해 주면 그 이상 바랄 것이 없지만 마음대로 되지 않는다고 해도 할 수 없는 일이다. 일단 맡겼으니 마음이 홀가분하다. 다만 수고료를 넉넉하게 주지 못해서 미안할 따름이다.

남이 나를 평할 때 웃기는 영감이라고 조소를 하겠지만 이렇게라도 해야만 통증을 잊을 수 있는 진통제가 되기 때문에 나에게 글쓰기란 약을 먹는 것과 같다. 어쨌건 언젠가는 꼭 한번 소설을 써 보고 싶었던 소원을 이룬 셈이어서 만족할 뿐이다.

2008. 9. 26 (金)

멜라민 소동

중국의 식료품이 세계 각국으로 수출되고 있는 마당에 인체에 유해물질인 멜라민(중금속 납성분)이라는 성분이 검출되어 전 세계에서 반품 소동이 일어나고 있다.

일본에서는 중국산 유아용 분유에서 멜라민이 다량 검출되어 판매금지 조치가 내려졌고, 우리나라에서는 동물사료와 300여 개의 제과에 사용한 분유에서 멜라민이 검출되었다고 한다. 지금은 1950년대가 아니어서 식품에 관한 철저한 위생과 검역관리를 하지 않으면 살아남지 못하는 시대이다.

중국도 이제는 마구잡이식 저가 다량 수출에서 질적인 향상을 추구할 필요가 있다. 이번 멜라민 파동과 같은 시행착오를 통해 중국의 산업도 점차적으로 고급화 될 것이다. 사람의 먹거리만큼은 철저한 사전검사를 통해 수출하는 것이 국가의 신용도를 높이는 계기가 될 것이다.

2008. 9. 27 (土)

고국의 향수를 보내자

정화에게 보낸 소포가 도착했다는 연락을 받았다. 해마다 이맘때면 1년 먹을 고춧가루와 김을 보내주고 있다. 부모가 살아있는 한 앞으로도 계속 보내줄 생각이다. 얼마 되지 않는 식품이지만 고국에서 부모가 부쳐준 것에 의미가 있을 것이다. 부모와 자식 간에도 서로 인정이 오고 가는 데서 살아 있다는 보람을 느낄 수 있다.

요즈음같이 유해식품과 가짜가 판을 치는 때는 특별히 국내에서 제일 좋다는 것으로 보내주어야만 안심이 된다. 이번에는 정화에게 부치는 김에 윤자에게도 조금 부쳐주었다. 거기서 먹는지 안 먹는지는 몰라도 인스탄트 도시락 김과 고춧가루 조금, 오징어포를 조금이나마 보내주었다.

그들은 일생을 부모의 정을 모르고 살아온 처지에 할머니마저 안 계시니 누가 고국에서 물건 하나라도 부쳐주겠는가? 친족 간에 정을 모르고 살아온 그들이다. 나는 이모님 생각을 해서라고 편지라도 자주 해주는 것이 내가 할 수 있는 의리이자 도리라고 생각한다. 인정이 메마른 세태에서 나마저 몰인정할 수는 없지 않는가!

2008. 9. 28 (日)

시간관념

시간은 곧 때이다. 사람은 때를 알고 사는 것이 무엇보다 중요하다. 때를 놓치는 것을 실기(失期)라고 한다. 실기(失期)를 한다는 것은 기회를 놓친다는 것을 의미해 일생을 허덕일 수도 있다. 이것이 모두 시간관념에서 오는 생활습관이라고 할 수 있다.

시간을 정해 놓고 생활한다는 것은 규칙적인 생활을 함으로써 계획성을 확립하고 목표를 세울 수가 용이해진다. 아무렇게나 되는 대로 살아가는 것처럼 무책임하고 무가치한 인생은 없을 것이다. 생각나면 하고 하기 싫으면 말고 하는 생활태도는 발전을 가져올 수 없다.

시간을 정해 놓고 일을 하면 책임감도 생기고 능률 또한 오르는 법이다. 어쩌다가 그 시간을 놓치면 일도 하기 싫어진다. 이것이 바로 시간관념이고 때를 놓친다는 것이다. 이것이 반복되면 궁극에 가서는 실기를 하고 성공에도 지장을 주게 된다. 그러므로 우리는 시간을 규칙적으로 지키면서 생활하는 습관을 몸에 들여야 할 것이다.

2008. 9. 29 (月)

양도소득세가 완화된다

한나라당이 10월부터 부동산 활성화 대책의 일환으로 1가구 1주택에 한해서 종전 6억 원 이상의 주택에 대해 양도세를 부과한 것을 9억 원 이상으로 변경하면서 양도세 부담을 덜어 준다고 한다. 종부세도 마찬가지로 상향조정한다고 했다.

그러나 부동산 정책은 참으로 중대해서 신중히 다뤄야지 섣불리 손을 대서는 후유증만 야기 돼서 국가경제를 송두리째 흔들게 될 수도 있다. 지금까지 예를 들면 부동산이 올라갈 때는 겉잡을 수 없이 올라가서 경제가 마비될 정도였고 또 규제를 가하면 꽁꽁 얼어붙어서 침체되는 악순환이 계속되어 왔다.

앞으로 우리나라도 어느 때인가는 일본이나 미국처럼 부동산 거품이 쫙 빠지는 날이 올 것이다. 이를 방지하기 위해서는 정부의 기술적인 대책이 필요하다. 자본주의 국가에 있어 특히 우리나라와 같이 국토가 작은 나라에서는 부동산 정책이야말로 가장 중요한 몫을 차지하고 있다.

2008. 9. 30 (火)

한국과 러시아의 동반자 관계 수립

20여 년 전 노태우 대통령이 30억 불을 갖다 주고 국교를 재개한 이래 러시아와의 교역량은 괄목할 만큼 늘어났다. 어제 이명박 대통령과 러시아 대통령 간 정상회담에서 그간 두 나라의 관계를 협력자에서 전략적 동반자로 한 단계 격상하였다. 중국에 이어 러시아와도 모든 면에서 국익을 위해서라면 협력해야 한다는 취지가 담겨 있다고 본다.

이데올로기가 사라진 지금은 특정한 나라를 가릴 필요는 없다고 본다. 상호이익이 있다고 생각되면 어떤 나라든지 터놓고 교류를 하자는 쪽으로 가고 있는데 북한만은 이에 응하지 않고 체제수호에만 급급한 실정이다. 금년 가을부터는 김정일 국방위원장의 와병설로 공식석상에 전혀 나타나지 않고 있으니 북한 경제는 날로 낙후될 수밖에 없다.

한국과 러시아가 이번에 가스 공급을 위해 시베리아를 통과하는 가스관을 북한을 거쳐 한국까지 오는 2015년까지 완공시켜 30년간 공급을 하겠다고 했지만 북한이 어떻게 나올지가 관건이다. 에너지 공급은 국가 간의 중대한 사업의 하나이니 만큼 북한의 태도에 이번 회담의 성과가 달려 있다.

2008. 10. 1 (水)

매 맞는 해양경찰

중국 어선의 불법행위를 단속하다 오히려 중국 선원들에게 폭행을 당해 그중 한 명이 사망하는 사고가 발생하였다. 목포해양경찰서 소속 경비정이 흑산도 근해에서 불법조업을 하던 중국어선을 단속하려 하자 수적으로 우세한 중국 선원들이 되레 해양경찰 4~5명을 감금폭행하면서 이번 사건이 벌어지고 말았다.

법질서를 집행하는 한국 해양경찰의 면모라고 보기에는 부끄러운 일이 아닐 수 없다. 이번 사건 중 경사 한 명이 폭행으로 사망을 했다니 국가적인 차원에서라도 시정해야 할 문제이다. 이러한 사건은 비단 이번뿐만 아니라 비일비재하다니 국가가 나서서라도 엄중히 항의하여 재발방지에 힘써야 할 것이다.

미국이나 러시아 같으면 아마 발포라도 하여 법집행을 했을 것을 생각하면 이번 일은 확실히 약체국가의 한계성을 드러낸 것이 아닌가 싶다. 바다에도 엄연한 국제질서가 있을진대 중국은 순전히 숫자와 힘으로 밀어붙이고 있으니 원시적인 힘의 논리가 아닐 수 없다. 해양경찰은 좀 더 장비와 인력을 강화해서 불법행위를 무력으로라도 막아야 할 것이다.

2008. 10. 2 (木)

10%를 넘어선 노인 인구

우리나라도 드디어 노인 인구의 수가 5백만 명을 넘어섰다. 완전한 고령화 사회로 접어든 것이다. 출산율은 초고속으로 줄어들었는데 노인 수명은 의료혜택과 영양공급의 원활함으로 늘어만 가서 총인구의 10%를 넘어섰으니 정부차원의 대책마련이 시급하다 하겠다.

노인 인구 중 40%만이 독립된 생활대책을 수립할 수 있고 나머지 60%는 자식들에게 얹혀살거나 자신이 손수 용돈을 벌어 쓰고 있으며 생활보호 대상자만이 국가의 보조를 받고 있는 실정이다. 모든 노인이 연금혜택을 받지 못하는 우리나라의 실정은 노후여생을 곤욕스럽게만 만든다.

두 부부가 말년을 자식들의 보조 없이 살려면 주거환경이 안정되어 있을 경우 월 2백이면 보통, 월 300이면 그래도 여유를 가지고 살 정도인데 젊어서 이러한 대책을 세우지 못한 노인들은 편안한 말년은 멀기만 하다. 그나마 혼자가 되어 실버타운으로 가려고 해도 상당한 액수가 필요하니 건강이 남아 있을 때 미리 노후를 준비하는 것만이 최선의 대비책이다.

2008. 10. 3 (金)

잇단 배우들의 자살 소동을 보고

연이어 유명 젊은 배우들이 자살을 하고 있는 세상이다. 우울증에서 헤어 나오지 못하고 절망으로 치달아 결국 스스로 목숨을 끊었는데 모두가 인생 공부가 부족한 소치라고 본다. 인생이 잘 풀린다고 해서 한없이 운이 따라줄 것으로 믿어 무리한 사업을 하다 실패하니 자신이 행한 업보를 극복하지 못해 비겁하게 자살을 해서야 어디 이 세상에 희비애락(喜悲哀樂)의 굴곡이 있다고 할 필요가 있겠는가?

사람이 하는 일에는 감당 못할 만큼 힘들어서 생을 스스로 끊을 만큼의 일은 없는 것이다. 지나친 욕심과 이기주의가 자살을 유도한 것이다. 그리스 사람들의 격언대로 자신을 알고 분수를 지키는 사람은 절대로 자기를 포기하는 어리석은 행동 따윈 하지 않는다.

사람의 일생에는 영고성쇠(榮枯盛衰)가 반드시 있기 마련인데 일시의 인기에 병합하여 돈푼이나 만진다고 언제까지나 귀족생활을 지속한다는 보장이 없는데도 착각하다가 서민으로 다시 전락하는 것이 두려워 생을 마감한다는 것은 인생을 착오로 살았다고 할 수밖에 없다. 그러한 사고방식이라면 아예 영국의 황태자나 공주로 태어났어야 일생이 귀족 신분으로 보장되었을 것이다.

2008. 10. 4 (土)

미국 경제가 어려워진 것 같다

부시 정부가 들어서고 8년간 미국 경제는 줄곧 불황을 면치 못했다. 그런 까닭에 드디어 7천억 불의 공적구제자금을 하원에 승인 요청했는데 부결되었다. 그러나 상원에서는 통과되어 절충안이 다시 하원에 상정되어 결국 하원에서도 통과될 것 같다.

아무래도 경제가 어려워져서 세계적인 기업들이 도산 지경까지 가고 정부에서 구제금융자금까지 지원한다고 하니 우리나라의 IMF 때처럼 미국도 대대적인 구조조정이 불가피한 것 같다. 민주국가에 있어서는 정권이 바뀔 때마다 경제정책이 조금씩 바뀌는 바람에 호황과 불황이 반복한다.

미국도 클린턴 정권 때는 최고의 호황을 누렸는데 부시정부가 들어서 이라크 전쟁에 신경을 쓰느라 온 세계의 물품들이 미국시장을 점령했으니 내수경기는 자연 위축될 수밖에 없었고 대외경기도 불황을 면치 못했을 것이다. 미국의 대통령 자리는 그야말로 어렵고도 막중한 자리임을 실감할 수 있다.

2008. 10. 5 (日)

고희(古稀)

옛날에는 인생 70을 살면 오래 살았다고들 했는데 지금은 예전의 환갑보다 오히려 정신적으로 젊어진 것 같다. 생활수준이 향상된 덕분이라는 생각이 든다. 현규가 고희 잔치를 한다고 오늘 오후에 나올 수 없냐고 물어왔다.

그러나 휠체어에 몸을 싣고 잔칫집을 찾기도 겸연쩍어 사양하고 아내나 가 보라고 했더니 아내도 혼자 가기가 멋쩍은 것 같다. 자기 형제 숙질들만 모이는 자리라고 하니 더더욱 부담이 되나 보다. 하기야 와병 중에 잔칫집에 가는 것도 예의가 아니니 실덕(失德)은 아닌 듯싶다.

현규는 20에 서울에 올라와서 50년의 희비애락 속에서 그만하면 인생의 승리자라고 자부할 수 있을 것이다. 크게 성공을 하지는 못했다고 하지만 보통 사람 이상의 생활을 누리고 살았으니 무엇을 더 바라겠는가? 자식이 좀 더 출세를 했더라면 친척들과 지인들에게 술 한 잔씩 나누며 지난 70년을 회고하고 추억을 나누는 뜻 깊은 자리가 되지 않았을까 생각해 본다.

2008. 10. 6 (月)

장애인은 국가의 부담인가?

어제 오후에 한재와 함께 장애인 학교를 가 보았다. 하계동에 있는 공립장애인학교인데 휠체어를 타고 둘러보니 시설 면에서 비교적 양호한 편이었다. 한재가 이 학교에 근무하고 있지만 처음 가 보는 것이라서 일반학교와 비슷한 줄로만 알았는데 그 규모나 시설이 생각보다 양호해서 우리나라도 이제 선진국을 따라가고 있음을 실감했다.

일반 학생에 비하여 장애 학생은 불쌍하고 불행한 조건을 가지고 있다. 특히 중증 아동들은 사회에 별로 쓸모가 적지만 국가에서 막대한 예산을 들여 교육을 시키고 있는 것이다. 만약 이러한 국가적인 배려가 없다면 장애 아동이나 그 부모들은 더욱 눈물을 삼켜야 할 것이다.

이 세상에 장애를 안고 태어난 것은 누구의 잘못이라기보다는 신의 명령이요 운명의 소관이지 누구도 이를 인위적으로 바란 사람은 없다. 부득이한 실수는 있을지 몰라도 그것 역시 고의는 아니다. 그래서 선진 복지국가에서는 장애인 교육의 몫을 전부 국가가 부담할 수밖에 없다. 그들도 국민의 한 사람이니 국가의 혜택을 받을 엄연한 권리가 있는 것이다.

2008. 10. 7 (火)

유해 식품 검사

식약청에서 428개 식품에 대한 검사를 실시했는데 과자류 10개 품목에서 멜라민 성분이 검출되었다고 한다. 주로 중국에서 들여온 원료를 사용한 제품에서 발견되었는데 인체에 유해하다니 앞으로 중국산 과자류는 더욱 인기가 없어질 것이다.

식료품 수입을 세계에서 3번째로 많이 하고 있는 우리나라는 그중 절반 이상을 중국에서 수입하고 있는데 국민보건에 커다란 문제가 아닐 수 없다. 각종 채소류에서부터 수산물에 이르기까지 중국산이 아닌 것이 없는데 유해성 물질이 검출되었다고 하니 자연 경계의 대상이 될 것이다.

이렇게 한 번 제동이 걸리면 수출에도 지장을 받게 되므로 중국 당국도 철저한 검사를 하지 않을 수 없을 것이다. 중국산은 그 질을 믿을 수가 없고 가짜가 많아 값이 싸다는 이미지를 벗어날 수 없으니 앞으로 중국이 발전하기 위해서는 질적 쇄신을 하는 것이 시급하다 하겠다.

2008. 10. 8 (水)

달러가 올라가고 있다

IMF이후 달러가 안정세를 유지하여 1달러에 천 원대를 유지하더니 1,100원을 넘어서고 1,400원 대를 육박하고 있어 심각한 우려를 나타내고 있다. 달러가 올라간다는 것은 수출에까지 타격을 주어 경제가 원활하지 못하게 되니 국민들은 더욱 불안하기만 하다.

이명박 정부의 경제 활성화를 기대하고 있지만 시중 경기가 좀처럼 나아지지 않으니 영세자영업자들은 모두 울상이 되어 어제 우리 가게에서 영업을 하던 여자도 가게를 내놓겠다는 연락을 했다. 경제가 위축되고 침체가 되면 모든 시민에게 영향이 미쳐 불황으로 빠지는 통에 살기가 어려워지는 것이다.

미국도 경제가 심각하여 부시 대통령이 프랑스, 이탈리아, 독일의 정상들과 공동으로 경제 위기를 극복하자고 전화통화를 했다고 한다. 우리나라 역시 일본, 중국의 정상들이 한자리에 모여 공동 타개책을 강구해 보자고 했다. 지금은 글로벌 시대에 살고 있으니 한 나라만의 경제가 아니라 모든 나라의 경제가 밀접하게 연결되어 있다.

2008. 10. 9 (木)

교육감 선거에 문제가 있다

교육감 선거가 끝난 지 한두 달이 지나자 여기저기서 돈 선거에 대한 부작용이 터져 나오고 있다. 경북교육감이 구속된 뒤에 충남과 서울교육감마저 말썽이 되고 있다. 공정택 서울교육감은 학원가와 제자들인 교감 교장으로부터 무려 17억 원의 돈을 빌려 선거자금으로 썼다고 하니 대가성 시비가 일지 않을 수 없게 되었다.

교육을 관장하는 장을 선출하는데도 이토록 많은 비용이 필요해야만 하는지는 한 번 생각해 볼 문제이다. 돈 많이 든 선거치고 비리와 부정이 계제되지 않는 곳이 없었다. 돈을 많이 쓰고 당선이 된 여파가 결국 어디로 미치겠는가? 불문가지로 특혜로 간다는 것은 삼척동자도 다 알만한 일이다.

지방자치라는 명목으로 막대한 돈을 들여 과열경쟁을 한다는 것은 오히려 중앙에서 임명하는 것보다 여러모로 못한 것 같다. 무슨 제도이고 운영의 묘를 살리지 않으면 최상의 제도는 없다고 본다. 정치권만 돈으로 얼룩진 줄 알았는데 교육감 선거 역시 막대한 돈을 써야 당선된다고 하니 낙선된 후보자는 얼마나 억울할 것인가?

2008. 10. 10 (金)

종교에 관해서

종교가 없는 민족은 문화민족이라고 할 수 없다. 원래 종교란 위대한 성인이나 지도자를 추앙하고 그 가르침을 받들고 실행하여 보다 인간답게 살아가기 위해 필요한 것이다. 우리나라는 예로부터 중국의 공·맹자의 가르침인 유교를 근간삼아 전통을 세워 왔으나 대중화 되지 못해 일부 사대부나 귀족들에게만 받아들여졌다.

불교 또한 일반화가 되지 못하고 극히 한정된 종교에 지나지 않았다. 물론 지금의 불교는 일반화가 되어 많은 신도가 생겨났지만 과거에는 백성들에게 깊이 파고들진 못하였다. 이처럼 제한된 종교에 비해 서양의 기독교나 회교는 일반 대중에게 파고들어 폭넓은 포교와 생활화에 성공하였다. 그리고 동양의 유교나 불교에 비하면 훨씬 적극적이고 서민적이다.

예를 들어 공맹자의 사서삼경이나 불경보다는 누구나 보기 쉬운 성경책이나 코란이 훨씬 대중화 된 것을 들 수 있다. 그래서 세계의 종교 중 신구교를 합한 그리스도의 신도 수가 단연 1위이고 그 다음이 회교도라고 한다. 모두 10억이 넘는 신도수를 가지고 있다 하니 그중에는 맹목적인 신도들도 있겠지만 많은 인간을 순화시키고 있는 것만은 부인할 수 없다.

2008. 10. 11 (土)

북한 노동당 기념일에

어제는 북한 노동당 창당 63돌이 되는 날인데도 북한의 실권자인 김정일 위원장의 모습은 끝내 보이지 않았다. 김 위원장은 여군부대만 시찰했다고 간단하게 북한 방송은 발표했다고 한다. 아마도 소문대로 중풍에 걸린 것이 아닌가 의심이 든다. 정치도 건강해야 할 수 있는건데 아직 후계자를 정하지 않은 상황에서 중병이 들었다면 북한의 앞날도 순탄치 않을 것 같다.

김정일 위원장은 인민을 등에 업고 정권유지를 하는 체제가 아닌 군부를 끌어안고 정치를 하는 듯한 인상을 주고 있다. 군인들 퍼레이드를 보건대 옛날 나치당을 이끌었던 히틀러의 군대사열이나 일본군국주의 때 일본군의 사열을 보는 듯한 느낌이 든다.

군대의 힘을 국민에게 과시하고 대외 선전용으로 군인들을 기계적으로 훈련시켜 일사불란하게 사열하는 것만이 국력과 이어진다는 착각을 하고 있는 것 같다. 부드러운 물 같은 대외정책이 수백만 명의 강군을 이길 수 있음을 역사는 증명해 주고 있는데도 현실을 부정하는 북한의 실태가 안타깝기만 하다. 정치 역시 물갈이가 되어야 발전이 있음을 다른 나라에서 보고 알 수가 있다.

2008. 10. 12 (日)

테러 지원국 해제

미 국무부 크리스토프 차관보가 북한에 들어가 핵문제 교착 상태를 논의하러 들어가더니 드디어 북한의 오랜 요구가 관철되었다. 1988년 KAL기 폭파 사건 이후 테러지원국으로 등록되어 모든 국제간의 교류시 불이익을 받아왔는데 어제로써 해제된 것이다.

앞으로 북핵 문제는 한 고비를 넘겨 재검증과정에 들어갈 모양인데 아직도 또 다른 요구조건이 남아 있을 것으로 짐작된다. 무엇보다 가장 중요한 경제적 지원이 충족되어야 보다 확실한 진전이 있을 것으로 추측된다.

그동안 미얀마사태와 KAL기 폭파 사건으로 인해 20여 년 동안을 금융거래나 무역거래에서 제한을 받아왔던 것이 사실이다. 이런 점을 감안해서 핵 제거 문제와 연계시켜 걸림돌을 만들어 왔는데 이제는 해결되었으니 앞으로의 6자 회담에서는 또 무슨 요구조건을 내세울지 관심의 대상이다.

이번 일을 보아도 무슨 일이건 순리대로 풀어나가는 것이 득이 됨을 인식해야 할 것이다. 일시적인 분풀이나 홧김으로 외교관계를 하면 결국 불이익만 따를 뿐이다.

2008. 10. 13 (月)

자손에게 미치는 부모의 유전자

사람의 유전자를 분석해 보면 자식과 손자 대까지 미치는 것을 알 수 있는데 윗대의 유전자는 성장 과정에서 환경에 따라 조금씩 변이됨을 또한 알 수 있다. 그래서 나를 두고 한번 분석해 보았다. 나는 부계의 유전자를 40%, 모계의 유전자를 60% 정도 닮았다고 생각한다. 나의 능력 면이나 행동거지 면에서 특히 그러한 것 같다.

우리 부친께서는 비교적 좋은 환경 속에서 한학을 30년 가까이 수학했음에도 불구하고 소극적인 성격과 응용력이 부족하여 저서 한 권도 남기지 못한 채 별다른 두각을 나타내지 못하셨다. 반면 유순한 성품이 만약 여자로 태어나셨다면 현덕부인이 되었으리라 본다.

그러나 우리 모친은 아주 적극적이고 현실적이어서 어떤 난관에 부딪혀도 맞서 싸우는 두려움 없는 성격의 소유자셨다. 덕분에 남에게 실덕을 많이 하여 호감을 사지 못하셨다. 이렇게 다른 두 유전자를 고루 가지고 태어난 내가 할 수 있는 발전적인 기질이 무엇인가를 생각해 보면 보다 나은 일을 할 수 있을 것임에도 생각처럼 되지 않는 게 현실이다.

2008. 10. 14 (火)

국제 금융 위기가 해소되려나

1930년대와 같은 대공황이 오지 않으려나 하는 우려 속에 미국을 비롯한 유럽 각국의 금융계가 신경을 곤두세우며 공동 대처 방안을 논의하고 있다. G7국가의 재무상들이 세계적인 금융위기에 적극 협조하기로 합의를 하고 유로화를 사용한 국가들이 세심한 정책을 기울인 결과 주요 증시의 하락이 멈추어 위기의 한 고비를 넘긴 듯하다.

이러한 국제 금융의 위기는 큰 나라로부터 시작하여 세계 각국에 파급되는데 우리나라도 달러가 순식간에 1,400원까지 치솟고 증시가 급락하여 소비가 위축되는 경제 불황이 시작되고 있다. 이를 방지하기 위해서는 반드시 각국이 공동으로 대처해야만 할 것이다.

우리나라는 요 근래 만성 불경기로 가뜩이나 서민경제가 위축되고 있는데 국제 금융까지 위기에 봉착하면 그 타격이 이루 말할 수 없을 것이다. 그러나 일본경기는 여전히 호황을 누리고 있으니 국제 금융 위기가 닥쳐와도 별 지장 없이 지나가고 있는 것 같다. 경제를 유리하게 이끌고 간다는 것이 나라마다 얼마나 어려운 것인가를 실감하는 때이다.

2008. 10. 15 (水)

형의 제사를 지내준 동생

상돈이가 일하다가 뜻밖의 사고로 비명에 간 자기 형의 처지가 너무 안 되어 동생이 제사라도 지내준다 하니 기특한 일이 아닐 수 없다. 살아서는 알콜 중독으로 인해 마누라마저 도망가는 불우한 생활을 지속했다.

그래도 정신이 들면 생명을 부지하기 위해 동생이 알선해 준 일을 하곤 했는데 그도 복이라고 하느님이 2년 전 오늘 데리고 간 것이다. 자식들은 형제가 있지만 아직 어려서 도움을 필요로 한다.

부모가 부모로서의 책임을 다하지 못해도 자식들의 의지가 강하면 생존하는 데는 지장 없이 살 수 있으나 정신이 똑바로 박혀 있지 못하면 상언이처럼 되기 마련이다.

생시에 못다 나눈 우애를 죽은 다음에라도 가져보려는 의미에서 죽은 영혼 앞에 술 한 잔이라도 부어 놓으려는 상돈이의 인간성이 훈훈하게만 느껴진다. 이 세상은 저 못나면 불쌍한 생애를 살다 가는 것이 원칙이지만 연민의 정을 금할 수는 없구나!

2008. 10. 16 (木)

북한의 핵을 다시 검증이 허용되다

미국이 북한을 테러지원국 명단에서 삭제하겠다고 발표하자 연변 원자로 검증을 다시 허용하여 IAEA의 사찰을 받겠다고 하였다. 북한의 핵문제는 왜 그리도 트집도 많고 넘어야 할 산이 많은지 앞으로도 핵이 완전히 폐기되기까지 얼마나 많은 요구조건이 더 남아 있을지 궁금하다.

북한은 핵에 모든 정치생명을 걸고 미국과 흥정을 함으로써 반대급부를 노리고 있는데 그들의 원대로만 되지는 않을 것 같다. 이번에도 크리스토프 차관보에게 테러지원국에서 삭제해 주지 않으면 핵실험을 또 하겠다는 엄포를 놓는 바람에 부시가 서둘러 요구를 들어주었다는 후문이 돌고 있다. 북한도 임기가 끝나 가는 부시정권과는 마지막 흥정으로 테러지원국 삭제를 받아내고 차기 정권에서 보다 큰 것을 얻어내려는 속셈인 것 같다.

지금 미국의 선거운동 추세로 봐서는 민주당의 오바마 후보가 유리하니 과거부터 호의를 베풀어왔던 민주당 정권과 보다 나은 조건으로 협상해 볼 심산이지만 두고 봐야 할 일이다. 핵에다만 정치, 경제문제까지 전력투구를 하고 있는 북한 정권이 이해도 가지만 아무튼 막다른 외교임에는 틀림없다.

2008. 10. 17 (金)

인간성

인간성이란 무엇일까? 동물성을 갈고 닦으면 인간성이 되고, 인간성을 더더욱 갈고 닦으면 휴머니스트가 되는 것이다. 인간의 가치 추구를 위해서는 인간성을 발달시켜야 한다. 그렇다면 인간성의 발달은 무엇을 의미하는 것일까? 사람의 도리를 열심히 배워서 실천하는 것을 말한다.

사람의 도리란 무엇이냐? 사람으로서 가장 발달한 사고방식으로 자신을 수양해서 대인관계를 하는 것을 말한다. 예를 들어 공맹자가 주장했던 인의예지(仁義禮智)와 덕(德)을 기준으로 살아가는 방식이나, 석가가 주장했던 탐욕을 배제하고 자비를 베푼다든가, 예수가 주장한 사랑과 희생정신을 실천하는 것이 인간의 도리라고 할 수 있다.

이를 열심히 배우고 실천에 옮겼을 때 비로소 인간성이 발달하여 은혜도 알게 되고 의리도 생기며 범사에 감사하는 마음을 갖게 되는 것이다. 요즈음 제도적인 학교 교육을 받으면 겨우 동물성에서 인간성으로 회복은 되지만 이를 더욱 발달시키려면 많은 인생 공부와 노력이 필요한데도 이를 망각하고 살아서 이기주의가 만연하는 것이다.

2008. 10. 18 (土)

농민의 직불금 문제

우리나라 농촌에서는 수지타산이 맞지 않는다고 벼농사를 기피하는 바람에 정부에서는 벼농사를 경작하는 농가에 한해서 직불금을 보조해 주었는데, 노무현 정권 때 농토를 가지고 있는 공무원들이 경작하지 않고도 직불금을 수십만 원에서 수백만 원씩 타 먹은 사실이 이번에야 드러났다.

이미 감사원이 알고 있음에도 문제 삼지 않았던 것은 엄연한 직무유기가 아니냐고 따지는 것을 보니 정권은 수시로 바뀌어야 문제점이나 하자가 시정되어 감을 알 수 있다. 이번에도 지난 정권에서 공무원 수만 명이 부당한 직불금을 수령했기에 수백억 원의 국고만 낭비한 셈이 된 것이다.

우리 농촌의 문제점이 바로 이러한 데 있다. 국제시세에 비해 쌀값이 몇 배가 비싼데도 농민들은 수지타산이 맞지 않고 있으니 한마디로 영세농이 그 원인이라 하겠다. 우리나라나 일본의 농가의 형편이 비슷하지만 일본은 그런대로 농촌이 잘 사는 편이다.

2008. 10. 19 (日)

쌀국수 시대가 온다

밀가루 값이 폭등하자 일본을 비롯한 우리나라에서는 남아도는 쌀로 국수를 만들어 라면을 만들기에 이르렀다. 잘만 개발하면 충분히 밀가루 못지않게 실용적이고 영양가도 높아 일석이조의 효과를 거둘 수 있을 것 같다.

가뜩이나 쌀 소비가 안 되어서 창고에서 매년 자고 있는 쌀이 늘어만 가는데 밀가루 전용인 제빵을 제외하고도 국수나 라면 등 면발을 쌀로 대용하면 맛도 별반 차이가 나지 않을 것이다. 미국이나 중국에서 밀가루 값을 올리면 그에 대처해서 돌파구를 생각해 낸 것이 바로 일본의 쌀국수와 쌀라면인 것이다.

앞으로 쌀 생산에 있어서도 국수를 뽑는데 적당한 쌀의 품종을 개발하고 있다고 하니 농민들은 쌀을 다량으로 생산하여 수지타산을 맞출 수 있길 바란다. 쌀을 밀과 같이 이용할 수만 있다면 충분히 밀가루 가격도 안정시킬 수 있고 영양 면에서도 손색이 없을 듯하니 앞으로는 쌀국수가 히트 칠 것 같다. 앞으로의 식생활에 획기적인 전환점이 될 것이다.

2008. 10. 20 (月)

골든벨 TV프로를 보고

KBS의 일요 프로그램에 골든벨이라는 고등학생 퀴즈 장학 프로가 있다. 한 고등학교에서 100여 명의 선발 학생들이 나와 50문제를 풀어 가는데 대략 40번째 관문까지 남아 있는 학생은 어느 학교를 막론하고 겨우 한두 명에 불과하다. 그 한두 명이 나머지 10문제를 풀어나가는데 그중 한 명은 탈락하고 최종 한 명이 끝까지 남아 문제를 풀게 되는데 우연인지 항상 49문제 안에서 탈락하고 마는 것을 본다.

마지막 50번째 문제를 풀면 골든벨이 울리고 대학 1년간의 등록금이 장학금으로 주어져 학교의 명예를 선양하고 개인에게는 영광을 차지하여 축복을 받게 된다. 어려운 관문을 모두 통과하고 골든벨을 울리는 학생들은 실력과 운이 넘치는 학생들이다.

그러나 한편으로는 자만에 빠질 우려도 있지만 부모들은 그저 기쁘기 한량없을 것이다. 어젯밤에는 석우네 학교 학생들이 나왔는데 마지막 한 문제를 남겨두고 그만 50번째 문제에서 탈락을 하고 말았다. 여자 아이였는데 참으로 애석하였다.

그러나 탈락했을지라도 여망이 있어 좋은 경험이 되었을 것이다. 모두 학생들이 끝까지 남아 선전하는 학생을 보면 한결같이 범상한 얼굴들이 아니었다.

2008. 10. 21 (火)

가족의 형성

한 가정에는 가족이 있다. 부모 형제와 아내와 자식들로 구성되어 있는 것이다. 이러한 가정을 잘 이끌어 나가려면 상당한 인격이 있어야 원활하게 집안을 잘 다스려 바로 잡을 수가 있다고 본다. 부모는 부모로서의 인격을 갖춰야 하고, 형제남매 간은 서로가 지켜야 되는 품위를 유지해야 하고, 부부지간 역시 상호간의 예의를 갖추고, 자식들은 자식으로서의 도리를 다할 때 비로소 모범가정이 될 수 있다.

그런데 요즘은 어느 가정을 둘러보나 자신의 책임과 임무를 다하는 가정을 보기 힘들다. 모두 각자가 지켜야 할 임무는 망각한 채 가족들 제각각 일방적인 요구만 하는 악순환 속에서 갈등은 커질 수밖에 없다. 아무리 가족일지라도 이기주의의 사고방식으로는 원만한 가정생활을 할 수 없고 가도 또한 서질 않는 법이다.

부모는 자식들에게 희생정신이 있어야 자애가 되는 것이며 자식들은 부모를 진심으로 섬겨야 효도를 할 수 있으며 형제남매 간에도 자기가 먼저 희생을 해야 원만한 관계를 유지할 수 있다고 본다.

2008. 10. 22 (水)

미국의 대통령 선거

부시 공화당 정권이 8년간 집권한 결과는 썩 좋지 못한 가운데 1년 전부터 대통령 선거전이 시작되어 공화당의 매케인 후보와 민주당의 오바마 후보가 맞대결을 벌이고 있다. 둘의 최종 승부는 오는 11월 4일 판가름이 날 것이다. 그동안의 각종 여론조사 결과는 민주당의 젊은 흑인 후보인 오바마가 매케인 후보를 10% 앞서고 있음을 보여 주었다.

민주당에서는 경선에서 아깝게 탈락한 힐러리 클린턴 상원의원까지 나서서 오바마 후보를 적극 후원하고 있으니 그들의 인기는 수그러들 줄 모른다. 이번에 공화당에서는 특출난 인물이 없어서인지 몰라도 매케인 후보는 그다지 인기가 없어 보인다.

거기에 현 공화당의 부시 정권의 치적을 볼 때 이라크 전쟁이니 북핵 문제니 이란의 핵개발 문제며 무엇 하나 대외정책에서 성과를 거둔 것이 없고 국내정세 또한 악화 일로만 걷고 있으니 특단의 조치가 없는 한 정권교체는 불가피해진 것 같다.

이번 오바마 후보가 당선되면 미국은 역사상 최초의 흑인대통령이 탄생하게 되어 민주주의를 과시하게 되겠지만 과연 그 실력은 두고 봐야 할 것이다.

2008. 10. 23 (木)

상하 급여차가 심한 돈 장사들

엇그제 시중은행장들이 한자리에 모여 자기네들 월급을 삭감하기로 결의했다고 한다. 그것도 대통령이 은행 간부급 월급이 다른 기업체 월급보다 월등히 많지 않느냐는 말 한마디에 부랴부랴 자진해서 내리겠다고 하니 돈 장사들의 수지가 얼마나 좋은지를 여실히 보여주고 있다.

시중 경기가 이렇듯 불경기로 아우성인데 고객들이 맡긴 돈과 정부에서 빌려준 콜 금융으로 돈 장사를 하여 1년이면 순수익이 수십 조에 달한다고 한다. 그래서 은행 간부들의 급여는 연봉 30억에서 40억을 넘고 있다니 참으로 일반 서민으로서는 천문학적인 월급이 아닐 수 없다.

은행에서도 말단 여사원 같은 비정규직은 겨우 월 100만 원 정도인데 무려 300배 이상의 급여차가 나는 셈이니 이 정도면 미국보다 인건비가 더 높은 셈이다. 사회의 불평과 불만을 해소시키려면 가장 이상적인 상하 급여차가 4~5배 정도라고 하는데 우리의 실정은 수백 배가 넘으니 빈자들의 상실감은 더욱 클 수밖에 없다.

2008. 10. 24 (金)

아시아 세 번째 달 탐사선

일본과 중국에 이어 인도가 엊그제 달 탐사선을 쏘아 올리는 데 성공하였다. 인도 국민들은 일제히 환호성을 울리며 흥분하는 모습을 보였다. 인도가 요 근래 성장을 거듭하여 달에까지 위성을 쏘아 올릴 정도의 실력을 갖추게 된 것이다. 그러나 아직도 세계에서 빈부의 차이가 으뜸가는 나라이다.

말하자면 한 사람의 하루 생활비가 1달러에서 1,000달러까지 차이가 나는 것으로 유명하다. 그런 나라에서 핵을 보유하고 인공위성을 쏘아 올렸다 함은 무엇을 의미하는 것일까? 국민을 고루 잘 살게 하는 정치역량은 없어도 과학적인 능력은 있어 핵이나 인공위성을 쏘아 올려 대외적으로 힘을 과시하려는 것이다.

그동안 인도는 땅덩어리는 넓어도 언어가 통일되지 않아 국가를 통치하는 데 어려움을 겪었다. 2차 대전 이후 영국의 식민지에서 벗어나 독립을 이룩한 후 80년대 이후부터 괄목할 만한 성장을 이룬 인도는 중국 못지않은 저력을 지닌 나라임은 틀림없다.

2008. 10. 25 (土)

경제가 심상치 않다

달러가 1,400원을 넘어서고 1,500원을 육박하고 있다. 엔화 역시 1,450원을 넘어가고 있는데 주식은 최저로 떨어져 코스피지수가 1,000선 아래로 주저앉았다. 코스닥 지수 역시 동반 하락하여 300선 밑으로 떨어졌고 경기는 침체를 거듭하여 바닥을 보고 있는데도 정부는 이렇다 할 부양책을 내놓지 못하고 있는 실정이다.

과거 무능했던 노무현 정권 때도 달러가 1,000선에서 유지되고, 코스피지수와 코스닥지수는 각각 2,000과 600선까지 오르기도 했는데 경제에 관해 호언장담했던 이명박 정부가 들어서면서 경기부양은커녕 나날이 악화만 되고 있으니 당선 전의 공약은 이미 온데간데없으니 운영을 잘못하고 있는 것은 아닌지 심히 염려된다.

세계 경제의 영향이라고는 하지만 일본 같은 나라는 끄덕 없이 잘 돌아가고 있으며 유가도 제자리를 찾아 65달러까지 하락하였는데 나아질 기미가 안 보이니 자연 걱정을 하지 않을 수가 없는 것이다. 이러한 상황일수록 경제엘리트가 요망되는데 정부에서는 안일하게 대처하고 개발독재 시대만 연상하고 있는 것은 아닌지 걱정스러울 뿐이다.

2008. 10. 26 (日)

남을 앞서려면

사람이 남을 앞서려면 평소 안일한 생각으로 살아가면 앞에 나갈 수가 없다. 많은 사람들과 걸어갈 때도 남을 앞서 가려면 체력의 에너지를 월등히 소비하여 손발을 빨리 움직여야 하듯이 남보다 땀을 더 흘려야 한다. 그리고 생각과 행동이 앞서야 하고 남이 8시간 자면 나는 7시간을 자고, 남이 8시간 일하면 나는 9시간 10시간을 일하는 것을 습관화해야 한다. 이러한 습관들이 몸에 배야 비로소 남을 앞설 수 있게 된다.

그리고 어떠한 목표에 도달해서 성공을 하려면 우선 자신의 적성에 맞는 일을 선택하는 것이 중요하다. 같은 일을 하여도 취미와 적성에 맞으면 그 능률이 배가 되기 때문이다.

운동선수들을 보더라도 자신이 잘할 수 있는 종목을 택하여 땀 흘려 반복하면 성공할 수 있지만 소질에 맞지 않는 운동을 죽도록 해봤자 1인자는 될 수 없듯이 다른 모든 일도 같은 이치가 적용된다.

무엇이나 그 방면에서 1인자가 되기 위해선 소질을 살려 꾸준히 노력하는 길밖에 없다. 사람은 어려서부터 자신의 소질과 적성에 부합되는 일을 열심히 할 수 있도록 평소에 교육을 시켜야 남을 앞설 수가 있게 된다.

2008. 10. 27 (月)

접빈(接賓)

옛날 시골의 사대부와 선비 자손의 집안에서는 접빈(接賓)을 잘해야 행세께나 한다는 말을 들었다. 의례 사랑방에는 과객(過客)들이 떨어질 날이 없었지만 그들에게 정성껏 숙식을 제공했던 것이 그들 생활의 일부였다.

지금처럼 이기주의가 판치는 야박한 시대에서는 김삿갓 같은 나그네도 없거니와 있다손 치더라도 손님에게 밥 한 끼 대접하는 것도 부담스럽게 여기는 세상이 되고 말았다. 생각해 보면 세상이 각박해져서 인심이 야박해지고 인간성도 메말라서 금수처럼 변해가고 있지 않는가! 하기야 개나 돼지가 자기가 아닌 동료에게 먹이를 양보하는 것을 보지 못했다.

그러나 우리의 선조들이나 가정에서는 옛날부터 좋은 음식이 있으면 그것을 아껴두었다가 나는 못 먹더라도 내 집을 찾는 손님에게 내놨던 것이 우리 집의 대대적인 풍습이었다. 어릴 적부터 그러한 모습을 보고 자라왔기에 지금도 나는 내 집에 온 손님만큼은 형편 닿는 대로 정성껏 대접하는 것을 희망하고 있다.

다행히 아내도 시골 종갓집에서 자라온 터라 접빈을 잘한다. 이것이 사람이 살아가는 도리이며 자손들도 본받게 되어 인간의 행복을 누리게 될 것이다.

2008. 10. 28 (火)

이 대통령의 국회 연설

어제 이명박 대통령이 국회에 나와서 경제 위기를 초당적으로 협력해 달라는 부탁의 연설을 했다. 미국을 비롯한 세계 경제가 어려움을 당면하고 있는 이때에 대통령이 국회에 나와 경제 위기를 초당적으로 극복하고자 호소한 것은 당연한 일이나 구체적으로 앞으로 어떻게 하자는 내용은 없다고 야당은 비판하고 나섰다.

때를 같이 하여 한국은행은 금융이자를 0.75% 인하했음에도 불구하고 주식시세는 900이하까지 내려가고 일본 엔화는 1,500원을 넘어섰다. 그럼에도 정부에서는 뾰족한 대책을 내놓고 있지 못하는 상황이다. 지난번 노 정권보고 무능하다 했으면 이런 위기에서 실력발휘를 해 민생을 안정시켜야 국민들이 믿고 따르지 않나 싶다.

내가 정권을 잡으면 곧잘 할 것 같지만 마음대로 되지 않는게 정치인가 보다. 정치란 고도의 인재가 필요하며 성실히 국민을 보필할 때만이 비로소 평가가 나오는 법이지 말로만 잘할 수는 없는 것이다.

2008. 10. 29 (水)

비밀은 유지되지 않는다

어제 일본 하토야마 수상이 중의원에서 북한 김정일 위원장이 와병 중에 있으며 그 상태가 분별력에 이상이 있을 정도는 아닌 것 같다면서 그의 아들 김영남이 프랑스 파리에서 전문의를 초빙했다는 소식을 들었다고 전했다.

아무리 북한 당국에서 보도를 관제하고 비밀을 유지하려고 해도 각국의 첩보망이 이를 용납하지 않아서 김 위원장의 건강은 관심의 대상이 되는 것 같다. 크나 작으나 일국의 지도자가 공식 석상에 몇 달째 모습을 나타내고 있지 않으면 의심을 할 줄 알면서도 그 사실을 알리지 못하는 이면에는 정치적으로 많은 어려움이 있었으리라 생각된다.

막상 뇌출혈이나 뇌경색에 걸려 직무 수행에 지장이 있을 정도면 부득이 인민에게 알리겠지만 그 전에는 필요 없는 잡음을 차단하기 위해서라도 언론에 공개를 하지 않았을 것이다. 그럼에도 사람이라 신이 아닌 이상 아플 수도 있고 권좌에서 물러날 수도 있는 것이 다반사인데 무엇 때문에 그토록 철저히 비밀을 유지해야 하는지 알 수가 없다.

2008. 10. 30 (木)

일기장 정리

2003년 11월부터 신체가 마비되어 자리에 몸져누운 지 1년 4개월 만에 겨우 정신을 가다듬어 이렇게 누워만 있다가는 영영 폐인이 되겠다는 두려움이 들었다. 그래서 간병인의 부축을 받아 겨우 일어나 일기라도 써 보려고 볼펜을 쥐어봤으나 수족이 마비되어 펜을 잡을 수도 없음을 깨달았다.

그때부터 스케치북과 사인펜을 사다가 글씨 연습을 했는데 처음에는 기운이 없어 글씨라기보다는 지렁이가 종이 위에 그려 놓는 것만 같았다. 그래도 매일같이 연습을 했더니 두 달이 되어서야 겨우 남이 알아볼 정도가 되었다. 그래서 2005년 4월부터 노트에 펜 가는대로 쓰기 시작한 것이 벌써 7권의 노트가 메워졌다.

별로 깊이 있는 글은 아니지만 내 노력이 아까워서 이것을 활자화해 두면 훗날 기념이 되지 않을까 싶어 손녀인 수연이에게 타이핑을 부탁해 보았다. 수연이가 국어에 소질이 있긴 하지만 그보다는 인내심이 따라 주어야 이를 완수할 수 있을 것이다. 이 일을 하다 보면 수연이에게도 많은 공부가 되리라 믿는다.

2008. 10. 31 (金)

끈질긴 생명

이 세상 사람들 중에는 허망하게 세상을 뜬 사람도 있으며 식물인간으로 목숨만 붙어 끈질기게 오래 사는 인생도 있을 것이다. 며칠 전 명륜동에 살았던 우철이 부친인 김종국 외과의사가 타계했다는 소식을 들었다. 그는 환갑을 지나고부터 바로 병석에 눕게 되었는데 식물인간으로 지금까지 액체영양소를 공급하여 간신히 생명을 유지해 왔다고 한다.

소변은 가는 호스를 연결해서 저절로 빠져나오게 하여 링겔병으로 받아내는 병수발을 19년간 부인이 해왔다고 들었는데 결국 숨을 거두었다고 한다. 그렇게 고통을 겪으며 생을 유지해 80을 넘겼으니 장수했다고 해야 할지! 비정한 게 인간의 윤리문제가 아닌가 싶다.

의식도 없이 수족이 마비된 환자들은 본인으로서나 가족들에게나 살아 있는 것이 죽는 것보다 못하지만 우리 사회는 안락사 제도를 허용하고 있지 않으니 이러한 도덕적 관념이나 법률은 누구를 위한 것인지 도무지 비정하게만 느껴진다.

인간이 산다는 것은 행복을 추구하기 위함인데 의식이 없으면 99%는 절망상태라고 해도 과언이 아닐 것이다. 그런데도 본인이나 가족에게는 어떠한 선택의 여지도 없이 마냥 죽음을 기다리고만 있어야 하는 건지 많은 생각을 하게 한다.

2008. 11. 1 (土)

미국 뉴욕 증권시장

뉴욕 증시에서 주식의 등락에 따라 각국의 증권시장의 주식 가격이 영향을 받아 등락을 거듭하고 있는 추세이다. 아마도 미국경제가 세계에 주는 영향력이 가장 크기 때문일 것이다. 통신망이 발달한 까닭에 수시로 연락을 취해 시세 변동을 조장하고 있는 것 같다.

언제나 아침 뉴스에서는 그날의 뉴욕 증시의 등락을 알려 주고 있는데 이를 통해 그날의 우리 주식시세를 예측할 수 있는 것이다. 유럽의 영국, 프랑스, 독일 등도 미국의 증시가 신호라도 보내는 듯 다소의 차이는 있지만 등락을 같이 하고 있다. 자연 한국, 일본, 중국, 홍콩, 대만, 인도까지 연동으로 뉴욕 증시에 맞춰 춤을 추고 있으니 세계의 주식시장도 공동체임을 짐작할 수 있다.

그래서 미국의 긴급 구제자금을 각 나라들의 경제가 불안정해지면 임시변통으로 빌려다 쓰는 것 같다. 이번에 우리나라도 300억 달러를 빌려다 달러의 앙등을 막고 증시의 폭락을 방지한 것 같다.

그러나 이해하기 어려운 것은 한국은 달러 보유고가 세계 6위인 2,400억불이나 되는데도 다시 미국에서 달러를 빌려오는 이유를 우리 같은 문외한은 알 수가 없다. 아무튼 경제가 점차 안정되어 간다고 하니 다행이다.

2008. 11. 2 (日)

한국인은 여자가 더 우수하다

우리나라의 여자들이 사회에 진출하기 시작한 지도 1세기가 되었고 본격적으로 참여한 지는 반세기가 가까워지지만 이미 각 분야에서 남자를 능가하는 것 같다. 특히 두뇌플레이에 있어서는 남성을 앞질러 거의 대부분의 학교에서도 여자들의 성적이 우수한 것을 볼 수 있다.

그동안은 여성들이 적극적으로 사회참여를 안 해서 그렇지 공평한 기회가 주어진다면 남성보다 여성이 우월함을 증명해 주고 있다. 첫째, 각종 고시에서도 여자의 합격률이 남성보다 월등하고 각 분야의 수석 역시 여자들이 차지하는 것을 보면 시대가 많이 변했다는 것을 새삼 느끼게 된다.

여자들은 일단 성격 면에서 차분하고 섬세한 감수성을 가지고 있기에 공부고 기능이고 간에 유리한 조건을 가지고 있는 것 같다. 그동안은 단지 남성들의 힘의 논리에 눌려 두각을 나타내지 못했을 뿐이다. 다른 나라는 몰라도 우리나라만큼은 여자들의 머리가 남자들의 머리보다 우수함을 알 수 있다. 머지않아 여자 수장도 나올 것 같다.

2008. 11. 3 (月)

수연이가 영세를 받다

지난 토요일 날 수연이가 성당에서 몇 개월 교리 공부를 하고 나서 영세를 받았다고 한다. 신앙심이 우러나 성당에 나갈 수 있다는 것은 본인을 위해서도 다행한 일이다. 종교를 가지지 못한 사람은 문화인이 될 수 없다고 한다. 자신의 허물이나 반성할 기회를 가지지 못해 겸손한 처세를 할 수도 없는 것이다.

또한 종교가 없는 사람들은 범사에 감사할 줄 모르는 사람들이 대부분이다. 이러한 면에서 볼 때 일단 종교를 가지게 되면 자기 자신을 함부로 처신하지 못하게 된다. 수연이도 이제 천주교에 입문을 했으니 바이블도 읽어보고 교리를 완전히 이해해서 하느님의 착한 양이 될 것이다.

세상에는 교적만 걸어두고 자기 멋대로 처신하는 사이비 교인들도 많고 위선자들도 많은데 이런데 물들지 말고 진심에서 우러난 교인이 되기를 바란다. 진실하게 하느님을 믿고 의지할 때 비로소 마음이 풍요로워지고 건전한 정신도 갖게 될 것이다. 그리하면 하는 일마다 잘 풀려 행복을 불러오는 지름길이 됨도 깨닫게 될 것이다.

2008. 11. 4 (火)

우울증에 대하여

인생사에 있어 갈등을 풀지 못하고 고민을 하다 정면 돌파를 하지 못한 사람은 우울증에 시달리게 된다. 우울증이 심해지면 도피처를 찾게 되는 데 그곳이 바로 죽음인 것이다. 최근 자살하는 연예인들이 많이 있는데 이들은 모두 소극적인 이상주의에 빠진 나약한 자들이다.

일시적으로 쌓아올린 금자탑 속에서 영원히 귀족생활을 하고 살라는 법이 없는데 그 위치가 무너지는 게 두려워 지레 겁을 먹고 좌절해 버리는 격이니 허영에 찬 이상주의가 아닐 수 없다. 좀 더 적극적이고 현실적인 사고방식을 가졌다면 생을 포기하는 극단적인 선택을 하지는 않았을 것이다.

사람은 분수를 알고 과거를 되돌아보고 살아야 하는데 자신이 언제부터 귀족이었다고 분수를 착각하고 망상에 날뛰다가 죽어간 연예인들이 안타까울 뿐이다. 인생은 영고성쇠(榮枯盛衰)가 돌고 돌아 희비애락(喜悲哀樂)이 상존하는 법인데 이러한 이치를 모르고 그저 허영에만 눈이 먼 무지한 인생이 불쌍하고 안타까울 뿐이다. 우울증을 예방하려면 적극적이고 강인한 정신만이 이겨낼 수 있다.

2008. 11. 5 (水)

의사를 많이 찾아가야 한다

의사라고 해도 경험이 많아야 병의 진단을 잘 할 수 있다. 의사라고 해도 경험이 부족해 진단을 정확히 하지 못하면 환자를 괴롭히기만 할뿐 맨날 다녀도 병을 고치지 못한다. 아내가 96년에 눈을 다쳐 삼성의료원에서 수술을 받았는데 수술 미숙으로 6시간을 소요하였다. 그런데 그만 눈물샘을 차단하는 바람에 눈물이 빠져나오지 못해 고름이 되어 지금까지 12년째 고름을 짜내느라 안과를 다니고 있다.

설상가상 그 눈에 백내장까지 덥쳐 백내장 수술을 의뢰했더니 눈물샘부터 원상 복구해야 백내장 수술이 가능하다고 한다. 진작 알았더라면 고생을 하지 않았어도 될 것인데 지금까지 방치하는 바람에 눈이 안 보인다고 짜증만 내더니 요즘 몇 차례 안과를 다녀보더니 원인을 알아서 수술을 하기로 했다니 마음이 놓인다.

그래서 병이 생기면 수소문을 잘해서 경험 많은 의사를 찾아가야지 아무데나 가서 수술을 받았다가는 설령 치명적인 실수를 했다고 해도 그 내용을 규명할 수 없으니 돌이킬 수 없는 일이 되기 쉬운 것이다. 경험 많은 전문의에게는 천하 쉬운 일도 선대생이 의사는 몰라서 일을 밍치는 수가 비일비재한 것이다.

2008. 11. 6 (木)

미국 대통령에 오바마가 당선되다

미국 제 44대 대통령에 사상 최초로 흑인 대통령 버락 오바마가 선출되었다. 그는 1961년생으로 하와이에서 흑인 아버지와 백인 어머니 사이에서 태어났다. 그가 두 살 때 부모가 이혼하여 백인 외할머니가 양육했는데 순탄치 못한 가정환경 속에서도 콜롬비아 대학에서 정치학을 공부하고 이어 하버드 대학에서 법학을 전공하여 인권변호사로 활약하였다.

그러다 정치에 입문하여 민주당 상원의원이 되었다고 한다. 이번에 민주당 대통령 후보 경선에서 힐러리를 물리치고 공화당의 매케인 후보와 상대하여 52% 대 47%라는 압도적인 승리를 거두었다. 현재 부시가 워낙 실정을 많이 해서 미국 국민들이 흑인임에도 불구하고 민주당 후보에게 표를 던진 것 같다. 미국에 새바람을 기대하고 변화를 원하는 것이다.

앞으로의 대외정책도 달라질 것 같은데 한반도 문제는 과연 어떻게 될지 사뭇 궁금해진다. 오바마의 정치역량에 따라 앞으로 미국의 흑인에 대한 인식도 달라질 것이다. 오바마 조부모는 아직도 아프리카 케냐에서 살고 있으며 오바마가 당선되자 국가의 공휴일로 지정했다고 하니 케냐에서는 얼마나 큰 자부심과 긍지를 느꼈을 것인지 짐작할 만하다. 앞으로 오바마의 정치스타일이 주목된다.

2008. 11. 7 (金)

억세게 운 좋은 사나이

세상에 왕운을 타고난 사람은 이번에 미국 대통령에 당선된 오바마이다. 그는 2년 전 민주당 전당대회에서 연설을 잘한 덕분으로 정가에 두각을 나타내어 유색인종이라는 핸디캡을 딛고 흑인 최초의 미국 대통령 고지에 올랐으니 말이다. 흑인이 감히 대통령 자리를 넘볼 수 있었던 것도 미국 민주주의의 개가요 본인의 야심찬 도전 덕분이었다.

새로운 변화를 추구하는 미국민들에게 시기적으로 적절한 타이밍에 용감하게 출사표를 던져 성공하였으니 얼마나 세계적으로 운이 뛰어난 사나이인가? 정치를 잘해 나가고 못해 나가는 것은 그 다음 문제인 것이다. 미국은 확실히 민주정치가 성숙되고 정착된 나라이다.

어제까지 치열하게 선거전에서 싸운 상대일지라도 일단 패배하면 쾌히 승복하는 자세와 나아가 국민을 위해 적극 협조하겠다고 하는 모습을 보면 우리나라 정치인들과는 확연한 차이를 보인다. 아무튼 오바마는 억세게 좋은 운을 타고 났다고밖에 다른 표현이 없을 정도로 행운아이다. 버락 오바마의 앞날에 더욱 행운이 깃들기만을 염원할 따름이다.

2008. 11. 8 (土)

현대인의 생일의 의의

현대인들은 생일을 잘 기억하고 잘 챙기는 편이다. 옛날에는 어른들 생일이나 집안에서 챙길 정도였지 지금처럼 어린애들까지 생일을 챙겨주는 일은 없었다. 혹시라도 아이의 생일이 기억나면 겨우 아침에 미역국이나 끓여주는 정도였다.

남쪽 지방에서는 생일보다 제사를 더 중히 여기는 풍속이 있는데 중부지방인 경기도나 서울 사람들은 제사보다 오히려 생일을 중히 여기는 경향이 있다. 집안 친척 간에도 생일에 참석을 못하면 큰 실례인 줄 알지만 제사에 참석을 못해도 나중에 출행을 삼가라는 미신을 내세우면 결례가 면제되는 것을 볼 때 죽은 사람보다는 산 사람 위주의 태도를 보임을 알 수 있다.

하기야 죽은 사람 제사는 형식에 지나지 않고 생일을 챙기는 것은 보다 현실적이어서 실리를 챙기는 일인지도 모른다. 현대인은 현실적인 것을 추구하는지라 생일을 더욱 중요하게 여기는지도 모른다.

어제는 석우의 생일이어서 기숙사에서 늦게 돌아온 손자에게 할머니가 작은 케익 하나와 약간의 용돈을 준 모양이다. 생일에 꽃다발이나 선물을 주는 문화는 서양의 풍습인데 보다 현실적인 것 같다.

2008. 11. 9 (日)

인생은 도전이다

사람이 살아가려면 매사를 접촉해야 하고 접촉했다 하면 자신 있게 감당할 수 있어야 비로소 인생에서 승리하였다고 할 수 있다. 어려서부터 대담하고 모험심이 강하면 무슨 일이고 두려움 없이 행할 수가 있는데 소심하고 힘든 일을 겪어보지 못한 사람들은 무슨 일을 하려고 들면 겁부터 내서 일을 성사시키기 힘들어진다.

이것이 습관화 되면 소극적인 사람이 된다. 이런 사람은 인생을 도전적으로 살 수가 없다. 매사에 적극적이고 도전적으로 살아간 사람은 삶에 자신감이 넘치고 좌절감이 없다. 따라서 불굴의 의지로 천병만마(千兵萬馬)가 들이닥쳐도 저것쯤이야 내가 해치울 수 있다는 자신감으로 세상을 살아갈 수 있는 것이다.

그러나 소극적인 사람은 만사가 두렵기만 하여 큰일을 하지 못하고 남의 밑에서 고용살이나 할 수밖에 없다. 요즘 같은 세파를 뚫고 나가려면 인생을 도전적으로 살면서 무슨 일이고 두려움 없이 해 나가는 습관을 들여야 수월한 인생을 살 수 있을 것이다.

2008. 11. 10 (月)

12년 만의 숙원

오늘 아내는 강남의 한 성형외과에서 12년 전에 다친 눈을 소생시키는 수술을 받았다. 그 당시 6시간의 대수술이 잘못되는 바람에 눈물샘이 차단되어 늘상 고름으로 고통을 받아왔는데 이번에 1시간 만에 수월하게 수술을 끝내고 나니 마음이 다 후련해진다. 제발 이번 수술로 눈이 원상 복구되어 백내장 수술까지 마저 성공적으로 이뤄졌으면 한다.

그동안 12년 동안 눈 때문에 고생한 것을 생각하면 기나긴 세월이 원망스럽기도 했다. 부디 이번 수술로 고통의 종지부를 찍을 수 있길 바란다. 내년 봄까지 두 눈의 백내장 수술을 끝내고 나면 정상적인 시력을 찾아 12년 전의 시력으로 환원될 것이다. 그러면 아내의 짜증도 줄어들 것이다.

몸이 불편하면 신경이 날카로워져서 일상생활에서도 짜증이 많이 나는 모양이다. 사람이 살다 보면 운 나쁘게도 본의 아닌 실수로 고생을 하게 되니 누구를 탓하겠는가! 모두가 내 운명이려니 하고 수양하며 사는 것이 타당한 인생사라고 하겠다. 나는 일생을 그런 마음가짐으로 살아왔는지도 모르겠다.

2008. 11. 11 (火)

재기는 불가능할 것인가?

한동안 카메라에 모습을 드러내지 않았던 북한의 김정일 위원장에게 또다시 뇌졸중이 발병하였다는 미확인 보도가 영국의 방송사를 통해 흘러나왔다. 그동안 북한 당국은 김 위원장이 촬영된 영상물은 일체 내보내지 않고 군부대를 방문하며 찍었다는 사진만 보여 주어 진위여부로 말이 많은 것이 사실이다. 그러니 여기저기서 추측성 보도만 난무하고 있다.

그때그때 생방송으로 자국의 상황을 보여주는 나라라면 누구도 추측성 보도를 할리도 없을 테지만 워낙 특수한 나라인 북한이니만큼 더욱더 궁금증을 일게 만드는 것이다. 영국 방송은 미구에 후계자로 3남인 김정은이 이어받을 것이라며 김정일이 사망하면 자연 권력이 승계될 것이라는 보도를 하고 있다. 워낙 베일에 가려진 나라인지라 모든 루머들이 신기하게만 들린다.

정권유지도 무엇보다 본인의 건강에 달려 있는 것 같다. 쿠바의 독재자 카스트로도 결국 건강이 좋지 못해 동생에게 권력을 이양하지 않았던가! 아무튼 금년이 지나면 비밀이 밝혀져 북한의 실정이 서서히 드러날 것이다.

미국의 오바마 대통령도 필요하다면 김 국방위원장을 직접 면담할 수 있다고 했으니 그때 가면 건강문제와 북한의 속셈도 짐작할 수 있을 것이다.

2008. 11. 12 (水)

자각(自覺)

남으로부터 백번 강요당하는 것보다 자기 스스로 단 한번 깨닫는 것이 더 효율적일 때가 많다. 부모나 선생님으로부터 공부를 해라 또는 착한 일을 해야 된다는 말을 들어도 자신에게 와 닿지 않으면 개선하기가 힘든 것이 사람의 속성이다. 그래서 불교에서는 스스로 깨닫는 것을 교리로 하고 마음을 닦으라고 하였다. 만사를 스스로 깨닫는 것처럼 중요한 일이 없다.

사람은 일생을 두고 깨닫게 되는 것이다. 그러나 사람에 따라서는 일찍 자각한 사람이 있는가 하면 뒤늦게 자각한 사람도 있고 평생 자각하지 못하고 죽는 사람도 있다. 모두가 본인의 노력 여하에 달려 있는 것이다. 일찍 깨닫고 철이 든 사람들은 그만큼 본인에게 유익한 반면 깨달음이 늦으면 그만큼 손해를 보게 된다.

죽을 때까지 자신의 잘못이나 허물을 깨닫지 못하는 사람들은 구제불능의 불쌍한 인간이다. 사람들은 환경에 적응하는 동안 자각의 속도가 정해지기도 하고 아예 자각심이 생기지 못하는 사람도 있는 것이다. 가정환경이나 교육에서도 본인의 성격과 마음가짐이 가장 중요하다고 본다.

2008. 11. 13 (木)

생로병사(生老病死)

작가 최인호의 수필인 「어머니는 죽지 않는다」를 읽었다. 사람은 비명횡사한 사람을 제외하고는 누구나 생로병사의 과정을 겪게 되는데, 이 과정에서 부모 자식 간에 겪는 인과는 숙명이라고 할 수밖에 없는 것 같다. 나도 부모님과 같이 살다가 아버지는 회갑을 막 보내고 나서 이듬해에 돌아가셨고, 어머니는 85세 접어드는 1월에 돌아가셨다.

모두가 그렇게 허망할 수가 없었다. 특별히 효심도 없던 나였지만 지금까지도 부모님이 살아계실 때 좀 더 부모님 입장을 이해해 드리지 못했음이 후회스럽기만 하다. 부모님이 돌아가시고 나이가 들어서야 부모의 심정을 이해함은 철부지인 탓도 있겠지만 직접 당해보지 않으면 감지할 수 없는 노년의 인생관을 터득하지 못한 원인도 있다.

부모님 생시에는 철부지 사춘기를 보냈는데 육체적인 노동이 힘들 때는 부모를 원망하며 투덜대기도 했다. 그러나 서울살이의 모진 세파 속에서도 살아남을 수 있었던 것도 어릴 적 고된 훈련 덕분이 아니었나 싶다. 어떤 부모가 자식을 고생시키고 싶어서 그랬겠는가? 불가항력의 운명이 가난한 환경으로 이끈 뒷일 뿐이다.

2008. 11. 14 (金)

수능시험

어제는 전국에서 일제히 수능시험을 치러 고3 학생들과 재수생들이 실력을 겨루는 날이었다. 참 편리한 제도라고는 하지만 단 하루의 테스트로 그간 갈고 닦은 실력을 평가한다는 것은 문제가 있다. 서양이나 미국처럼 고등학교 내신성적이나 생활기록부만으로는 믿을 수 없다는 것이 한국교육의 실정이다.

그래서 해마다 막대한 예산을 들여 수능시험을 치르느라 전쟁을 방불케 하고 있다. 금년 시험문제는 작년에 비해 조금 어렵게 출제했다고 한다. 이 수능시험 결과에 따라 지망대학의 선택이 달라지게 된다. 아무래도 농촌에 있는 학생들은 도시 학생들에 비해 점수가 떨어져 명문대학에 들어가기가 힘들 것이다.

도시에서는 사교육비를 들여 인위적인 주입식 과외를 시키고만 있으니 국가차원에서 볼 때도 얼마나 낭비가 아닐 수 없다. 내년 수능시험에는 우리 석우도 참가하게 될 것이다. 모든 학생들이 점수따기 공부에만 몰두하고 있으니 한심스럽고 불쌍하다는 생각이 든다. 지금 한국의 교육실정은 돈을 기준해서 공부하고 있는 것 같다. 시험 점수에 따라 돈을 많이 주는 직장이 보장되기 때문이다.

2008. 11. 15 (土)

종부세 문제

헌법재판소의 판결 결과 종부세의 일부 조항이 위헌이라는 결정이 났다. 노무현 정권 때는 1가구 1주택이라도 6억이 넘어가면 종부세를 부과했는데 이번 판결로 말미암아 그때 거둬들였던 세금을 다시 돌려준다고 한다. 그 돈이 무려 6천억 원이나 된다니 참으로 부당한 세금이 국가권력에 의해 징수된 것이다.

그렇지만 환수 외에는 누구 하나 정치적으로 책임을 진 사람은 없다. 국민들의 혈세를 징수할 때는 신중을 기해서 책정하는 것이 온당한 법인데 마구잡이로 투기를 억제한다는 명분 아래 탁상공론식의 종부세를 정하게 되니 자연 선의의 피해자가 발생할 수밖에 없었다. 이러한 피해자들이 힘을 모아 헌법소원을 낸 결과 이번에 승소를 하여 납부한 세금을 돌려받게 된 것이다.

사실 중산층들이 주거용으로 집 한 채나 아파트 하나를 소유하여 몇 년째 살고 있는데 시세가 조금 올라갔다고 하여 이사할 생각은 전혀 없는데도 세금 폭탄을 때리는 것은 엄연한 국가의 횡포이다. 국가는 국민 개개인의 피해를 최소화하는 것이 진정한 민주주의라고 할 수 있다. 편의주의에 편승한 법은 일종의 악법이자 테러에 불과하다.

2008. 11. 16 (日)

장바구니 물가

일주일에 한두 번씩 '하나로마트'와 알뜰시장을 통해 구매하는데 요새는 식료품 값이 평균 잡아 4~5만 원이 초과된다. 수년 전에 비하면 장바구니 물가가 배 가량 오른 것 같다. 왜 이렇듯 먹거리 가격은 오르기만 하는 걸까? 보통 도시에 사는 서민들의 수입은 그대로인데 물가만 올라가니 상대적으로 빈곤감은 커져만 간다.

그러나 정치를 하는 사람들은 이러한 서민들의 고충은 안중에도 없다. 하기야 자신들에게는 얼마가 오르건 장바구니 물가 따위는 별 상관이 없을 것이다. 월수입 일이백만 원의 서민들과 수백만 원에서 수천만 원의 수입과는 비교가 되지 않는 것은 당연하다.

물가가 매년 올라간다는 것은 확실히 경제정책을 잘못 운영하고 있다는 증거이다. 서민들이 정치에 바라는 것은 큰 게 아니다. 무엇보다 물가가 안정되고 경기가 활성화 되어 생활이 안정되기만을 원하고 있는 것이다. 그런데도 물가가 고삐 풀린 망아지처럼 설쳐대도 뒷짐만 진 채 당리당략에만 신경 쓰고 있는 정치인들이 태반이니 하루빨리 도태되어 마땅하다.

2008. 11. 17 (月)

김장철

우리 한국 사람에게는 해마다 김장철이라는 게 있다. 그런데 요즈음은 갈수록 김장철이 빨라지고 있다. 김치냉장고가 생겨난 후로는 11월 초에서 중순까지 날씨가 덜 추워도 김치가 시어질 염려가 없으니 예전처럼 굳이 추울 때 김장을 담글 필요가 없어진 것이다. 금년에는 당진 며느리 친정에서 김장을 해 온 덕에 아내가 한시름 놓은 것 같다. 금년에는 풍년으로 채소값이 떨어지고 반면 양념값은 비싼 모양이다.

우리 한국 사람들의 식생활은 김치가 빠져서는 안 되기에 겨울동안 먹을 김치를 한꺼번에 담가 저장하는 풍속이 전통적으로 이어져 온 것이다. 그러나 그나마 지금은 많이 간소화 된 셈이다. 김치를 안 먹어도 식생활을 할 수는 있지만 알고 보면 김치처럼 좋은 찬거리가 없다.

과학적으로 보아도 전연 손색이 없을 정도의 영양가를 가지고 있는 발효식품이 바로 김치이다. 세계 어디에 내놓아도 우수한 우리 전통 식품인 것이다. 우리는 이러한 조상들의 지혜가 담긴 김치를 더욱 연구 발전시킬 필요가 있다. 서양인들의 입맛에 맞는 삼삼한 김치를 개발하여 태권도처럼 세계에 알려야 할 것이다.

2008. 11. 18 (火)

개안(開眼)수술

백내장 수술을 하러 간다고 아내는 아침부터 서둘렀다. 석우 애미와 전철을 타고 압구정동에 있는 성모안과병원에 갔는데 출근시간이랑 겹쳐 아주 복잡했을 것이다. 눈물샘 복원 수술을 받은 지 일주일 만에 다시 백내장 개안 수술을 받게 되니 이번 수술이 잘 되어 눈이 훤히 뜨였으면 한다.

그동안 오랜 세월을 눈 때문에 고통 받아 왔는데 이 수술로 일 단계는 끝난 셈이다. 다음은 눈꺼풀이 처져 불가피하게 쌍꺼풀 수술까지 하고 난 다음 마지막으로 한쪽 눈마저 백내장 수술을 해야 완전한 마무리가 될 것 같다.

그동안 눈에 대한 병원 정보를 미리부터 알았더라면 진작 수술을 받았을 텐데 그동안 동네 안과의 미숙한 진단으로 수술할 엄두를 못 냈는데 이제라도 수술을 하게 되니 다행이라 생각한다. 사람은 몸이 불편한 데가 없어야 맑은 정신을 유지할 수 있다. 건강이 행복의 제일 조건임을 다시 한번 느끼게 된다.

2008. 11. 19 (水)

긍정적으로 살자

세상만사를 긍정적으로 사는 사람은 복을 받고 부정적으로 생각하는 사람은 복을 받지 못한다는 말이 맞는 것 같다. 아무리 어려운 난관에 처해도 긍정적으로 생각하는 사람은 낙천적으로 세상을 살 수 있는데 비해 아무리 좋은 환경에 처해 있어도 불평불만만 하는 부정적인 성격을 가진 사람은 불행할 수밖에 없다.

누구든지 마음에 품지 않는 복은 절대로 현실로 나타나지 않는 법이다. 앞으로 좋은 일이 있을 거라고 마음으로 믿지 않는데 좋은 일이 왜 일어날 것인가? 성공 역시 우리의 마음속에 이미 도사리고 있어 긍정적인 마음만이 성취와 불성취의 차이를 만들어 낼 수 있다.

하느님의 지원이나 우리의 재능이 부족해서 성공을 못하는 것이 아니라 하느님이 주신 복을 제대로 누리지 못하는 원인은 우리들의 부정적인 마음에 있다. 나는 이미 끝났다든가 왜 나만이 고통을 받고 살아가야 라든가 하는 부정적인 생각보다는 이제부터는 좋은 일만 일어날 거라는 긍정적인 마음만 갖고 살자.

2008. 11. 20 (木)

때 아닌 철도노조의 파업

전 세계가 경제난으로 허덕이는 이때에 지하철노조를 포함한 전 철도노조가 파업을 단행한다고 한다. 이에 브라질 상파울로에 있는 이 대통령은 지금이 어느 시기인데 파업을 하냐면서 법대로 엄중 처벌하라는 지시를 내리자 주춤하고 있다.

세계적으로 유수한 기업들도 도산을 하고 감원을 하는 마당에 처우개선을 내걸고 파업을 일으키려 하는 것은 너무나 이기적이고 사치스럽게 여겨져 이맛살을 찌푸리게 한다. 철도나 지하철에서 근무하는 직원들은 그래도 우리나라에서는 괜찮은 보수를 받는 노동자들인데 가뜩이나 어려운 시기에 처우개선을 담보로 파업을 하는 것은 백번 옳지 않다.

처우가 아주 불량하다면 시민들 역시 격려를 할 터인데 어찌 보면 사치스러운 파업은 국민들의 동의를 구하기가 힘들다. 민주국가에서 노동자의 권리는 물론 보장되어야 하지만 일방적인 밥그릇 채우기식 파업은 집단이기주의에 불과함을 인식하고 자제하길 바란다.

2008. 11. 21 (金)

효도의 개념

어제는 음력으로 10월 23일 아내의 칠순이었다. 세월은 그리도 빨리 흘러 벌써 고희(古稀)에 접어들도록 만들었으니 세월이 한스럽기만 하다. 두 번에 걸친 눈 수술이 아직 아물지 않아 집에서 가족들끼리 저녁이나 먹자고 했는데 처제가 언니의 생일을 기억하여 집에까지 와 주니 혈연의 정을 감지할 수 있었다.

자식들이 있기에 이렇듯 가족끼리라도 모여 칠순을 보낼 수 있다는 자체를 감사한 마음으로 보낼 수 있었다. 생각해 보면 부모와 자식지간의 효도라는 것이 반드시 능라금수(綾羅錦繡)나 진수성찬(珍羞盛饌)을 뜻하는 것이 아니다. 그저 조촐한 가운데서도 부모의 뜻을 거스르지 않고 부모가 바라는 바를 살펴 불쾌한 심정이 되지 않도록 신경을 써 주는 것이 효도 중의 으뜸이 아니겠는가!

부모에게 불쾌한 감정을 줄 바에야 차라리 무능한 편이 나을 것이다. 이러한 이치를 우리 부모들도 젊어서는 모르고 나이가 들어서야 깨닫게 되니 흘러간 강물처럼 돌이킬 수가 없고 한탄한들 젊은이들이 알 리도 만무하다. 효자상은 극도로 인간성이 발달해야 실행 가능한가 보다.

2008. 11. 22 (土)

사람은 기초가 중요하다

기초를 잡지 못한 사람은 일생을 두고 허덕이게 된다. 처음부터 순조롭게 기초를 잡아가기 위해서는 학생 때부터 노력이 있어야 한다. 그렇지 못하면 주위의 배경이 든든하던가 아니면 남들이 선호하지 않는 일에 뛰어들어서라도 성실도를 인정받는 수밖에 없다. 사람은 무슨 직업을 택하든지 기초부터 착실하게 닦아야 장래에 전망이 생기는 법이다.

그리고 직업을 선택할 때는 자신의 능력에 맞추어 신중히 선택하여 일생동안 한 우물을 파는 것이 중요하다. 직업을 자주 바꾸게 되면 파란곡절이 이만저만 아니다. 대개 기초를 튼튼히 다지지 못하면 직업을 자주 바꾸게 된다. 그래서 하는 일마다 성공하기가 어려운 것이다.

요즈음은 기초를 든든히 다지지 못하면 결혼도 할 수 없어 사람구실도 못하게 되니 도태될 수밖에 없다. 기초를 쌓는 일이야말로 인간의 막중한 사명이다. 그래서 각자가 분수를 알고 기초를 닦아야 한다.

2008. 11. 23 (日)

건강을 상실한 30년 세월

내 건강이 나빠지기 시작한 것은 1977년 봄부터였다. 그러니까 45세까지는 그런대로 건강히 활동을 했는데 45세가 지나면서부터 정신 건강에서 먼저 이상이 오더니 자고 나니 오른쪽 다리에 이상이 생겼다. 그 길로 병원에 가서 진찰을 받아보니 목디스크가 생겨 신경을 압박한 탓으로 팔다리가 저려오는 것이라고 하였다.

한양의대에서 목디스크 수술을 받았지만 별 차도가 없어 그 후 20년간을 지팡이에 의지하여 불편한 생활을 했다. 그래도 재활운동을 꾸준히 한 덕분에 부자연스러운 와중에도 거동을 하며 유럽과 미국을 두 번씩이나 다녀오기도 했다.

그러다 2001년 한약을 잘못 먹은 탓으로 비운이 닥쳐 신체가 완전히 마비되고 말았다. 결국 5년간을 일어나지 못하다가 2007년 가을에야 겨우 보행기에 의지하여 몇 걸음씩 걷기 시작한 게 지금에 이르렀으니 인생의 절반인 30~40년은 병고의 생활을 지속하고 있는 셈이다.

2008. 11. 24 (月)

내 나름의 문화

몸은 자유로이 움직일 수 없지만 생각만은 자유로워서 나만의 생활을 유지하고 있다. 정신 건강은 아직도 건재하기에 사고의 능력만은 여전히 발휘할 수 있는 혜택을 입고 있다. 그래서 여전히 반은 살아 있는 목숨이다.

몸이 불편한 가운데서도 하루에 한 번씩 생각나는 것들을 노트에 메모할 수 있으니 얼마나 다행한 일인가! 이마저 할 수 없었다면 꼼짝없이 천장만 쳐다보는 식물인생의 시간을 보냈을 것인데 이렇듯 펜을 움켜쥐고 글씨를 쓸 수 있음을 하느님께 진심으로 감사드린다. 내 생각을 글씨로 나타낼 수 있다는 자체가 나의 문화이다.

이러한 문화의 혜택도 볼 수 없다면 공허하게 무의미한 시간만 축내다 죽음을 기다리겠지만 글씨라도 쓸 수 있으니 덜 괴롭다. 그다지 쓸모없는 말이라도 신경을 집중하고 글쓰기를 하는 동안은 육체의 고통도 어느새 잊혀진다. 신체운동은 하루도 쉬지 않고 계속해야 그나마 신체의 마비를 모면할 수 있으니 하기 싫어도 매일처럼 한두 시간은 하는 편이다.

2008. 11. 26 (水)

권력과 이권

자고이래 권력이 있는 곳에는 이권이 개입되기 마련이다. 그것도 시대에 따라 갖가지 수법으로 이권을 청탁하고 뇌물을 주고받는 것을 볼 수 있다. 오늘날 민주주의가 발달함에 따라 그 수법은 날로 지능화되어 노무현 정권 때는 주로 증권에 손을 뻗는다는 소문이 있었는데 그것이 사실임이 백일하에 드러났다.

당시 노 대통령의 측근인 청와대 간부가 주가조작에 관여하여 거액을 뇌물로 받아 노 대통령의 친형에게 주었다는 단서를 포착하고 수사를 했다고 하니 직위의 고하를 막론하고 정치인의 말을 누가 믿겠는가? 아무리 말로만 부정부패를 척결한다고 떠들어대도 이면에는 복마전(伏魔殿)을 펴놓고 사복(私腹)만 채우고 있으니 국민이 볼 때는 모든 말들이 위선으로밖에는 보이지 않는 것이다.

이 정권이 물러나면 또 다음 정권 때 어떤 비리가 파헤쳐질지 모르는 일이니 정치인들을 도대체 신임할 수가 없다. 우리나라는 건국초인 자유당 때부터 부정과 비리가 얼룩져 있는 현실을 뉘라서 막을 수 있겠는가? 한심스럽기만 하다.

2008. 11. 27 (木)

태국의 반정부 시위

태국 국민의 현 수상 퇴진을 요구하는 반정부 시위가 연일 계속되고 있다. 그런데도 정부에서 아무런 반응을 보이지 않자 성난 시위대들은 방콕 공항을 3일째 점거하여 수천 명의 탑승객들의 발이 묶이는 상황이 발생하였다. 하루 관광객만 해도 수천 명에 달하는데도 태국 정부는 특별한 조치 없이 불법시위대에 의한 퇴진은 있을 수 없다며 버티고만 있으니 귀추가 주목된다.

한국 관광객 수천 명도 사흘째 출국을 못 하고 호텔에서 투숙한 채 귀국할 날만을 기다리고 있다니 쿠데타로 빼앗은 정권은 국익에도 도움이 안 되는 것 같다. 민주주의가 발달하지 못한 나라에서는 무기를 가진 세력인 군인들이 마음만 먹으면 정권을 탈환할 수 있는 것이다. 태국 역시 수많은 국민들의 노력과 희생이 따라야 미국이나 유럽처럼 자리를 잡을 수 있을 것이다.

어제는 인도의 한 호텔에서 테러가 발생해 한국인 26명이 감금되었는데 다행히 오늘 아침에 무사히 호텔을 빠져나올 수 있었다고 한다. 이러한 일련의 사건들은 현 정권에 불만을 가진 세력들이 벌인 일들이다.

2008. 11. 28 (金)

중국 전한(前漢)과 후한(後漢)의 역사

정은이가 사다 준 5권의 책 덕분에 11월 달은 심심치 않게 시간을 보낼 수 있었다. 어제부터 다시 예전에 구입해 두었던 지전(智典)을 읽어보기로 했다. 고대 중국의 한(漢)나라 역사의 인물사(人物史)를 수록한 책이다. 서로 다른 세력들의 땅빼앗기 전쟁 속에서 영웅호걸들의 지혜와 식견이 수록된 정치철학서이도 한데 정치에 뜻이 있는 사람은 반드시 한두 번은 읽어볼 만한 책이다.

옛날 선비들은 우리나라 역사의 기록이 별로 없어 공부를 할 수 없었지만 중국 고대사만은 통달해서 화제의 대상으로 삼곤 했었다. 우리 선친께서도 친구들과 가끔 공 · 맹자 이야기와 더불어 한나라의 역사 이야기를 꽃 피우기도 하시는 것을 어릴 적 들은 기억이 난다. 지금 와서 지전을 읽어보니 서양사 못지않게 흥미진진한 이야기들로 가득했다.

예나 지금이나 권력투쟁은 너무나 처절하고 악랄해서 도덕관념과는 동떨어져 있음을 알 수 있었다. 정치는 도덕과는 친할 수 없는 일종의 예술에 속한 것이다. 사람들, 특히 인재를 어떻게 내 쪽으로 많이 끌어들이느냐에 승패가 가늠되는 경기인 것이다. 이러한 예술묘기를 보면서 지금의 정치를 비교해 보는 것도 나름 흥밋거리가 아닐 수 없었다.

2008. 11. 29 (土)

유해식품(有害食品)

요즈음은 시장에서 마음 놓고 식품을 사 먹을 수도 없다. 모든 농수산물에 농약과 항생물질을 사용하여 재배 보관하기 때문에 함부로 사 먹기가 두렵다.

이번에도 학교급식 반찬으로 나온 페루산 장어구이를 먹은 아이들이 구토와 마비 증세를 보여 보건당국에서 잔반을 수거하여 역학조사를 한 결과 농약 성분이 다량으로 검출되었다고 한다. 현실적으로 수백 종의 농수산물을 일일이 검사할 수도 없는 노릇이고, 그렇다고 생산자나 판매자의 양심에 맡기기에는 유해식품이 너무나 많아 걱정스럽다.

식약당국의 인원을 늘려 시장에서 유통되는 식품만큼은 사전 검사를 철저히 하는 수밖에는 없는데, 농약 없이는 농산물 생산이 불가능하고 항생제를 투여하지 않고서는 수산물의 유통이 불가능하다고 하니 갈수록 먹거리에 대한 불안은 커질 수밖에 없다.

이러다간 다시 원시시대로 돌아가 직접 재배하고 직접 잡은 고기들만 먹어야 한단 말인가! 어쩔 수 없이 농어민을 비롯한 생산자와 판매자들의 양심밖에 기댈 수 없는 상황이다.

2008. 11. 30 (日)

규칙적인 생활이 중요하다

사람은 생활 습관이 중요함으로 항시 규칙을 정하고 계획대로 생활하는 것이 좋다. 일정한 시간에 일어나고, 일정한 시간에 식사를 하고, 일정한 시간에 일하는 습관이 들어야 정신도 해이해지지 않는다. 일요일이나 휴일이라고 해서 늦잠을 자고 식사시간도 제멋대로 하면 생활리듬이 깨져 다시 잡는 데는 많은 시간이 걸리게 된다.

나는 요즘 새벽 다섯 시만 되면 눈이 떠지는데 자리에 누운 채로 가벼운 운동을 하는 것으로 하루를 연다. 주로 손발을 움직이는 스트레칭 운동을 하는데 수백 번을 반복해야 겨우 손발이 움직여진다. 어쩌다가 5시 30분에 눈이 떠지기라도 하면 그날은 운동을 하기가 싫어져서 하루 종일 몸의 컨디션이 안 좋게 된다.

그래서 일 년 365일을 하루도 거르지 않고 규칙적인 생활을 하려고 노력하고 실행하고 있다. 이러한 규칙적인 생활을 일생동안 하게 되면 그 가정은 근면해지고 지혜로운 집안이 되리라 믿는다. 생활이 불규칙한 가정생활에서는 절대로 아무 것도 이룰 수 없음을 우리는 보고 자라왔다.

2008. 12. 1 (月)

방문객

늙으면 외로워 사람이 그리워진다. 그러나 찾아주는 사람은 드물다. 평소 젊은 시절 덕을 많이 베풀었거나 활동을 많이 해서 유대관계가 넓지 않는 이상 단 둘이서 외롭게 지낼 수밖에 없다. 어제는 오전에 위성환이 찾아주어 점심을 같이 하면서 그간의 소식을 전해 들었다.

겨울이 다가와도 아직까지 쉬지 않고 목수 일을 계속하고 있고, 재덕이 엄마는 신촌에 있는 백제갈비 집에서 열심히 일하고 있다 하니 다행이라 하겠다. 그 사람들은 중국교포로서 재차 한국에 나와 돈을 벌고 있는 것이다. 아마도 이번에는 자식들 학비조달과 나머지는 저축해서 다시 음식점을 전문으로 할 계획인 것 같아 앞날이 촉망된다.

두 내외가 워낙 성실해서 특별한 자책만 하지 않으면 전도가 양양하다. 오후에는 임기택 군이 오랜만에 찾아와서 담소를 나눴다. 아직도 자기 직업을 놓지 않고 매일 소일거리 삼아 출퇴근하고 있다 하니 그 집념과 생활관이 대단한 사람이다. 아마도 기력이 딸리지 않는 한 80까지는 자기 직업에 종사할 것 같다.

2008. 12. 2 (火)

정리(情理)와 관심

사람이 누구로부터 관심을 받고 있다는 것은 정리(情理)가 통한다는 뜻이다. 특히 외국에 나가 있을 때 편지 한 통, 선물 하나라도 받으면 고독감을 달래주고 인정을 느끼게 된다. 친척이건 남이건 소식을 왕래할 수 있다는 것 자체만으로도 인생의 낙이라고 할 수 있는 것이다.

어제는 프랑스에 있는 운경이가 초콜릿 한 상자를 크리스마스 선물이라고 보내왔다. 고마운 마음으로 받았다. 선물에 대한 고마움보다는 우리를 잊지 않고 있다는 정리가 더 소중한 것이다. 그렇지 않아도 이번 크리스마스에는 김이라도 보내 주려고 했는데 먼저 초콜릿 선물을 받게 되었다.

이러한 Give & Take가 서로 고독을 피할 수 있는 계기를 만들어 준다는 것을 터득할 수 있었다. 사람이 무관심한 것처럼 몰인정한 것도 없다. 인간성의 발휘는 내가 먼저 행해야 상대도 응답이 오는 법이다. 작은 성의라도 등한시하지 말고 일 년에 한두 번이라도 관심을 가져줌으로써 더욱 유대관계가 돈독해질 것이다.

2008. 12. 3 (水)

생일은 음력보다 양력으로

지금도 구습에 젖어서 생일이나 제사를 음력으로 지내는 사람이 많다. 풍속과 전통의 습관을 쉽사리 버리지 못하는 것이다. 생일이고 제사건 되도록 정확한 날짜를 찾아야 의의가 있는데 음력은 양력에 비해 1년을 기준했을 때 정확도 면에서 일치하지 못한다.

달을 기준하기에 3년이 지나면 한 달이 늘어나게 되어 윤달이 끼어야 되는데 비해 태양을 기준으로 한 양력은 3년이 지나면 단 하루가 불어나 2월 달에만 하루가 더 있는 것이다. 그러므로 정확히 따지자면 음력은 1년이면 9일 8시간 정도가 늘어나고 양력은 1년에 8시간이 늘어나는 셈이다. 그러나 우리 조상들은 옛날에는 양력을 몰라서 음력만 써 왔던 것이다.

이러한 이치를 안다면 생일이나 제사는 양력으로 기억하는 것이 훨씬 편리하고 정확할 것이다. 아내의 생일도 1939년 음력으로 10월 23일이 양력으로는 12월 3일 바로 오늘인 것이다. 그런데 금년에도 7순을 음력으로 맞이하여 10여 일 앞당겨 셌던 것이다.

2008. 12. 4 (木)

달러가 줄어들고 있다

1998년 우리나라의 보유 달러가 36억 불까지 고갈되어 IMF 위기를 맞은 이래 꾸준히 증가하여 2,500억 불에 이르게 되었다. 그런데 금년 들어 경기가 부진해지더니 외환보유고도 2,000억 불 아래로 줄어들었다고 한다. 달러의 지출은 많고 수입이 적다 보니 자연 보유고가 내려간 것이다.

외환 보유고가 늘어나야 수출이 잘 된다는 것인데 보유고는 줄어들고 환율은 계속 올라가 1,000원대에서 1,500원대까지 오르락내리락하고 있으니 이명박 정부의 경제정책 전반이 의심갈 정도이다. 말로만 경제 살리기를 외치고 있지만 경제가 나아진 것이 하나도 없다.

수출은 줄어든 데다가 국제 경기마저 불황에 접어들고 있으니 정치와 더불어 경제 역시 의욕만으로는 안 되는 것 같다. 경제정책에 실패를 가져온 것은 아닌지 염려될 뿐이다. 선거때 경제성장 목표인 7%의 절반이나 달성할 수 있을지 의문이 간다. 국민 앞에 공약을 했으면 책임을 지는 정치가 아쉽기만 하다.

2008. 12. 5 (金)

태국의 헌법재판 결과

부정선거를 규탄하고 현 정권의 퇴진을 요구한 방콕 시민들이 공항까지 점령하여 시위하는 바람에 수십만 관광객들의 발이 1주일이나 묶였다. 헌법재판소에 제출되었던 선거무효소송에서 조속한 판결이 내려졌는데 다시 선거를 치르라는 결정을 하여 시위는 일단락되었다.

태국은 왕이 존재하는 입헌군주국으로서 수상이 정치 실권을 가진 나라이다. 그러나 태국은 지금까지 군인들에 의해 통치가 이루어진 나라였다. 왕에게 충성만 다하면 군인이 쿠데타로 정권을 잡아 통치해도 용납되는 나라였는데 군인들의 부패가 날로 심해지다 보니 자연 시민들이 들고 일어난 것이다.

국민의 의사를 반영하지 않고 총칼로 정권을 잡으려는 시대착오적인 나라들이 아직도 존재하고 있다는 것이 놀라울 따름이다.

영국이나 일본은 입헌군주국이라도 민주제도가 잘 발달되어 있는데 태국은 군인들에 의해 통치되고 있으니 모순이 많은 나라이다. 태국처럼 관광객이 많이 드나드는 상황에서도 군인이 정권을 잡고 있다는 것은 말이 안 된다.

2008. 12. 6 (土)

시장 노파의 하소연

이 대통령이 새벽에 가락동 농수산물시장을 시찰 나갔는데 시장 상인들이 한결같이 살기 힘들어졌다고 호소를 하였다. 그 중 한 할머니는 이 대통령을 붙잡고 너무 살기가 힘들다면서 눈물을 펑펑 쏟았다고 하니 시중 경기가 너무나 형편이 없나 보다.

그런데 민심을 살펴야 할 국회의원이나 고급 관료들은 여전히 안일한 사고방식으로만 국정에 참여하고 있으니 국가 발전은 요원하기만 하다. 국민의 생활이 빈익빈 부익부로 치닫고만 있으니 혜택을 받지 못한 서민들의 불만은 커져가고 있는데도 이를 해소시켜 주는 정치인은 찾아볼 수 없다.

이러한 상황에서 대통령이 직접 민정을 시찰한다고 해 보았자 서민들의 생활은 별로 달라질 것이 없다. 한 국가를 책임지고 있는 대통령이나 국회의원들은 어떻게든 국민생활을 책임지겠다는 사명감이 투철해야 하는데 유감스럽게 우리나라에는 그러한 인물이 나타나지 않고 있다. 겉과 속이 다른 개인의 영달에만 급급한 정치인들뿐이니 국태민안은 요원하게만 느껴질 뿐이다.

2008. 12. 7 (日)

대통령 친인척의 비리

민주주의 역사가 짧은 우리나라 역대 대통령의 친인척 치고 부정한 수법으로 이권에 개입하지 않는 사람이 없었다. 권력을 등에 업고 이권을 청탁해 주고 뇌물을 받아먹는 수법은 보통이다. 그래서 대통령의 임기가 끝나면 그 자식들이나 친인척들 또는 측근들이 감옥에 가는 것은 행사로 되어 있었지만 이러한 관행이 근절될 기미가 보이지 않고 있다.

이번에도 노 대통령의 형인 노건평 씨가 증권과 관련한 알선수뢰죄로 구속이 되어 재판만을 기다리게 되었다. 모두가 대통령에 당선된 사람들의 치국에 대한 철학이 부족해서 일어난 사태들이다. 옛날부터 소위 정치하는 사람들은 수신제가(修身齊家) 치국평천하(治國平天下)라고 했다.

자신의 몸부터 닦고 그 다음에 집안단속을 한 다음 국가를 다스려야 하는데, 이러한 간단한 진리 하나를 터득한 대통령이 아직껏 한 명도 없었으니 나라정치가 잘 될 수가 없는 것이다. 자기네 가정 하나 다스리지 못하는 위인이 어찌 국가와 국민들을 다스리겠는가?

2008. 12. 8 (月)

국제결혼

종손녀인 혜선이가 친구 따라 싱가폴에 가서 회사를 다닌다고 하더니 거기서 좋은 배우자가 생겨 혼인을 약속했다고 한다. 상대 배우자는 중국계 싱가폴 국적을 가진 32세 청년으로 영국 선박회사에 다닌다고 하니 다행한 일이다.

중국계 싱가폴 사람들은 대개 성실하고 여자를 위해주는 편인데다 합리적인 사고를 가지고 있어서 혜선이 저만 잘하면 편안한 가정을 이룰 수 있을 것이다.

요즈음 세태는 모두가 스스로 알아서 결혼 문제를 해결하는 시대인지라 부모는 양육과 교육만 책임지면 되는 것 같다. 부모가 특별하게 출세를 시키기 전에는 자구책을 챙겨야 자신의 앞날을 개척한다는 원칙이 지배적인 것이다.

결혼식은 싱가폴에 가서 한다고 하는데 2009년 10월 25일로 정했다고 동석이 내외가 알려 주었다. 그때 가족들 10여 명이 관광 겸 결혼식에 참석한다고 하니 잘 된 일이다. 정화 결혼식에는 단 둘이서만 참석했는데 혜선이는 덜 고단하겠다.

2008. 12. 9 (火)

역량대로 사는 인생

이 세상 사람은 누구나 능력과 역량껏 살아가게 된다. 능력과 역량이 좋은 사람은 못한 사람에 비해 여유로운 경제력을 갖출 수 있지만 그렇지 못한 사람은 그저 아껴 쓰고 살아가야 한다.

그러나 하느님은 우리에게 골고루 일용할 양식을 분배해 주신 것 같다. 뿐만 아니라 성실히만 살아가면 누구에게나 거기에 상응하는 복을 배분해 주시고 있는 것이다. 역량이 모자란 사람에게는 또 다른 혜택을 주시어 나름대로 살아가게 하시고 능력이 뛰어난 사람에게는 무엇인가를 부족하게 하여 형평을 맞추어 주신다.

이것이 세상 살아가는 이치이자 하늘의 진리인 것이다. 우리는 이러한 이치와 진리를 벗어나서는 살아갈 수 없으므로 자신을 원망하고 질책할 필요는 없다고 생각한다. 누구나 자기 역량과 능력대로만 살면 사람구실을 하며 살 수 있으니 굳이 허욕을 부릴 것도 없다. 하느님은 늘 세상사를 공평하게 주관하신다.

2008. 12. 10 (水)

풀리지 않는 6자 회담

쉽게 풀리지 않는 게 북핵 문제인가 보다. 이번에도 6개월이 넘어 그 명맥을 유지하려 베이징에서 회담을 가졌지만 실마리가 풀리질 않으니 아무래도 이런 추세로 질질 끌려 가다가는 결국 북한의 핵을 인정하는 방향으로 굳어지지 않을지 우려되는 바이다.

파키스탄이나 이스라엘처럼 핵을 보유한다 해도 즉시 전쟁을 할 수 없으니 문제의 심각성이 큰 것 같다. 북한이 핵을 보유하게 되면 일본과 대만, 한국 역시 방어 차원에서 핵을 보유하지 않을 수 없다는 걸 미국과 중국, 러시아가 모를 리가 없는데도 소극적으로 대처한다는 인상을 떨칠 수가 없으니 해결은 결코 쉬울 것 같지가 않다.

여기에 이란마저 핵으로 무장하려 준비하고 있으니 세계 정세는 갈수록 복잡해지고 있다. 인류멸망의 길로 치닫고 있는 세계정세를 해결할 수 있는 제갈량은 과연 없는지 요원하게만 느껴진다. 지금으로선 세계평화를 이루고 힘의 균형을 맞추기 위해서는 강대국의 역할이 크다고 하겠다.

2008. 12. 11 (木)

지루하기만 한 5년의 병상 생활

5년 전 이맘때 같으면 침대에 누워 꼼짝도 할 수 없어 절망 속에서 몸부림쳤었다. 침대에 눕고 일어나는 것조차 전적으로 간병인에게 의지할 수밖에 없는 생활은 살아도 산 게 아니었다. 그러나 작년 이맘때부터는 간병인의 도움 없이도 아내의 도움만으로 살아갈 수 있으니 그나마 불행 중 다행으로 여기며 살고 있다.

5년 전에 비하면 많이 나아진 편이지만 성한 몸이 되기는 영영 가망이 없어 보이니 사람의 말년은 누구도 장담할 수 없나 보다. 노래에서 늙은 부부가 손잡고 공원을 산책하는 모습이 부러워 보이지만 나에게는 한낱 꿈에 지나지 않을 뿐이다. 이렇게 서글픈 인생이지만 그래도 책을 읽고 소설이라도 한 번 써 볼 수 있는 재미를 가졌으니 하느님께 감사할 따름이다.

이러지도 저러지도 못하는 식물인간에 비하면 다행한 일이 아니겠는가. 그러나 아직도 화장실 출입과 신진대사의 해결을 아내의 도움 없이는 할 수 없으니 아내에게 미안하기만 하다. 이러한 모든 일들을 바보처럼 껄껄 웃는 것으로 표현할 수밖에 없으니 스스로 연민을 느끼지 않을 수가 없다.

2008. 12. 12 (金)

'친정엄마' 란 책을 보고

능숙한 글 솜씨는 아니지만 저마다의 친정엄마를 생각하면서 솔직하고 때 묻지 않는 표현으로 인간의 순수한 감동을 자아내는 책이었다. 시골 순박한 친정엄마의 정이 그립고, 땀 냄새 나는 엄마의 냄새가 맡고 싶다는 작가 고혜정은 효녀임에 틀림없어 엄마의 그간 공을 소박한 글로써 보답해 주고 있다.

나는 이 글을 감명 깊게 읽었는데 모녀간의 정을 만끽할 수 있었다. 사실 그대로의 인생을 나타내는 것도 훌륭한 문학작품이 될 수 있음을 감지했다. 그리고 화려한 미사여구(美辭麗句)와 문학적인 기교가 아니더라도 얼마든지 인간미를 발휘할 수 있다는 사실도 또 한 번 배웠다.

거창하게 문학공부를 하고 글쓰기의 테크닉으로 장식하는 것만이 문학의 진수는 아니었다. 오히려 시골의 구수한 사투리를 그대로 옮겨가면서 진솔미를 발휘하는 게 작품의 흥미를 배가시켰다. 이 정도의 글이라면 고등학교 정도의 학력에 약간의 문학적 소질만 있으면 누구나 가능하지 않을까 생각해 본다.

2008. 12. 13 (土)

약으로 수명을 연장하는 노년들

옛날 같으면 벌써 공동묘지에 누워 있을 사람들이 지금은 약으로 수명을 연장하여 살아가고 있다. 나도 매일 여러 가지 약을 복용하지 않으면 단 하루도 살아갈 수 없을 정도가 되었다. 알레르기 가려움증을 못 견뎌 '항히스타민제'를 한 알씩 먹지 않으면 소염증에 종일 시달리게 된다.

여기에 전립선비대증으로 하루에 '카두라' 한 알과 이뇨제 반 알을 먹어야 소변이 배설된다. 그리고 변비약으로는 '마그밀' 세 알을 꼭 복용해야만 그나마 대변을 볼 수 있으니 정상적인 삶이라 할 수 있겠는가? 어디 그뿐인가. 고질적인 비염감기는 해마다 달고 살아서 콧물과 눈물을 주체할 수가 없을 정도이다. 그래서 손수건을 늘 달고 산다. 아내도 나와 별반 다를 바가 없다.

아내는 혈압과 심장약을 아예 1년분씩 한 보따리를 지어다가 하루도 빼지 않고 매일 서너 차례 복용해야 생명을 연장할 수가 있다. 거기에 관절약에 고지혈증약과 콜레스테롤 약까지 먹어야 된다. 덤으로 눈까지 아파서 안약까지 매일 넣어야 되니 종합병동이 따로 없고 약국이 따로 없다. 약에 치일 정도로 우리 부부는 약으로 고통을 이겨내고 있는 것이다.

2008. 12. 14 (日)

살아나지 않는 경기

시중경기가 점점 나빠지더니 2만 불 가던 국민소득이 하강 국면에 접어들어 1만 5천 불로 떨어질 것 같다는 발표가 나왔다. 그동안 한국은행에서는 경기 활성화를 위해서 콜금리를 내려 시중금리를 5.25%에서 3%까지 내렸는데도 경기는 회복할 기미를 보이지 않고 있다. 내년에는 조금 나아지리라는 전망을 내놓았지만 두고 봐야 할 일이다.

주가지수도 2천 포인트를 넘었던 것이 1천 포인트를 오락가락하고 있는데 미국 뉴욕 증시의 변동에 따라 널뛰기를 하고 있다. 경기불황은 세계적인 추세라지만 지금까지는 일본이 제일 타격을 덜 받고 있는 것 같다.

유가는 한때 150달러까지 치솟던 것이 지금은 45달러 수준에서 안정을 찾고 있으니 다행이라는 생각이 드는 한편 그 원인이 더욱 궁금해진다. 아무튼 전 세계적인 불황은 확실한데 우리나라 정부에서는 어떠한 대책과 계획을 가지고 있는지 어려울수록 탁월한 인재등용이 요망된다.

2008. 12. 15 (月)

이라크에서 봉변당한 부시

이라크를 방문 중이던 미국 부시 대통령이 총리와 함께 기자회견을 하던 중 갑자기 날아든 신발세례에 봉변을 당하였다. 연설 도중 이라크 기자 한 명이 자신이 신고 있던 신발을 부시의 얼굴을 향해 두 차례 던졌으나 다행히 요리저리 피해 맞지는 않았으나 망신이 아닐 수 없다.

미국이 이라크를 부득이하게 침공하지 않을 수 없었다는 말을 하는 순간 이라크 기자가 격분한 것 같다. 임기 말을 앞두고 자기의 과실을 정당화할 목적으로 이라크를 깜짝 방문하였는데 때 아닌 신발 테러를 당한 것에 대해 세계는 어떻게 볼지 관심이 집중되고 있다.

북한과 이란은 대량 살상 무기가 확실히 있음에도 불구하고 쉽사리 침공을 못하면서도 오판으로 침공한 이라크에서는 끝내 합리화하기에만 급급하니 신발 정도로 끝난 것이 다행이라고 생각해야 할 것이다.

2008. 12. 16 (火)

소설의 마지막 손질

미정이가 소설의 교정을 끝마쳐서 가지고 왔다. 꼼꼼히 보아왔는데도 본인이 다시 한번 훑어보니 오자가 남아 있고 매끄럽지 못한 데가 있어 출판을 하기까지는 몇 번의 손질이 더 필요하다고 했다.

이렇듯 공을 들여 하찮은 책 한 권이라도 만들어 보지 않는 사람들은 그 어려움을 알 수 없을 것이다. 이렇게라도 활자화해서 내가 평소 지녔던 이상을 픽션으로나마 대리만족을 취해보려는 스스로에 대해 연민의 정이 느껴진다.

자신의 이상향을 책이 아닌 현실로 실현시킨 사람들은 얼마나 큰 자부심을 느끼고 떳떳할 것인가! 내가 못다 이룬 일을 자식이나 후손들에게 숙제로 남겨둔다는 것은 부끄러운 일이겠지만 그래도 이러한 글이라도 남겨두는 것이 그냥 가는 것보다야 낫지 않을까 싶어 다시 오자를 확인하고 있는 것이다.

「장안 십만 리(長安十萬里)」가 언제 나올지는 몰라도 말이다.

2008. 12. 17 (水)

원산지 둔갑

국제적으로 무역이 활발해지자 갖가지 변칙 사태가 이루어지고 있다. 같은 품종도 국가에 따라 가격차이가 심하다 보니 가끔 우회전 둔갑하여 수입이 되어 국내에서는 혼돈을 일으키기 쉽다. 미국산 쇠고기도 업자가 말을 해주지 않으면 국내산인지 호주산인지 눈으로는 식별이 불가하다고 한다.

영양가 차이나 질 차이 역시 대동소이하겠지만 가격 면에서는 많은 차이가 있으니 문제가 발생하는 것이다. 상인들이 마음만 먹으면 얼마든지 속일 수 있다는 말이다. 이번에도 중국산 돼지고기와 내장 수백 톤을 미국산으로 둔갑하여 국내에 반입한 다음 소시지로 가공해 유통시키니 전문가인들 구분이 가능하겠는가?

그런데 매스컴에서는 이러한 사실을 방영할 때 애매한 어조로 떠들어댄다. 대체 중국산 고기를 먹으면 인체에 해가 있다는 말인지 단지 속여 파는 업자를 규탄하는 내용인지 혼돈이 간다. 우리나라의 유통질서가 확립되지 못해 이래저래 소비자들만 골탕을 먹고 있으니 도대체 믿을 것이 없다.

2008. 12. 18 (木)

봉성체(奉聖體)의 날

매달 셋째 주 목요일은 봉성체의 날이다. 봉성체란 나처럼 몸이 불편해 미사에 참여하지 못하는 교우들을 위해 주님의 이름으로 격려해 주는 가톨릭 의식을 말한다. 집에서 간단한 제대를 만들어 놓으면 사제님이 오셔서 교우 자매들과 더불어 간이 마사를 드려 주시고 간다.

출입을 못하는 환자들을 위해 특별히 한 달에 한 번씩 순례를 하면서 배려해 주고 있으니 이날은 우리 집이 간이 공소가 된 셈이다. 오늘은 신부님이 크리스마스 선물까지 가지고 오셔서 내년에는 거동을 하여 여행을 가야 하지 않겠냐는 농담까지 하셨다. 다달이 환자를 위해서 미사를 드려 주시는 신부님과 수녀님 그리고 교우 자매들에게 고마울 뿐이다.

오늘은 우리도 신부님과 수녀님에게 크리스마스 선물로 커피 한 병씩을 답례했다. 해마다 부활절과 크리스마스에는 성당에서 선물을 주는데 받아먹고만 있자니 부끄러운 생각이 들었다. 마음 같아서는 활발히 보행을 하여 성당이라도 출입했으면 얼마나 좋겠는가마는 만사는 하느님의 뜻이다.

2008. 12. 19 (金)

알 수 없는 기름값

한때 150달러까지 치솟았던 국제 유가가 요즈음은 폭락하여 단돈 36달러에 거래된다고 한다. 경기가 부진해져서 떨어진 건지 아니면 수요가 없어서 떨어지는지는 알 수 없지만 경제대국이나 산유국들의 장난질임에는 틀림없다.

세계 경제가 부진해서 자동차 산업이 도산할 지경이고 각 산업이 구조조정을 하고 있으니 석유산업만 호황을 누리라는 법도 없다. 그러나 떨어져도 너무 떨어지니 오히려 불안한 생각마저 든다. 이러다가 또다시 걷잡을 수 없이 올라가는 것은 아닌지 걱정이 된다.

비산유국이야 30달러 선에 머물러 있으면 좋겠지만 일시적인 현상일 것이다. 그저 50달러 선에만 고정되어도 좋을 것이다. 유가가 안정이 되어야 세계경제가 안정되는 것만은 확실한데 석유 값이 요동을 치고 있으니 좋은 징조는 아니다.

기름 값의 파동으로 분명 희비가 엇갈린 사람들도 많으리라! 이렇게 되면 중동의 산유국들이 가장 타격을 많이 받을 것 같다. 무리하게 석유만 믿고 사업을 확장하는 국가들은 시간이 지나면 죽어날 것이다.

2008. 12. 20 (土)

한국의 국회상(國會像)

우리나라 국회는 환갑이 지났는데도 여전히 미숙함을 면치 못하고 있다. 하루가 멀다 하고 여야 간의 격돌만 비일비재하다. 이번에도 한미 FTA 비준안을 놓고 여야가 격돌하였는데 심한 몸싸움까지 벌여 난장판을 연출했다. 합리적인 국회 운영을 못하고 여야의 대립은 정권이 교체되어도 늘 난장판이다. 그 원인은 어디에 있을까?

내가 주장한 것은 정당하고 남이 주장하면 무조건 부당하다는 흑백논리가 결국은 패싸움을 만들어 내는 것이다. 옛날 조선 봉건시대 때부터 내려온 고질적인 구습을 버리지 못하고 그대로 답습하고 있는 것이다. 그래서 세계 유명 매스컴들이 우리의 국회상을 여러 가지로 비아냥거리며 조소거리로 삼는 것이다.

프랑스 정치의 '똘레랑스' 정신이 부족하여 의견차를 인정할 줄 모르고 상대방을 헐뜯어 자신도 존중받지 못하는 악순환을 되풀이하고 있는 것이다.

2008. 12. 21 (日)

나눔의 기쁨

내가 덜 먹고 안 먹고 덜 쓰고 안 써야 남을 줄 수 있다. 세모(歲暮)가 되었으니 나눔의 기쁨을 얻고자 재미있는 책 열 권을 사다 놓고 읽을 만한 사람을 골라서 나누어 주려고 한다. 또 미국 정화가 크리스마스 선물로 커피와 초콜릿, 육포를 보내왔기에 여러 사람과 나누어 먹고 있다. 그래야만 보낸 사람의 마음이 더욱 빛이 날 것이다.

혼자서만 쓰고 먹는다고 해서 좋을 것도 없는데도 나눔에 인색한 사람들이 많은 것 같다. 마음을 닫고 살아가면 한없이 옹졸한 사람이 되기 마련이고, 마음을 열고 좀 더 거시적으로 세상을 살면 기쁜 일도 생기게 된다. 각박한 일상에서도 나눔의 기쁨을 알고 실천해야겠다.

이왕이면 세상을 기쁜 마음으로 주고받는 것이 행이라고 할 것이다. 있으면 있는 대로 주고 살자! 거덜 나지 않는 이상 남에게 베풀고 사는 것만이 하느님의 은총이요 보시정신이다.

2008. 12. 22 (月)

내세(來世)가 있다면

사람에게 내세(來世)가 있다면 현세(現世)에서 못다 한 일을 다음 세상에서 환생하여 이루려고 할 것이다. 이 세상을 살면서 아쉽고 모자란 사연들을 되풀이하지 않고 살아봤으면 하는 게 황혼을 보내고 있는 나의 소망이다. 다음 세상에서는 좀 더 건강하게 태어나서 사회에 공로가 있는 일도 해 보고 싶다.

무엇보다도 늙어 죽을 때까지 한결같이 건강하게 살아 보고 싶다. 내가 이 세상을 살아온 과정은 너무나 질곡의 연속이었다. 누구나 산다는 것이 험북한 것은 아니겠지만 그중에서도 나는 너무나 무거운 짐을 지어 자신의 역량을 발휘하는데 장애가 되었다.

물론 이러한 숙명이 핑계의 구실이 될 수도 있겠지만 너무나 주위 환경이 탐탁치 못했으니 일생이 참으로 보잘 것 없었던 것이다. 이래도 한 세상이고 저래도 한 세상이지만 너무나 허무한 인생이었기에 탄식해 보는 것이다.

2008. 12. 23 (火)

늙어도 자율이 필요하다

늙은이가 젊은 자식들과 함께 살 경우 자율적인 행동에 구애를 받아 스트레스를 받기 쉽다. 그래서 자존심을 상할 때도 많다. 자식들이 부모 입장을 충분히 배려하고 행동하기 전에는 불화가 비일비재로 생기게 된다.

그래서 자식과 함께 살려면 서로가 많은 수양이 필요하다. 이를 모르고 자신이 하고 싶은 대로 원하는 대로 행동하게 되면 효자효부를 두지 않는 이상 언제나 갈등과 불만이 쌓이게 되어 큰소리가 떠날 날이 없게 된다.

이를 미연에 방지하려면 무엇보다 죽을 때까지 노후대책을 세워 독립하는 길밖에는 없다. 그래야 나 외에 다른 사람의 간섭을 받지 않고 자유롭게 살 수 있는 것이다. 사람답게 늙어서 지내려면 충분한 노후대책이 필수이다. 그렇지 못한 황혼들은 설움과 압박만이 기다리고 있을 뿐이다.

2008. 12. 24 (水)

선택받은 사람들

선택받았다 함은 하느님으로부터 남보다 복을 더 많이 받은 것을 의미한다. 이 선택이란 우연히 하늘에서 내려주시는 것이 아니고 올바른 생각으로 자신이 선택해서 만들어 내는 것이다. 우리 집안에서는 누가 뭐라 해도 보성 생질부 집안이 가장 선택받은 집안이라 하겠다.

보성 생질부는 젊어서부터 한결같이 남을 위해 희생과 봉사를 아끼지 않았던 사람이라 복을 받을 업적을 쌓아왔던 것 같다. 그래서 말년에 자손들이 잘 피어 나가는 것이 아닌가 싶다. 세상 이치는 공은 닦는 데로 가고, 죄는 짓는 데로 간다고 했다.

누구나 장단점은 있지만 그만하면 장점이 많은 사람이란 말을 들을 수 있을 것이다. 이번에도 그 외손녀가 결혼을 하였는데 두 부부가 하버드 명문대 출신이라고 하니 모든 사람들의 선망의 대상이다. 이 모두가 보성 생질부의 음덕이라 할 수 있을 것이다. 공든 탑은 무너지지 않고 만 가지 상(賞) 중에는 심상(心賞)이 으뜸이라 하겠다.

2008. 12. 25 (木)

사람이 그립다

늙을수록 외로워져서 사람이 그리워진다. 그러나 찾아오는 사람은 드물다. 이용가치가 없는 늙은이에게 누가 그리 달갑게 찾아오겠는가마는 그래도 사람의 집에 사람이 찾아오지 않는 것처럼 쓸쓸한 것은 없다.

그러나 내가 덕을 베푼 만큼 사람도 찾아오는 법이다. 어제는 모처럼 기영호 군과 김상준 군이 찾아와 두어 시간 담소를 하다 갔다. 모두가 그런대로 건강해보여서 부러웠다. 몸이 건강해서 친구라도 가끔 찾아다니면 덜 심심할 것이다.

친구가 찾아오면 후한 대접을 하는 게 도리인데 의식이 요족하지 못하면 이도 마음대로 할 수 없는 게 현실이다. 대접을 소홀히 하면서 누가 오기를 기다리는가? 즐거워야 할 크리스마스가 쓸쓸하기 그지없었는데 마침 미국 정화가 전화를 걸어와 쓸쓸함을 달랠 수 있었다. 늙으면 사람이 그립다는 말이 거짓이 아님을 실감하면서 크리스마스를 보내고 있다.

2008. 12. 26 (金)

순탄치 않는 연말 국회

어느 해이고 연말이면 여야의 격돌로 시끄럽다. 민생 문제를 포함한 예산안이 여지없이 합의를 이루지 못해 금년에도 파행을 거듭하고 있다. 아마 올해도 여당의 단독국회로 끝마무리를 장식할 것 같아 국민들은 불안하기 짝이 없다.

민생 문제와 서민 경제가 말이 아닌데도 정치인들은 국민들을 위한 안건처리는 도외시하고 자기네들 주장만 관철시키려 하고 있으니 안타까울 때가 많다. 우리나라 국회도 언제쯤이나 선진국 국회를 따라갈 수 있을까! 싸움만 하는 국회상을 면할 날은 언제나 올지 의문이 아닐 수 없다.

어느 나라이고 정치가 발전해야 국민이 살기 편해지는 법이다. 우리나라도 하루 속히 이상적인 국회상이 만들어지길 국민들은 갈망하고 있지만 염불에는 관심 없고 잿밥에만 눈독 들이는 국회의원들이 대부분이니 한심할 뿐이다.

2008. 12. 27 (土)

소설 교정해 온 것을 보며

교정해 온 소설을 검토해 보니 대체적으로 잘해 왔다. 그런데 끝부분이 조금은 내 의도와 배치된다. 교정(校訂)이라는 것은 원문이 훼손되지 않는 범위에서 보는 것이 원칙인데 교정한 사람의 글이 되어서는 금물이다.

내 소설 끝부분에 나의 이상을 펼친 대목이 있는데 회사경영 방침이나 사회에 공헌한 업적이 모두 빠져 있다. 물론 교정인이 글 쓴 사람의 사상까지 속속들이 꿰뚫어 볼 수는 없었겠지만, 본문의 의도와는 상반되게 자기의 상상을 써 버리면 그 글은 교정인의 글이 되어 버린다.

역시 글이란 본인이 처음부터 교정까지 전적으로 보기 전에는 백 프로 마음에 들 수는 없나 보다. 내가 컴퓨터를 다룰 수만 있다면 얼마나 좋을까! 돈이 허락된다면 끝부분을 다시 교정해야 하겠는데 욕심대로 되지 않는 게 세상사인가 보다.

그저 재미로 써 봤으면 이 정도로 마무리 하는 것도 미완숙의 묘미가 될지도 모르겠다. 단지 꿈을 가져본 것으로 만족을 하는 것도 노인이 할 일인 것 같다.

2008. 12. 28 (日)

수호지를 읽어 보며

몇 년 전에 정은이가 준 「수호지」를 읽어 보니 참으로 흥미진진한 중국 무협 이야기 책이다. 송나라 때의 부패상에 시달린 영웅호걸들이 어쩔 수 없이 죄를 짓고 쫓겨 다니면서 벌어지는 무협 스토리를 재미있게 엮어나가 독자들의 시선을 사로잡고 있다.

청렴과 비리, 정의와 불의, 도덕과 부도덕, 의리와 배신, 대인과 소인배에 이르기까지 각양각색의 시대적인 인물상들이 다채롭게 묘사되어 있다. 비록 도둑이라고 할지라도 의리를 아는 의적(義賊)들로서 돈 많은 장사치나 탐관오리의 재물만을 수탈하여 무리를 짓고 있다.

중국 각지의 시절 운을 못 타고 난 영웅호걸들이 결국은 도둑의 소굴인 양산박으로 집결한다. 거기서도 영웅호걸들의 무술 순위 다툼이 벌어지는데, 어느 시기 어느 장소를 막론하고 무리가 있는 곳에서는 우열 다툼이 생기나 보다.

2008. 12. 29 (月)

평생에 터득 못한 이치

80평생을 살면서도 세상의 이치를 깨닫지 못한 게 있다. 그것은 다름 아닌 먹을 것, 입을 것을 아껴가며 오만 희생을 감수해 키운 자식일수록 장래 부모의 은공을 모르고 이기적인 인간이 된다는 사실이다. 이를 세인들 특히, 노인들이 입을 모아 말하고 있으니 이러한 세상 이치를 터득할래야 할 수가 없다.

미물인 까마귀도 어려서부터 먹여준 은공을 갚기 위해 늙은 어미에게 먹이를 물어준다는 '반포지효(反哺之孝)'의 고사가 있다. 또한 '공든 탑이 무너지랴'는 속담도 있고, 'Give & Take'라는 말이 있는데도 부모의 혜택을 많이 받은 자식일수록 인간성이 발달하지 못하는 예를 보면 한심할 뿐이다.

이웃에 베푸는 것은 고사하고 자신을 키워준 부모에게도 인색하기 짝이 없는 자식들이 많다 하니 인간이란 동물은 원래부터 교활해서 인간성이 황이 된 모양이다. 부모가 무능하고 도중에 실패를 하여 악전고투로 스스로 고생하여 자수성가한 자식들은 오히려 사람구실과 효도하는 예가 많은 것을 보면 과연 무엇을 의미하는 것인지 참으로 모르는 일이다. 누가 이를 시원하게 가르쳐 줄 것인가!

2008. 12. 30 (火)

영원한 앙숙

2천 년 이상을 원수지간으로 화해를 모르고 싸워온 이스라엘과 팔레스타인의 분쟁은 끝이 보이질 않는다. 이번에도 이스라엘의 전투기가 연 3일간 가자지구를 공격하여 350명의 무고한 주민이 사망하고 2천여 명이 부상한 반면 이스라엘 측은 단 2명의 사상자에 그쳤다고 한다.

팔레스타인 하마스 정권은 이러한 열세 속에서도 끊임없는 저항과 테러로 대항하고 있다. 이처럼 지루한 분쟁은 어찌 보면 저 멀리 창세기 이전부터 계속되어 왔다. 모세가 이집트에서 이스라엘 종족을 데리고 젖과 꿀이 흐르는 가나안 땅으로 인도할 때부터 시작된 영토분쟁인 것이다.

이스라엘 종족들은 머리가 우수하고 교활하여 척박한 고향땅을 버리고 세계 각국으로 분산되어 살아 왔다. 그러다가 2차대전 때 독일의 박해를 받아 6백만 명이 희생되었는데 종전 무렵 미국과 영국의 도움으로 지금의 팔레스타인 영토를 강점하게 되었다. 그 결과 지금까지 두 민족 간의 분쟁이 계속되고 있는 것이다.

2008. 12. 31 (水)

뒤가 깨끗지 못한 대통령들

우리나라 대통령들은 아직까지 대통령으로서 존경을 할 만한 사람이 나오지 않고 있음은 참으로 유감스러운 일이다. 노무현 전 대통령도 임기 중에 자동차 회사로부터 15억의 돈을 차용증을 써 주고받았다고 하고, 자기 형 역시 30억을 받았으면서도 비리를 척결한 대통령이라고 할 수 있겠는가?

물론 몇 백억이나 몇 천억에 비하면 적은 액수이지만 우리나라 대통령이나 정치인들은 너무나 돈에 길들여진 나라인 듯하다. 그래서 정치 후진국을 면치 못하고 있으며 한번 정치인이 돈 맛을 알면 국민의 신뢰와 존경은 포기해야 한다.

국민으로부터 손가락질 받으며 경멸을 받을 바에야 아예 장사꾼으로 성공하며 돈은 실컷 만질 수 있지 않겠는가 생각해 본다. 정치는 국민을 위해서 해야 한다. 사복을 채우려는 위선은 더 이상 그만 두어야 한다. 지금의 연말 국회도 당리당략에 의해 대치국면을 연출하고 있으니 국민은 아예 안중에도 없는 것 같다.

2009. 1. 1 (木)

새해의 햇살이 밝다

다사다난했던 한 해가 가고 기축(己丑)년의 밝은 한 해가 우리를 맞이했다. 금년에는 제발 불경기가 사라지고 서민들이 밥이라도 편히 먹을 수 있도록 경기가 살아났으면 좋겠다. 시중경기가 살아나야 우리 부부도 편안한 생활을 해 나갈 수 있으니 서민들은 그저 기도를 드릴 수밖에 없다.

노부부가 살아가는 수단이라야 작은 가게에서 나오는 임대료가 전부이니 그들이 장사를 잘 하여 수지타산이 맞아야 모든게 원활하게 돌아간다. 작년 한 해는 영세업자들이 몹시도 고전을 면치 못한 것 같다. 이러한 시중 경기를 부양시키는 것은 정부의 책임인데 말로만 요란스럽지 국민에게는 돌아오는 것이 없으니 정치인들은 대오각성(大悟覺醒)해야 한다.

연 평균 성장률 7%에 일자리 창출 200만 명의 공약은 빈 공약에 불과하여 국민을 기만한 것에 지나지 않았으니 책임을 지고 각성해야 한다.

2009. 1. 2 (金)

노인이라야 노인의 심정을 안다

나에게는 삼촌 한 분이 계신다. 금년 나이 85세인데 아직도 정정하셔서 거동이나 바깥출입이 자유로우시다. 조카인 나는 7~8세나 덜 먹었어도 거동을 못하고 있는데 비하여, 아직도 면으로 출입을 하시면서 시골노인들과 게이트볼로 소일을 하고 계시는 것이다. 그러나 숙모께서는 관절염으로 다리를 못 쓰고 계시니 늙은 내외분이 쓸쓸한 고독감에 잠기기는 우리나 매일 반일 것이다.

자식들은 모두 도시로 나가 두 분이서만 시골을 지키니 외롭기 그지없겠지만 시류의 물결을 벗어날 수는 없어 노래에 나오는 비둘기 가족 신세를 못 면하는 것이다. 다행히 셋째인 관승이가 다달이 50만 원씩을 송금해 주어 생활을 하고 계시지만 이것 역시 녹녹하고 떳떳치는 못할 것이다.

그래서 옛말에 무항산이면 무항심이라고 하지 않았던가! 사람이 늙으면 자식들이 물심양면으로 부모를 보살펴 주거나 스스로 독립할 수 있어도 외로움을 금할 수가 없거늘 삼촌은 시골에서 오죽하겠는가? 자주 편지라도 해 주고 찬대라도 보내주고 싶지만 그마저 용이한 일이 못 되니 일 년에 단 한번이라도 양력설을 기해 편지와 찬대를 보내드리는 것으로 그나마 마음을 놓으니 노인 된 심정이라 하겠다.

두 시간 동안의 절망

요즈음 허리가 몹시 아파서 보행기에 의지하고서도 걸음걸이를 할 수 없다. 어렵사리 조준을 하여 마루에서 책을 보다가 침대서 쉬려고 걸터앉은 채 눕다가 그만 엉덩이가 미끄러져 여지없이 넘어지고 말았다. 머리에서는 남북이 나고 넘어진 그 자리에서 아무리 일어나려 용을 써 보지만 헛수고였다.

한 번 넘어지고 나면 자력으로는 도저히 일어나기가 불가능하므로 그동안 주의에 주의를 기울여 일 년 남짓 한 번도 넘어진 적이 없었는데 그만 어제 실수를 하고 만 것이다. 목욕탕에 간 아내가 올 때까지 2시간 동안은 전화기도 붙잡을 수 없어 방바닥에서 신음만 하고 있었으니 식물인간이나 다름없는 상태에 처하고 말았다.

절망감 속에 죽고 싶을 정도였지만 마음대로 죽을 수도 없으니 이 무슨 꼴인가? 한 번 넘어지고 나면 수족과 허리가 전연 말을 들어주지 않는다. 위급할 때 보호자마저 없으면 죽은 목숨이나 마찬가지이니 이러고도 살아있다고 할 수 있을 것인지 한심하기만 하다.

2009. 1. 3 (土)

원고 두 부를 다시 부탁하다

정은이가 시간이 나서 떡과 과자를 몽땅 사 가지고 왔다. 요새는 불경기인지라 금 토 일 사흘간 일 봐주는 데도 한가한 모양이다. 소설 원고를 프린트 해 놓은 것을 훑어보더니 교정을 잘 보아왔다고 하였다. 그래서 소설 원고 디스켓을 주면서 다시 두 부만 더 빼 달라고 부탁을 하였다.

프랑스 운경이에게 한 부 보내 주고, 한 부는 놔두었다가 필요할 때 쓰기 위해서이다. 그러나 내가 하는 일을 아내고 자식이고 글쓴이의 심리를 전혀 모르니 그저 다들 쓸데없는 허비로만 알고 있다. 소설책이 어느 세월 나올지는 모르지만 미리 뽑아서 마음에 있는 사람들에게 보내주고 싶은 심정뿐이다.

따지고 보면 이러한 마음은 순전히 의리 때문이다. 나는 확실히 다른 사람들에 비해서 감동을 오래 간직하는 편이다. 따라서 상처 또한 오랫동안 아물지를 않는다. 이러한 성격이 결코 좋은 성격은 아닌 줄 알지만 타고난 기질을 어찌하랴! 일생을 그렇게 살아온 것을!

2009. 1. 4 (日)

매끄럽지 못한 한국 패거리 정치상

민주당 의원 수십 명이 국회의장석을 점거한 지 2주가 넘어가자 마침내 국회의장이 경위권을 발동하였다. 경찰 수백 명이 달려 들어 강제로 민주당 의원들을 개 끌듯 국회 밖으로 끌어냈으니 금년 정국도 순탄치 않을 것을 예견해 준다.

국회 본회의장 점거나 의장석 점거는 국회의원들의 어제 오늘의 횡포가 아닌 역대 국회의 소수 야당들의 단골 메뉴 중의 하나였다.

17대 국회에서도 한나라당이 점거 농성이나 장외 투쟁을 밥 먹듯 했는데도 의장의 경위권 발동까지는 가지 않았는데 한나라당은 집권하자마자 군사독재정권 때나 쓰던 강압 정책을 획책하고 있으니 순탄치 않는 정국이 예상되어 불안하기만 하다.

2009. 1. 5 (月)

부모의 유훈(遺訓)

나는 어려서부터 아버지로부터 사람의 도리에 대한 말씀을 귀에 못이 박히도록 들어왔다. 그중에 하나가 사람은 아무리 빈곤하게 살아도 인간의 양심과 도리를 저버려선 안 된다는 말이었다.

양심을 버리면 출세나 권세 여하를 떠나서 볼품없는 인간이 되고 만다는 것을 강조하셨는데 그때 가르쳐 주신 글 한 구절이 지금도 생각나서 평생 마음에 새기며 살아온 것 같다. '단구무괴어심(但求無愧於心)'이란 문구가 바로 그것이다. '다만 내 마음에 부끄러움이 없다'라는 뜻이다. 양심을 지니고 살아간다는 뜻이기도 하다.

어머니는 한문을 모르셨지만 항시 입버릇처럼 하신 말씀이 있었는데 제 아무리 예의범절이 밝아도 가진 것이 없으면 인사를 모르게 된다며 '무항산무항심(無恒產無恒心)'이란 말씀을 무슨 주문처럼 늘상 외우시곤 하셨다. 이 두 글귀는 내가 자라날 때 삶의 영양소가 되었다.

나 역시 자식들이 자라날 때 어찌나 궁했던지 독립을 못하면 기생충이 된다는 말을 특히 강조하곤 했다.

2009. 1. 6 (火)

권력 뒤에 오는 집안싸움

박정희 전 대통령의 아들인 박지만과 작은딸인 박근영 측이 구의동 어린이회관의 관리권을 가지고 서로 깡패를 동원해 패싸움까지 벌였다고 한다. 박지만은 그동안 마약에 중독되어 폐인의 삶을 살다시피 하였다.

그래서 딸들이 권력의 찌꺼기 재물을 차지하였는데 영남대학은 박근혜가, 어린이회관은 박근영이 차지해서 운영을 해 왔는데 박지만이 뒤늦게 변호사 처를 얻어 결혼을 하더니 실세인 박근혜 재단에는 손을 못 대고 박근영이 운영하는 어린이재단을 빼앗기 위해 패싸움까지 벌였으니 마치 고깃덩어리 하나를 놓고 싸우는 개 싸움판을 떠올리게 한다.

그런데 국민들이 보기에는 석연치 않는 것이 있는데 어찌하여 어린이회관의 관리권이 일개 개인이 된 권력자의 후손에게 넘어 갔느냐는 것이다. 그리고 권력의 힘으로 박정희 큰딸이 대학의 이사장이 되어 사학법 개정을 두고 그렇게 반대 투쟁을 하고 있는지 국민들은 납득이 되질 않는다. 온당치 못한 것은 지금이라도 국가로 환원되어야 마땅할 것이다.

2009. 1. 7 (水)

수호지(水湖志)에 나오는 인물들

소설 수호지가 주는 재미에 푹 빠져 요즘 나는 여섯 권째 읽고 있다. 책에 나오는 많은 영웅호걸들의 인물들 중에 지(智), 덕(德), 의(義), 용(勇), 겸(謙)을 두루 갖춘 인물들을 꼽으라면 단연 지방관리(압사) 출신인 송강(宋江)이 108 두령 가운데 으뜸인 것 같다.

많은 두령들 제각각이 다른 장기와 의리를 가지고 앞날을 도모하기 위해 양산박으로 모여들었는데 송강만큼 겸손하고 성실하며 덕과 인을 갖춘 의인이라면 충분히 지도자가 될 만하다.

송조 말의 부패한 정치 아래 부당한 누명과 체형에 못 이겨 억울하게 죄를 지은 인재들이 산으로 숨어들어 도둑이 되고 궁극에는 양산박으로 모여든다는 스토리의 시내암이란 작가가 쓴 수호지는 참으로 흥미진진한 이야깃거리이다.

2009. 1. 8 (木)

UN의 역할이 미흡하다

UN은 강자에게는 무력하고 눈치만 보는 존재인 것 같다. 이스라엘이 힘의 논리를 앞세워 매일같이 팔레스타인 가자 지구를 공격하여 수십, 수백 명의 인명을 살상하고 있지만 이를 제지할 능력과 권한이 없다. 특히 반기문 총장이 들어서면서부터는 미국의 눈치를 더욱 의식하는 듯한 인상을 주고 있다.

UN은 중립적인 입장에서 세계의 분쟁을 해결하고 약자 편에서 평화를 모색하는 것이 주 임무인데 이렇듯 무력한 중재로서는 그 역할을 수행하기가 어려울 것이다. 이스라엘은 중동의 힘센 깡패인 양 주변국에서 건들기라도 하면 무차별 보복을 감행하고 있다.

그럼에도 누구 하나 호되게 비판하고 나서는 강대국도 없다. 나라 간 시시비비를 가려주고 싸움을 말리는 역할은 오로지 국제연합인 UN밖에 없는데 UN조차 무기력하기 짝이 없으니 실망스럽기만 하다. 반기문 UN 사무총장의 실력발휘가 요구된다 하겠다.

2009. 1. 9 (金)

이 대통령의 비상경제정국 선포

세계경제가 불황으로 접어들어 국내경기는 바닥을 헤매고 있다. 특히 서민경제가 부진하여 영세 상인들이 아우성을 치고 있는 이때에 정부는 비상경제 체제로 들어가 그 대책마련에 들어간다고 한다.

얼마나 실효를 거둘지는 두고 봐야 알겠지만 지금의 상황에서 가장 시급한 것은 경제를 살릴만한 능력을 가진 인재를 발굴하는 것이다. 침체된 경기를 부양하고 활성화시키되 인플레이션을 막고 동시에 물가 안정까지 도모한다는 것은 고도의 기술을 요할 것이다.

가장 중요한 고용창출이 독재와 통제정책 하에서는 쉬운 일일지 몰라도 자유 시장 경제하에서는 고도의 경제적 지식과 능력을 겸비한 경험 있는 자만이 가능하므로 전문가 발굴이 시급하다. 지금과 같은 경제난국을 극복하기 위해서는 국민보다는 정부에서 해야 할 일이 시급하고 더 많은 것 같다.

2009. 1. 10 (土)

근면성

옛날부터 노인들이 자주 하신 말씀이 있는데 '부지런하면 복이 없어도 밥은 먹고 산다' 고 하였다. 지금처럼 풍요로운 식생활은 못 될지라도 사람이 부지런하면 최소한의 생활에는 지장이 없이 살아온 것 같다.

1950~60년대에도 규모는 작았지만 열심히 나가서 버는 사람들은 끼니 걱정은 하지 않고 잘 살지는 못해도 5~6명의 가정을 이끌고 아침이면 빵과 우유로 식생활을 개선해 왔다. 당시에도 나태한 사람은 직업을 가리고 힘든 일은 기피하는 바람에 입에 들어가는 것이 가벼울 뿐만 아니라 의식주 해결에도 급급하였다.

사람은 언제나 현실이 중요한 것 같다. 화려했던 과거가 오히려 현실의 장애가 되는 것을 종종 보아왔다. 현실을 직시하고 충실히 살아가는 것만이 현명한 삶이기도 하다. 다급한 현실에 찬 밥 더운 밥을 가릴 겨를이 없는 것이다.

정당한 일이라면 귀천을 가리지 않고 현실을 타개해 나가면 노숙자와 같은 사회문제도 발생하지 않을 터인데 정신부터 병들어 가는 것이 문제이다. 근면성을 발휘하여 우선 밥부터 먹다 보면 운도 따르기 마련이다.

2009. 1. 11 (日)

사람의 리듬이 깨지면 안 된다

일상생활에서 한 번 리듬이 깨지게 되면 하루의 패턴이 뒤틀리게 된다. 1년 365일을 동일한 리듬으로 짜 나가는 것이 좋다. 일요일이다 하여 늦잠을 자거나 식사시간을 불규칙적으로 갖는다면 일정한 생활리듬은 깨어지기 마련이다. 그렇게 되면 생활의 질서나 생활관 역시 해이해지기 십상이다.

사람의 행동은 거의가 정신의 지배를 받는다. 정신력이 약한 사람은 규칙적인 생활도 할 수 없는 것이다. 그 이유는 자기 자신을 컨트롤할 수 없기에 무질서한 세월을 보낼 수밖에 없다. 정신적으로 살아가는 사람들은 설령 몸이 아프더라도 생활리듬을 깨지 않으려고 최선의 노력을 다하게 된다.

이러한 리듬과 규칙을 잘 활용하는 사람은 무슨 일이건 성취 또한 빠른 법이다. 청소년 시절부터 무질서한 리듬과 무규칙으로 되는 대로 사는 사람들은 낙오자가 되어 사람구실 역시 못하게 된다.

2009. 1. 12 (月)

외로운 사람들

중국 유성환으로부터 전화가 왔는데, 파리 이 선생이 중국 조선족 신문에 크게 실렸다는 반가운 목소리를 전해 왔다. 다름 아닌 파리 시내에 있는 중국 조선족 불법체류 노동자를 위해 체류증이 나오도록 적극 주선하여 여러 조선족들을 식당 등지에서 일할 수 있도록 도와준 모양이다.

중국인들도 이제는 장막에서 벗어나 조건만 맞으면 세계 각지로 나가 돈 벌기에 여념이 없다. 특히 조선족들은 중국 한족이나 다른 민족들에 비해 적극성이 뛰어나 돈벌이에 유능하다. 임금이 싼 중국에 비해 선진국의 고임금을 노려 궂은일을 마다않고 한밑천 잡아 중국에서 기반을 잡는 사람들이 많다고 한다.

우리나라도 그러한 외국인 노동자들을 위해 취업증을 내주어 3년간 보장을 해주고 있다. 프랑스 역시 밀려드는 사회주의 국가들의 노동자들을 위해 취업증 제도를 더욱 확대하고 있는 추세인가 보다. 아무튼 이 선생은 의로운 일을 하고 있는 것이다.

2009. 1. 13 (火)

비염 감기

나는 중년부터 비염을 달고 산다. 고질적인 비염은 알레르기성이라 좀체 낫지를 않는 병이다. 증세로는 계속 코를 풀어야 하는데 눈물까지 쉴 새 없이 나온다. 동절기에는 이러한 증세가 더욱 심해져서 고통을 안겨준다.

이 비염도 일종의 해수나 천식처럼 담이나 가래가 코로 배출되곤 하는데 증세가 덜 한 날도 있고 심해지는 날도 있다. 하루에도 계속해서 코를 풀고 나면 조금 멎기도 하고 다음날은 증세가 완화되기도 한다. 나에게는 비염 말고도 또 하나의 고질병이 있는데 그것은 바로 알레르기성 가려움증이다.

다행히 이 가려움증은 항히스타민제를 하루 한두 알씩 복용하면 예방이 되어 벌써 30년 가량을 장복하며 버티고 있다. 그러나 비염은 아직도 상시 복용할 만한 약이 없어 고생을 하고 있는 것이다.

앞으로 해소에 잘 듣는 담 제거 약을 사다가 복용해 볼 생각이다. 이 물코가 계속 만들어지는 원인이 어디에 있는지 그 원인이라도 알면 약도 구할 수 있을 텐데 정보가 없어 못 구하고 있으니 긴긴 세월을 고통으로 지낼 수밖에 없다.

2009. 1. 14 (水)

날이 갈수록 심각해지는 북핵 문제

오바마 미국 대통령의 취임에 즈음하여 북한은 핵 문제 해결에 새로운 제안을 들고 나와 좀 더 유리한 입장에서 협상을 하려하고 있다. 미국이 북한을 계속해서 적대국으로 간주하면 절대로 핵을 포기하지 않을 것이라면서 군축회의를 제의하고 나섰다.

그러나 부시 정권의 미국은 여전히 북한을 핵 보유국으로 인정하지 않고 6자 회담을 통해서만 핵을 포기시키려 하기에 별다른 효과를 거두지 못했다. 과연 이번 오바마 정권은 북핵 문제를 어떤 방향으로 이끌어 나갈지 의문이다.

앞으로 북한의 태도는 국제원조는 얻어내는 한편 핵 문제에 대해서는 어물어물 넘어가 결국 핵 보유국으로 인정받으려는 수작이 아닌가 싶다. 미국으로서는 참으로 난제에 봉착해 있다.

중국과 러시아가 미온적인 태도로 바라만 보고 있는 반면 일본은 코앞에 불을 바라볼 수만 없는 처지에서 북한의 핵을 인정할 수도 안 할 수도 없는 입장에 처해 있는 것이다. 한국과 대만 역시 북핵 문제를 가만히 바라만 보고 있을 수 없으니 점점 복잡한 양상으로만 빠져들고 있는 느낌이다.

2009. 1. 15 (木)

가시지 않는 중동의 암운

이스라엘의 팔레스타인 거주지인 가자 지구에 대한 공습으로 천 명 이상의 인명이 살상되고 수천 명이 부상을 입는 피해가 발생했다. 그런 가운데서도 하마스 측은 휴전을 거부하는 가운데 무력한 저항을 고집하고 있다.

UN 안보리에서는 양측의 휴전만 강요할 뿐 이렇다 할 평화의 실마리를 찾지 못하고 있는 상황이다. 이러한 상황에서 테러집단의 수괴인 알카에다와 빈라덴은 아랍권이 한데 뭉치면 이스라엘을 이길 수 있다면서 중동전역의 전쟁을 부추기고 있다.

이스라엘은 현재까지 우월한 무력으로 자국을 유지보존하고 있지만 한시도 테러의 위험을 떨쳐버릴 수 없는 불안한 나라임에는 틀림없다. 거기에 팔레스타인 종족들은 수천 년간을 당하고 지내도 항복이라고는 모르는 호전적인 민족인 것을 감안하면 중동의 평화는 요원하기만 하다.

꺼지지 않는 중동의 화약고를 잠재울 인물은 언제쯤이나 나올런지 궁금하다.

2009. 1. 16 (金)

근면성과 행복

사람은 성실하고 부지런해야 삶의 가치가 인정된다. 게을러서 일하기를 싫어하고 놀기만 좋아하는 사람은 정신적으로 부패하고 타락한 사람이다. 사람들 중에는 삶의 진가를 모르고 지각 또한 부족하여 땀 흘려 일하는 즐거움 보다는 놀고 먹는 것만 선호하는 사람이 있는데 이는 기생충만도 못한 사고방식이다.

참다운 인생을 아는 사람들은 성실히 일하는 데서 행복감을 찾는 법이다. 할 일이 없다는 것처럼 불행한 인생도 없을 것이다. 심오한 생각이 부족한 사람들은 일을 하면서도 즐겁게 하지를 못하고 투정만 일삼는데 이런 사람들은 복을 받지 못한다.

밀레의 '만종' 그림이나 반 고흐의 '농부의 오수' 그림에서 우리는 인간의 참된 행복감을 느껴야 한다. 인간은 근면성과 성실한 태도에서 무한한 행복감을 느껴야만 참다운 인생인 것이다.

2009. 1. 17 (土)

독서법이란

독서는 취미와 의욕이 있어야만 실행할 수 있다. 취미는 미지의 분야를 탐구하든가 알려고 노력할 때 생겨난다. 그러나 그도 의욕이 없으면 습관화되기 어렵다. 사람에 따라서는 책을 속독(速讀)하는 사람도 있고 더디게 읽는 사람도 있는데 그것은 중요한 것이 아니다. 요는 얼마나 책에 쓰여 있는 내용을 충실히 이해하고 터득하느냐에 달려 있다.

책은 되도록 좋은 책을 골라서 정독하는 것이 원칙이다. 시시한 책 열 권을 속독하는 것보다 단 한 권의 책이라도 양서(良書)를 정독(正讀)하여 체화(體化)하는 것이 효율적이다. 지루한 장편 소설도 인내심을 갖고 보아가면 흥미가 생겨나기 마련이다.

장편으로는 일본 도쿠가와 이에야스의 '대망(大望)'이 9천 페이지이고, '삼국지'가 3천 6백 페이지, '수호지'가 3천 2백 페이지, 바이블 순이지만 이중에서도 바이블 읽기가 제일 힘이 든다. 반면 수호지는 제일 흥미진진해서 연재만화책을 보듯 자꾸만 다음 스토리가 궁금해진다.

이렇듯 사람이 일생에 1천 권 정도만 좋은 책을 골라 읽게 되면 자기 앞은 충분히 갖출 수 있는 지혜를 얻게 될 것이다.

2009. 1. 18 (日)

인간의 한계점

어제 생질인 영규 내외가 1년 만에 설이라고 찾아왔다. 나이가 70이 넘어 80이 가까워짐에도 해마다 추석과 설 명절에 찾아오는 성의가 보통 사람은 아니다. 더군다나 작년 5월에 심장 대수술을 받아 건강이 안 좋은 상태이고 생질부 역시 파킨슨병 초기라서 건강이 우려되는 상황인데도 매번 찾아오니 고맙기 그지없다.

참으로 인생이란 허무한 것이다. 그렇게 건강하게 생기 있게 살아온 사람도 나이가 들어 수술을 받고 나서는 심신이 허약해진 것을 보면 그저 서글픈 마음만 든다. 그래저래 인생은 마감된다는 것에 연민의 정을 금할 수 없다. 두세 시간 환담을 하고 떠나면서 내년에도 또 찾아올지 모르겠다는 자신 없는 말을 남겼다.

힘없이 현관문을 나서는 그의 뒷모습을 보면서 우리는 다 같이 인생의 종착역을 향해 달리는 느낌이 들었다. 같이 늙어가는 마당에 과연 내가 외삼촌 자격으로 늙은 생질에게 해마다 두 번씩 인사를 받을 자격이 있는가를 되뇌여 보게 된다.

2009. 1. 19 (月)

현대인의 인간성

현대인들은 비록 지식과 상식이 풍부한 것 같은데도 인간성은 점점 메말라만 가고 있는 것 같다. 옛날 사람들에 비해 측은지심(惻隱之心)도 없고 수치심도 느끼지 못하는 사람들이 많음을 볼 때 현대인들은 이기주의와 개인주의에 빠져 상대를 배려하는 마음이 부족한 것 같다.

각박한 세상살이 속에서 자연 생존경쟁에 얽매어 타인의 입장을 배려할 정신적인 여유가 부족해진 탓이다. 그러다 보니 사회는 날로 황폐해지고 메말라서 훈훈한 인간미를 찾아보기 힘든 세상이 되고 만 것이다.

따라서 인간이 지녀야 할 의리마저 없어진 지 오래다. 아무리 인간성이 사라지고 의리가 없어진 세상이라지만 남에게 수혜를 받았다면 양심적 보답으로 그 마음만은 잊지 말아야 할 텐데 언제 그랬냐는 식으로 현실의 밥그릇에만 몰두하는 현대인이 행태가 서글플 뿐이다.

2009. 1. 20 (火)

중국의 소설

중국의 유명한 장편소설로는 어지러운 한말(漢末)의 정국을 그린 「삼국지」와 송말(宋末)의 부패상에 항거하여 양산박에서 봉기하였던 호걸들의 실화를 배경으로 각색한 「수호지」가 유명하다. 모두 열 권으로 되어 있는데 한번 빠져들면 손을 놓기가 힘들 정도로 흥미진진한 소설들이다.

정은이가 몇 년 전에 사다 준 수호지 한 질을 그대로 책꽂이에만 방치하다가 이번에 읽기 시작하여 한 달 동안 열 권의 책을 시간 가는 줄 모르고 읽었다. 지금부터 6~7백 년 전 송말(宋末)에 부패와 학정에 항거한 108명의 영웅호걸들이 양산박에 모여 벌이는 활약상을 그린 책이다.

필치는 거칠지만 풍부한 어휘와 발랄한 표현으로 서로 다른 형태의 영웅들을 그려내고, 이들 인물의 생활상을 통하여 봉건 통치 집단의 암흑상과 서민들의 비참한 생활상을 흥미진진하게 나타내었다.

부패한 조정들도 그들의 세력을 꺾지는 못해 결국 귀순시켜 나라에 유용한 인재로 쓰려고 하였으나 간신들의 계교에 의해 108 두령들은 제각기 흩어지고 만다. 궁극에 가서는 송이 금나라에 의해 패망한다는 이야기이다.

2009. 1. 21 (水)

미국 44대 오바마 대통령 취임식

2009년 1월 20일은 미국 제 44대 대통령 오바마의 역사적인 취임식이 거행된 날이다. 이날은 미국 역사상 최초의 흑인 대통령으로서의 막을 연 날이기도 했다. 미국 독립의 발상지인 필라델피아에서 군중들의 환호를 받으며 기차 편으로 워싱턴까지 와서 취임연설과 함께 선서를 하였다.

오바마는 취임식사에서 링컨 대통령과 마틴 루서 킹목사를 가장 존경한다고 하였다. 앞으로 새로운 미국을 창조해 나가겠다고 다짐하며 국민들에게 지지의 호소를 하였다. 18세기 초엽부터 서구의 저주받을 인간사냥꾼들이 아프리카에서 흑인들을 잡아다가 미국 백인들에게 노예로 팔아먹기 시작한 것이 오늘날 미국 흑인들의 유래인 것이다.

미국으로 팔려온 흑인들은 백인 밑에서 인간 이하의 생활을 해 오다가 링컨에 의해 해방되어 질곡에서 풀려난 셈이다. 그래도 지난 수세기 동안은 이렇다 할 빛을 보지 못했는데 근래에 들어서야 파월 흑인 국무장관을 비롯한 상하원 국회의원들이 생기더니 마침내 대통령까지 탄생되어 진정한 민주주의를 선보인 셈이다.

2009. 1. 22 (木)

용산 재개발 지구의 참사

서울 각처에서는 재개발이다 뉴타운 건설이다 하여 공사들이 한창이다. 이번에 용산의 뉴타운 건설현장에서 건물에 세 들어 살던 세입자들이 갈 곳이 없어 시위하던 중 제지 경찰과의 충돌이 발생하였다.

화염병이 난무하는 극렬시위와 강압진압 속에서 농성하던 5층 건물 옥상에서 화재가 발생하여 시위자 6명과 전경 1명이 사망하고 수십 명이 부상을 당하는 불상사가 발생하고 말았다. 이명박 정부가 들어서면서부터 데모 진압에 있어 다소 강압성이 엿보였는데 그러한 와중에 발생한 참사라서 더욱 시끄러워지고 있다.

시민 단체와 시민들은 경찰의 강경 진압에 항의하며 촛불시위로까지 번지고 있는데 다시 한번 민심이 동요될까 우려스럽다. 정치에 있어서 가장 중요한 요소는 민심의 소재를 잘 파악하는 것이다. 특히 서민대중의 민생에 역점을 두는 정치를 펼쳐야만 정국이 안정되는 법이다.

재개발을 하여 재산증식과 발전을 꾀하는 것도 중요하지만 결코 소수의 사회 약자들이 소외되는 일이 있어서는 안될 것임을 명심해야 할 것이다.

2009. 1. 23 (金)

고령일수록 건강해야 한다

사람은 나이가 들수록 건강해야 거동도 활발한 법인데 대부분의 노인들이 그렇지를 못하고 약에 의존하여 살아가고 있는 것 같다. 나같이 아예 거동이 불편한 노인은 예외로 치더라도 대개의 노인들이 하루 대여섯 가지의 약에 의지하여 살고 있으니 약을 복용하지 않는 노인은 전체 노인 인구의 0.1%도 안 되는 것 같다. 어쩌면 모든 노인들이 약으로 생명을 연장하고 있는지도 모르겠다.

어제는 미아리 누님이 오셨다. 아내가 설을 쓸쓸이 혼자서 보내느니 같이 지내자고 해서 오셨는데 기력이 하나도 없어 보이셨다. 88세를 접어든 고령의 나이에도 아직은 정정하신 편이지만 먹는 식생활이 부실해서인지 더욱 기진맥진하신 것 같다.

노인을 노인으로 배려해 주는 자식들이 없기에 누님의 말년은 더욱 서글프기만 하다. 늙은이에게는 여러 자식들보다 단 한 명이라도 진정으로 뜻을 이해하고 받들어 주는 자식이 부러운 것이다. 여기 오셔서 일주일이라도 계시면서 잘 잡수셔서 원기를 회복하셨으면 한다.

2009. 1. 24 (土)

설경(雪景)으로 뒤덮인 명절맞이

설 연휴 첫날부터 전국적으로 눈이 내리더니 온 세상이 은세계가 되어 귀향길이 더욱 혼잡해졌다. 해마다 설 명절과 추석 명절에는 한국적인 귀성행사로 전국의 고속도로는 주차장화 되어 버린다. 한국과 이웃 중국은 농촌이 영세한지라 모두가 도시로만 밀려드는 바람에 명절 때 고향을 찾는 사람들이 말도 못하게 많은 까닭이다.

옛날에는 대중교통이 미어 터졌는데 요즘은 너도나도 자가용으로 귀향을 하는 바람에 차들의 행렬이 꼬리에 꼬리를 물게 된다. 올해는 설 명절에 흰 눈이 펑펑 내려 은세계를 이루었으니 모든 일들이 눈처럼 깨끗이 해결되고 이루어졌으면 좋겠다. 정초부터 내린 눈은 서설(瑞雪)로 상징된다.

금년에는 국가적으로도 경제가 활성화되어 서민 생활이 보다 나아지기만을 바라는 마음이다. 우리 같은 서민은 경기가 좋아져야만 더불어 살기 편해진다. 정부에서도 보다 살기 좋은 나라로 만들기 위해서는 혼신의 정성을 기울여야만 비로소 그 효과가 나타날 것이다.

2009. 1. 25 (日)

조상의 성묘 문화

우리나라는 약 6백 년 전에 중국에서 성리학과 유교 문화가 전래된 이래 조상의 제사도 사대봉사(四代奉祀)를 지내게 되었다. 다분히 형식적인 면이 강하지만 제사상을 차려 놓으면 죽은 혼이 찾아와서 운감하고 간다는 믿음 때문에 형세가 넉넉한 집안에서는 남을 의식해서 초호화판으로 제사를 지내는 폐단까지 생겨났다.

따라서 그러한 집안에서는 분묘(墳墓) 역시 호화판으로 장식하고서 세도를 자랑하곤 한다. 그러나 부모나 조상의 사후에는 아무런 효력을 준 것도 없이 단지 자손의 낯을 내려는 위선에 지나지 않는 짓들이다.

살아계실 때 빵 하나 과실 한 개만도 못한 형식적인 짓들로 효자라도 되는 양 위선을 떠는 성묘객 무리들이 많이 있다. 그러나 백골이 진토 된 묘역을 찾아다니는 것은 무의미한 짓이며 살아생전 효도를 못한 사람들이 성묘만 다닌다고 해서 사람 구실을 한다고도 생각하지 않는다.

2009. 1. 26 (月)

까치 설날(설날 유감)

아이들 동요 중에 '까치 까치 설날은 어제이고요 우리우리 설날은 오늘이래요' 란 가사가 있는데, 어제는 조카애들이나 처제 식구들이 찾아와 설 기분이 들었다. 모두들 설날 당일은 나름대로 볼 일이 있어 분주해짐으로 앞당겨서 인사를 다니는 게 합리적일 수도 있겠다.

요즈음은 옛날과 달라서 처갓집 세배도 설날 당일에 찾아가는 것이 상식으로 되어 있는데 이 또한 바쁜 직장생활을 반영하고 남녀 차별이 많이 사라졌음을 증명해 준다.

까치 설날이고 우리 설날이고 사람이 집에 찾아드는 것처럼 즐거운 낙이 없다. 늙은이들에게 있어 명절 때 사람이 찾아오지 않는 것처럼 쓸쓸한 것도 없다.

사람은 되도록 인심을 후하게 써야 외롭지가 않게 된다. 인심이 후해지고 남에게 베풀려면 항산이 있어야 떳떳한 처세와 인사치레도 할 수 있어 든든하다. 일 년 열두 달 까치 설날만 있어 찾아오는 객이 많으면 얼마나 좋을고!

2009. 1. 27 (火)

민족의 풍속

우리 한국 사람들은 세계 어느 나라에 가서 살던 제사나 차례를 지내는 것을 잊지 않는다고 한다. 사할린에서 살다 귀국한 사람이나 한국에 일하러 온 중국 조선족 동포들 역시 제사나 차례를 정성껏 차려놓고 조상에 대한 향정을 일깨우며 풍속을 따르고 있다.

이러한 행동은 격식이나 절차를 따르기 전에 우리의 미풍양속이며 조상을 생각하는 뿌리 정신에 근원을 두고 있다고 본다. 이러한 독특한 풍속은 세계 여러 민족 중에서도 몇 안 된다고 생각한다.

인간은 다른 동물과는 달리 혈통과 위계질서가 있어 형식 또한 중요시하는 동물임에는 틀림없으나 요즈음 세태를 보면 아무런 생각이 없는 하등동물화 되고 있어 미풍양속이라도 지켜나감으로써 인간성을 찾아야 할 것이다.

부모형제 남매간에도 이기적인 생각과 개인주의가 판을 치면 가족의 친목을 도모할 수 없다. 지구촌 어디를 가서 살아도 풍속을 망각하면 국적 없는 유목민이 될 수밖에 없을 것이다.

2009. 1. 28 (水)

늙을수록 낙이 있어야 한다

사람들이 말하기를 늙으면 낙이 없어진다고 한다. 그러나 이는 각자가 스스로의 희망과 낙을 개발하는 노력이 부족하기 때문이다. 늙으면 늙을수록 늙은이에게 맞는 취미와 소질을 살려야만 삶이 권태롭지 않을 것이다.

사람에 따라서 가벼운 운동을 즐긴다거나 삶의 보람을 느낄 수 있도록 봉사활동을 한다거나 독서나 글을 써 본다든지 아니면 찜질방에 가서 담소를 하는 낙이라도 즐겨야 한다. 단전호흡이나 요가들을 배우는 것도 좋은 취미나 낙이 될 수 있다.

저속하기는 하지만 하다못해 고스톱이라도 치면서 낙을 찾게 되면 무료함을 덜 수 있을 것이다. 이렇듯 노인들이 각자 다양한 자신의 취미를 찾는 것이 중요하다.

아무런 재미도 없고 낙이 없다고 세월만을 한탄하는 것보단 스스로 낙을 찾는 것만이 황혼기의 자구책이 될 것이다. 희망이나 낙은 남이 가져다주는 것이 아니라 스스로 구하고 만들어 가야만 하는 것이다.

2009. 1. 29 (木)

지루한 병상

5~6년 전에 비하면 나의 건강은 많이 호전되었다. 하지만 여전히 몸은 무겁고 거동은 자유롭지 못하다. 겨우 워커(보행기)에 온 중추신경을 가누어 거실을 몇 바퀴 돌 정도이지만 화장실 출입은 아직도 아내의 도움 없이는 불가능하다.

인간의 생로병사가 이렇듯 힘이 들 줄은 미처 알지 못하고 젊은 시절을 보냈기에 노후의 병상이 더욱 지루하게만 느껴지는지도 모르겠다. 몸의 만성적인 팔다리 저림증과 요통은 아마도 생명이 다할 때까지는 따라다니는 친구이자 부산물인지도 모른다. 이를 극복하고 살아가자니 고통만 따를 뿐이다.

그러나 이를 호소할 데도 없고 또 호소를 해 봤자 이렇다 할 효력이 있는 것도 아니기에 묵묵히 인내할 수밖에 없다. 사람이 늙었다는 게 이처럼 괴로울지는 몸소 체험하지 않으면 알 수가 없다. 물론 건강한 체질을 가진 노인도 있겠지만 그러한 노인은 극히 드무니 건강이 부러울 뿐이다.

2009. 1. 30 (金)

식생활의 중요성

인간의 생활 중 식생활은 중요한 몫을 차지한다. 일상의 건강 자체가 식생활에 달려 있다고 해도 과언이 아니다. 영양소를 고루 섭취하고 일정한 시간에 음식물이 투여되어야만 비로소 우리 몸은 건강을 유지할 수 있다. 불규칙한 식생활과 편식은 절대 금물이다.

우리는 60년대부터 아침은 우유와 빵으로 가볍게 들기 시작하여 지금도 과실을 간 주스 한 잔, 카스테라 한 쪽으로 가벼운 아침식사를 대용한다. 점심과 저녁은 치아가 좋지 않은 고로 각종 채소와 육류를 가위로 잘게 잘라 밥을 조금 넣어 쓱쓱 비벼 먹는다. 이렇게 먹으면 영양 면에서는 빠지지 않게 된다.

음식을 섭취함에 있어 과식은 금물이다. 무엇보다 일정량과 일정 시간을 지키는 것이 중요하고 되도록 소식을 하되 간식을 중간 중간 드는 것도 유익하다. 젊어서부터 우유를 많이 들면 골다공증을 예방할 수 있다고 한다.

그리고 각종 다양한 음식을 골고루 먹는 것이 건강에 도움이 된다. 식생활에서 충분한 영양소를 고루 섭취하게 되면 별도의 영양제가 없어도 건강을 유지할 수 있다. 밥이 보약인 것이다.

2009. 1. 31 (土)

빠른 세월

세월이 화살 같다고 하더니 어느새 어린 손자 손녀가 고등학생이 되었다. 내년에는 석우가 대학생이 될 판이니 참으로 가는 세월은 막을 수 없어 우리도 머지않아 황천행이 기다리고 있을 뿐이다. 새 잎이 돋아나면 묽은 잎은 시드는 것이 자연의 이치라지만 너무나 빠른 변화에 미처 적응하지 못하고 시들어 버린 인생이 아쉬울 뿐이다.

핑계 없는 무덤이 어디 있으랴! 인생은 아쉬움의 연속이 아니라고 뉘라서 장담하겠는가. 오직 황혼의 너울을 바라보면서 탄식을 할뿐이지만 되풀이되는 인간의 대물림이 원망스럽기만 하다. 이것이 인간의 한계라면 너무나 열악한 환경과 조건이 서글플 뿐이다.

인생은 어차피 미완성의 도장이기에 숙원의 내세를 향해 달려가고 있는지도 모르겠다. 생각해 보면 사람의 일생, 아니 나의 일생은 너무나도 허무함을 금할 길이 없다. 무명으로 살다가 무명으로 사라지는 초로와 같은 인생! 이것이 태고 때부터 이어져 오는 인류의 숙명이라면 너무나도 초라한 인류역사에 연민을 느낄 뿐이다.

■ 후기

후손들의 타산지석이 되기를 바란다

6년여의 세월을 병상에서 지내면서 하루에 단 한 쪽이라도 끼적거리는 시간이 있었기에 그나마 지루함을 견딜 수가 있었다. 처음 척추 마비가 심할 때는 수족을 전혀 쓸 수가 없어 펜을 잡는 것조차 어려웠다. 겨우 간병인의 도움을 받아 펜을 쥐는 연습부터 수개월을 한 결과 어렵사리 글자의 모양을 그릴 수 있게 되었다.

기회를 틈타 하루 한 페이지씩 끼적거려 본 것이 시초가 되어 어언 5년여의 세월이 지난 셈이다. 글씨 연습 삼아 써 본 것이라서 내용의 체계나 조리는 찾아볼 수 없는 횡설수설 투성이지만 무려 1,800여 일이 쌓이고 보니 방대한 양이 되었다. 워낙 계획도 없고 검토도 해 본 적이 없는지라 중복되는 사연들도 많으리라 생각된다.

한 주제를 얘기할 때는 적어도 3~4페이지는 메워야 글의 체계가 서고 내용도 조리가 있을 터인데 단 한 쪽 분량으로 맞추다 보니 사연들이 얼마나 가치가 있겠는가! 그래도 내가 생존했다는 흔적이라도 되고 훗날 자손들 중에 누구라도 내 일지를 볼 기회가 있다면 타산지석(他山之石)의 교훈은 되리라는 생각에 펜을 놓지 않았다.

아무리 시시한 남의 잡석일지라도 누군가에게 옥돌을 연마하는 데는 쓸모가 있으리라 본다. 남의 생각을 받아들이고 조상의 행적을 더듬어 자기 발전에 도움이 된다면 이를 마다할 필요가 없다고 본다. 나 역시 이런 생각으로 남들의 행적과 조상들의 흔적들을 찾는 데 관심을 가지게 된 것이다.

비록 시시하고 별 볼일 없는 사연들일지라도 오랜 시간이 흐르면 역사가 된다는 것을 스스로 깨닫게 되었으며 이렇게 해서 우리의 인생이 이어지고 있는 것이 아닌가 생각해 보았다. 아무튼 나는 5년여 동안 있는 생각 없는 생각을 총동원해서 적는 바람에 주제가 궁했던 것도 사실이지만 내가 하고 싶은 말과 내가 알고 있는 것은 전부 펼쳐본 것이다.

인간은 망각의 동물이기에 메모와 기록이 반드시 필요하다. 다행히 이렇게라도 손을 움직일 수가 있어 글씨라도 적을 수 있음에 하느님께 무한한 감사를 드린다. 그리고 내 보잘것없는 삶의 기록들을 컴퓨터에 옮겨 디스켓을 만들어 준 이질인 변재현 군에게 고마움을 표하는 바이다.

2009년 세모에

만청(晩晴) 씀

만청 양휘승 일지 **5** (2008. 3. 1～2009. 1. 31)

破閑雜想錄 파한잡상록

초판 발행 2012 년 1월 16일

지은이 | 양 휘 승
펴낸이 | 윤 해 규
주 간 | 김 효 열
편집장 | 김 경 희

펴낸곳 | **을지출판공사**

등록번호 | 제 2-741 호
등록일자 | 1985 년 2월 14일
주 소 | 서울시 마포구 양화로6길 27-5(서교동) 301호
우편번호 | 121-840
전 화 | 02) 334-4050 · 4090
팩시밀리 | 02) 334-4010
E-mail : ejp4050@hanmail.net

값 30,000원

ISBN 978-89-7566-131-0 03810